문예신서
360

민속문화 길잡이

沈雨晟

附錄·**韓國民俗劇研究所**
所藏品 目錄選

東 文 選

민속문화 길잡이

차 례

머리말

민중문화에 대하여 깊은 관심을 갖고, 민속 공부를 시작한지도 어언 50년은 되는가 싶습니다.

세월은 꽤나 되었는 데도 얻은 것이 없습니다. 이제는 나이도 들어 교수도 그만 두고 보니 그저 민속학자로 불리울 때가 많습니다. 그러나 학문에 능숙한 학자가 아니라 아직도 학문을 배우는 학도임이 분명합니다.

이제는 다 세상을 떠나신 아버님(沈履錫, 1912.6.10~2002.4.25) 어머님(金善浩, 1909.7.15~2006.4.10) 속만 썩이며 박물관하던 것도 그만두고 지금은 제주 섬 한 구석에 살고 있으니 가까운 친구 '高銀' '辛奉承' '申庚林' '閔暎' '姜敏' '金芝河' '金承煥' '周在煥' 등 모두가 만나기도 어렵기만 합니다.

그런데 다행히 지난 세월에 모았던 책들과 발표했던 잡동사니 글뭉치를 제것인 양 보존해 준 '韓大洙' 덕분에 이 책을 엮습니다. 뒤에 붙인 부록 〈한국민속극연구소 소장품 목록선〉은 '그래픽 시선'을 주관하는 '張聖夏' 씨가 촬영ㆍ편집을 했으며, 소장품 하나하나를 분석ㆍ정리해 준 '宋寅七' '金美鈴' 수고가 많으셨습니다.

이밖에도 야외와 '컨테이너' 안에 소장품이 더 있으며, 적지 않은 외래 생활ㆍ공예품이 있으나 일단 제외 했습니다. 그래서 〈目錄選〉이라 했습니다.

한편 지난 세월의 잡문들을 보면서 10여 년 전 세상을 떠나신 '任晳宰' 선생님 생각이 나는군요. 우리나라에서 처음으로 '문화인류학회'를 세우시고 소생을 사무장을 시키며, 남녘땅 구석구석까지 동행을 해주셨습니다. 그 무렵에 배우고 쓴 것, 1960-1970년대의 잡문들이 여기에 들어 있습니다.

'중앙대학 연극영화과' '덕성여대 국어국문학과' '한양대 연극영화과' '한국예술종합학교 전통예술원' 등에서 강의를 위하여 써 모았던 글들도 섞여 있습니다.

아마도 당시의 학생들도 이제 50세는 다 되었겠지요. 모든이들에게 부끄럽기만 합니다. 지금부터라도 공부를 해야겠다는 깨달음 뿐입니다.

듣자하니 무척 어려우실 터인데 다시금 소생의 책을 출간해 주시는 '도서출판 동문선' '辛成大' 사장님 '李娃昊'님, 그리고 원고 정리에 힘쓰신 '尹惠京'님 모두 고맙습니다.

2008년 10월

南泉　沈 雨 晟

1

일노래와 민속놀이
- 일하는 사람의 노래, 일하는 사람의 놀이 -

'민요'의 주종은 '일노래'

시인 신경림은 그의 《민요기행》(한길사. 1985)의 첫 머리에 다음과 같이 쓰고 있다.

"민요는 일 속에서 삶의 한가운데서 저절로 나온 노래, 즉 농요와 노동요일 것이다. 따라서 민요를 따라가는 일은 곧 건강하게 살아 숨 쉬는 민중적 삶의 현장을 찾는 일일 수밖에 없다."

민요의 실체를 참으로 간결하고도 극명하게 요약했다. 그러면 이렇듯 '민중적 삶의 현장에서 나온 노래'와 오늘날 일상적으로 불려지고 있는 노래들과는 어떻게 다른가를 살펴보기로 하자.

이미 앞에서 설명되었듯이 민요란 민중들 사이에서 자연발생적으로 생겨나서 전승되는 노래를 두루 일컫는다. 그리고 그것은 지난 시대 악보에 기재되거나 글로 쓰이지 않고 구전되어 왔다. 엄격한 수련을 거치지 않고 생활하면서 자연스럽게 창출되며 익힐 수 있는 것이기에 민중의 소리이고, 민족의 정서를 가장 잘 함축하고 있는 노래이다.

민요는 민속이요, 음악이요, 문학이다. 민속으로서의 민요는 구비전승(口碑傳承)의 하나이되 생업·세시풍속·놀이 등을 바탕으로 하여 실제 생활과 밀접한 관련이 있으며, 더욱이 집단적인 행위를 통하여 불리어지는 기회가 많은 점이 구비전승의 다른 영역과 다르다.

음악으로서의 민요는 일반 민중이 즐기는 민속음악에 속하는 창악(唱樂)이되 전문적인 수련을 필요로 하지 않는 점에서 판소리·무가·시조·가사 등과 구별된다.

또 문학으로서의 민요는 구비문학의 한 영역이며 일정한 율격(律格)을 지닌 단형시(短形詩)라는 점이 설화·속담·수수께끼 등에서 찾아볼 수 없는 특징이 있다.

이러한 민요의 시원은 인류가 집단생활의 감정을 공동으로 표현하게 되면서 생겨났다. 사냥을 하거나 농사를 지으면서 같이 움직이고, 수고를 덜고, 기쁨을 나누고, 그에 따른 성과를 기대하는 노래가 일찍부터 필요했을 것이니 말이다.

삶의 현장, 바로 일의 현장에서 창출된 '일노래'는 예나 지금이나 민중의 노래인 민요의 주종이었음은 물론이다. 일을 하면서 노래를 부르며 행동 통일을 할 수 있고, 흥겨워서 힘이 덜 들기 때문에 일노래는 일의 거의 전영역에 걸쳐 불려져 왔고, 일의 방식에 따라서 그에 걸맞은 내용과 장단으로 불리워졌다. 그것은 최초의 민요이고 다른 여러 가지 민요를 파생시킨 모체라 할 수 잇다. 그러나 원시 공동체 사회에서 불려졌던 이와 같은 일노래는 봉건적 계층 사회로 바뀌어 가면서 점차 일하는 사람이 스스로 지어내는 노래가 아닌 일하는 사람을 부리고자 하는 권농가(勸農歌, 예: 농가월령가)의 성격으로 바뀌어간 가닥도 있음을 놓쳐서는 아니된다.

일제 강점기의 민요들은 민족의 정서를 집약하면서 침략자에 적극적인 항거의 형태로 발전하고 있다. 민중의 희로애락을 가장 서정적으로 담아오고 있는 '아리랑'을 예로 들자.

아리랑 아리랑 아라리요…
말깨나 하는 놈 재판소 가고
일깨나 하는 놈 공동산 간다….

위와 같이 민중의 고뇌를 읊조리는가 하면 또 다음과 같이 주먹을 불끈 쥐고 결의를 나타내기도 한다.

아리랑 아리랑 아라리요…
총 가진 원수를 몰아내고
백두산 꼭대기 올라간다.

또 다른 예를 들어 보자.

일노래는 일의 종류에 따라서 '농사 노래' '고기잡이 노래' 그밖의 여러 일노래로 크게 나눌 수가 있겠는데, 앞의 두 경우는 대개 한 사람이 앞소리를 메기면 여러 사람이 일제히 뒷소리를 맡는 식이다. 그러나 수공업이나 집안일을 하면서 불렀던 것은 혼자 부르는 경우가 많다. 벼짜기나 물레질을 하면서 부른 주로 부녀자의 노래에서는 고달픔을 이기고자 한 안간힘이 있는데 우리는 그 가운데서 끝내는 애절함을 극복하는 끈기를 발견하게 된다.

옛날에는 무거운 물건을 옮기는 데는 목도질을 하는 목도꾼이 있어야 했다. 옮기고자 하는 무거운 물건을 밧줄로 얽어서 목도채를 꿰어 두 사람 또는 여러 사람이 한 끝씩 뒷덜미에 대고 메어 나르는 중노동인데 이때 불렀던 일노래를 '목도꾼 소리' 라 했다.

어깨는 부서져라 하고 무릎뼈는 튕겨져 나올 것만 같은데 무슨 노래가 나오겠는가. 그런데도 노래를 부른 것은 이 목도질을 하려면 여럿의 호흡이 하나처럼 맞는 가운데 힘을 모아야 하기 때문이다. 앗차

하면 발등이 깨지고 허리가 부러진다.

　　이엉차! 이엉차!
　　옘병! 옘병!
　　(…다음은 남녀의 성기를 번갈아 외치며…)
　　이엉차! 이엉차!

　속모르는 학자 가라사대, 우리 노랫말이 상스럽다 한다.
　두말할 것도 없이 냉큼 목도질을 시켜볼 일이다. 또 밭매기와 논매기를 직접 해보지 않고서는 '농사 노래'를 알 수 없고, 망망대해에서 노를 저어 보지 않고서는 뱃노래의 참뜻을 어찌 알 수 있으랴.
　이제 전통사회의 일노래들은 생산 방식이 달라짐에 따라 없어져 가고 바뀌어져 갈 수밖에 없게 되었다.
　그러나 걱정할 것이 없다. 역사 이래 항시 그러했듯이 오늘의 일꾼들이 전통적 일노래의 정신과 형식을 오늘의 것으로 재창출하고 있다.
　'아리랑'이 '통일아리랑'으로 '모심기 소리' '논매기 소리' '베틀노래' '목도꾼 소리'가 '진짜 노동자' '바위처럼' '다시 또다시' '철의 노동자' '꽃다지' 등으로 되살아나면서 오늘의 일노래로 불려지고 있다.

　〈노동자의 길〉
　그리운 내 고향 내 부모 떠난 지 언제더냐
　그 한 세월 묻혀 살아온 이 몸은 노동자로다
　허나 주눅 들지 마라 외로워도 마라
　그 모든 슬픔 털어 버려라
　노동자의 길 참 세상의 길

그 길을 우리는 알잖아

가련다 너도나도 하나 되어 자랑스런 노동자의 길

'민속놀이'란 일하는 사람의 놀이

우리가 흔히 알고 있는 시조 가운데 '…나물 먹고 물 마시고 팔을 베고 누었으니…'가 있다.

도대체 이 상황이 쉬는 것일까? 노는 것일까? 이 시조의 주인공은 '나물 먹고 물 마시는 일'을 거쳐 '팔을 베고 누웠으니'의 일하지 않는 사람의 한가로움을 뻔뻔스럽게 표현하고 있는 것은 아닐까. 또 다른 시조 한 수가 있다. 이미 국민학생 때 배우게 되는 "동창이 밝았느냐"이다.

동창이 밝았느냐 노고지리 우지진다.

소치는 아이놈은 상기 아니 일었느냐

재 너머 사래 긴 밭을 언제 갈려 하느니

일찍 깨었으니 벌떡 일어나 제 밭을 제가 갈 일이지 어째서 겹치는 과로로 일어나지 못하고 있는 소년을 탓하는가! 이런 노래는 분명 일노래가 아니다. 남에게 고된 일을 시키려는 이런 내용의 노래를 일노래라 할 수 없다.

이쯤에서 이 글의 주제, '일노래'를 말할 때가 되었다.

세상을 그저 빈둥대며 살아가는 사람에게는 쉰다든가, 논다든가 하는 용어가 별도로 필요치 않다. 이렇게 놓고 보면 쉬기와 놀기란 일하지 않는 사람에게는 전혀 상관되지 않는 것임을 알게 된다. 힘겨운 일 끝에 피로를 풀기 위하여 쉬는 것이고 또 새로 시작될 일을 준비하는 과정에서 마음과 몸을 가다듬기 위하여 놀이를 갖게 되는 것이 아니겠는가.

자칫 노름꾼을 놀이의 전문가로 착각할 사람은 없겠지만, 오늘날 우리 주변에서 '논다'는 말의 참뜻이 지극히 더럽혀지고 있기 때문에 이런저런 걱정을 하게 되는 것이다. 일하는 사람에게 가장 긴요한 것이 쉬기와 놀이이련만 요즘 풍조는 전혀 엉뚱한 방향으로 흘러가고 있다. 온통 자연을 파괴하고 있는 '골프'니 '스키'니 하는 특수 유한층의 별난 놀이들이 곳곳에서 창궐하고 있다. 이런 것들은 일하는 사람과는 전혀 상관없는 상황에서 퇴폐성을 띠면서 계층 간의 위화감만 조장하고 있을 뿐이다. 이런 사람들이 부르는 노래는 '일노래'와 아무 인연도 없다. '일노래'는 무엇보다 '일하는 사람들'의 노래다. 더 사실대로 말하면 '일하지 않는 사람'은 노래할 자격도 없다.

그러면 민속놀이의 이야기를 시작하자. 역사를 가진 민족이면 그 나름의 오랜 연원을 지닌 민속놀이를 놀고 있다.

우리의 경우 무척이나 오랜 세월동안 힘겹게 살아온 터이지만 전해 오는 민속놀이를 보면 다양하기 그지없다. 논두렁이나 밭두렁에서 잠시 쉴 참을 이용하여 노는 간편한 놀이로부터 수백, 수천 명의 많은 인원이 한데 어울리는 규모가 큰 집단놀이에 이르기까지 그 내용을 살펴보면, 실속은 더욱 효율적인 재생산을 위한 의식의 통일과 그의 승화를 위한 예행(豫行)의 요소가 깊이 깃들어 있음을 발견하게 된다. 지난 번에 살펴본 '줄다리기'를 비롯하여 '차전놀이' '고싸움놀이' 등 규모가 큰 집단놀이는 이미 오늘의 노동 현장에 새롭게 뿌리내리고 있으며 '씨름' '그네뛰기' '널뛰기' '닭싸움' '연날리기'에 이르기까지 다양한 종목들이 이름 그대로 민중의 놀이인 민속놀이로서 되살아나고 있다.

끝으로 '비석차기'를 소개하면서 이 글을 마무리하려 한다.

우리 민속놀이의 이름을 보면 일에 쓰이는 연모나 노는 모습에서 유래하는 것이 많다. 비석차기도 비석(碑石)을 차며 노는 데서 비롯된 것이다. 그런데 실제로는 비석으로 가장한 네모난 돌을 차며 논다. 이 놀이의 뜻은 무엇일까? 지금도 시골에 가면 '비석거리'란 땅이름이 전해오고 그곳에는 많은 비석들이 즐비하게 서 있다. 주로 '송덕비'들인데 이것은 봉건적 관료사회의 유물들이다. 실제로는 수탈의 장본이었으면서도 그들의 조상이나 자신의 업적을 과시하기 위하여 스스로 세운 것이다.

민중의 고혈 위에 세워진 이런 기념물이 봉건적 지배 세력에 묶여 왔던 대다수 민중들에게는 오히려 울화를 치밀게 했을 것이다. 비석차기란 이러한 연원에서 놀이화되어 오늘날에 이르고 있는 것이다. 그것은 바로 평등을 염원한 뜻깊은 민속놀이라 하겠다. 별로 내세울 만한 공헌을 한 것도 아닌데, 아니 오히려 민중을 못살게 군 원흉들의 이른바 송덕비가 도회지 한복판에 또는 무덤 앞에 오늘도 세워지고 있으니 비석차기란 민속놀이의 당위성은 아직도 엄존한다는 생각이다.

(1995. 5. 사람과 일터)

2
세시풍속과 민속놀이

세시풍속이란?

　'세시'란 한 해 동안의 '시절'을 뜻하는 말이고, '풍속'이란 옛날부터 한 공동체가 지켜 내려오는 남다른 습관을 말한다. 그러니까 ' 세시풍속 '하면 일상생활에 있어 절기(계절)에 맞추어 관습적으로 되풀이 하는 습속이라 하겠다. 그것은 신앙, 생산수단, 의식주에 이르기까지 한 공동체가 역사적으로 발전하면서 얻은 전통적 행동 양식으로서, 흔히 이것은 습관, 관습으로 부르고 있다.

　풍속이란 생활공동체에 따라서 서로 갖지 않기 때문에 한마디로 이런 것이요 하고 설명하기는 어렵다.

　첫째로, 자연 조건에 따라 다르니, 산악·평지·해변·습지·견지·섬 등으로 나뉘며, 기후로도 열대·아열대·온대·아한대·한대에 따라서 기본적으로 행동 양식이 다르게 마련이다.

　둘째로, 생산물, 생산 방법에 따라 다르게 나타나는 것이니, 우리가 어느 민족 또는 국가의 생활사를 살필 때, 수렵·농경·어로 등을 먼저 가리려 함도 바로 그 때문이다.

　셋째로, 위와 같은 여건에서 생활을 영위해 나가는 동안 주변의 다른 공동체들과의 대립과 교류 관계가 또한 하나의 풍속을 이루는 데 큰 작용을 한다. 이렇게 놓고 볼 때, 풍속이란 자연의 터전 위에 인간이 스스로의 역사를 발전시켜 오는 가운데 얻어낸 하나의 규범이라

해도 틀림이 없다.

흔히 아주 먼 나라의 풍속이 괴상함을 표현할 때, 서로 코를 잡는 인사법, 뺨을 잡는 인사법을 흉내내며 우스워한다. 그러나 그쪽에서 볼 때, 맥없이 손을 잡고 흔드는 장면이나, 엎드려 땅바닥에 머리를 대는 것을 보면 역시 같은 웃음이 터질 것이다. 이제는 서로 다른 문화권 사이에 왕래가 잦아짐으로써 세계가 이웃처럼 되어 간다고 하지만 아직도 서로 다른 생활 공동체 사이의 풍속을 각기 그 기능이 독립성을 뛰고 있다. 역시 한 공동체가 역사적인 맥락에 따른 자기 존립과 발전을 하기 위해서는 전통적인 독창성이 바탕으로 되어야 하는 것이기 때문이리라.

여기서 한 가지 주의할 점은 오늘에 살아 있는 풍속과 옛 풍속인 고속(古俗)을 혼동해서는 안 된다.

흔히 '세시풍속'이니 '민속'이니 하면 오늘의 풍속이 아니라 옛날의 것, 또는 옛날스러운 것으로 잘못 인식하고 있는 경향이 있다. 이렇게 된 까닭은 바로 우리의 근대화라는 것이 다분히 주체적이지 못한데서 비롯된 것임을 알아야 한다. 이러한 1900년대 초, 이른바 근대화의 물결을 경각심 없이 받아들였을 무렵에 한하는 것이 아니라 바로 오늘 이 시간에도 서양 흉내를 내는 것이 배운 사람의 자랑인 양 잘못 인식되고 있을 정도이다.

단절됨이 없이 면면히 역사의 주인노릇을 한 민족의 풍속은 항시 현재성을 지니는 것인데, 그렇지 못한 민족이나 국가의 풍속은 자칫 현실과 동떨어져 옛스러운 것으로 뒤지게 되는 것이다. 우리의 경우가 바로 그러하니 뼈아프게 자성해야 한다.

풍속은 이쯤 설명하고, '세시'를 알아본다.

'세시'란 1년 가운데 '때때'를 일컬으니 춘하추동 계절을 이르기도 하고 ‘다달’이나 ‘일’이나 ‘명절’등이 모두 여기에 포함된다.

인간이 한평생을 지내는 것을 ‘통과의례’라 하여 ‘관·혼·상·제’의 순서로 나타낸다면 세시풍속이란 한 공동체가 해마다 집단적으로 되새김하는 1년의 일정표라 하겠다. 우리 민족의 세시풍속의 역사는 아주 오래다. 우리에게도 수렵·채집 단계의 역사가 있었을 것이나 그 무렵의 기록은 전하지 않고, 그 후의 농경단계로 들어와 주목할 만한 몇가지 기록이 전한다.

《위지 동이전》(A. D. 3세기)이라는 중국의 역사책에 삼한시대에 있었던 농경의례가 나타난다.

“…씨 뿌리기를 마치고 난 5월과 농사가 끝난 10월에 산천에 제사를 지낸다…”

이밖에도 부여의 ‘영고,’ 고구려의 ‘동맹,’ 예의 ‘무천’등도 모두 한 공동체의 의례요 축제였던 것이다.

우리 민족이 벼를 재배하기 시작한 것이 아마도 6천 년 전 신석기 시대로까지 소극된다는 고고학계의 의견에 따른다면 《위지 동이전》의 기록보다 오히려 훨씬 전부터 벼 재배와 그밖의 농경에 따른 세시풍속이 짜여져 왔으리라는 추측이 든다.

신앙적인 면에서는 토착신앙인 무속이 바탕이 되면서 뒤에 들어온 외래 종교인 불교·유교·도교들이 깊이 작용하고 있다. 여기에 지정학적으로 주변의 중국 대륙과 일본 열도, 동남아시아들과의 영향도 빼놓을 수 없다.

벼 재배를 위주로 한 농경을 영위하면서도 3면의 바다와 수많은 섬에서는 고기잡이가 활발했으니 크게 보아 우리의 세시풍속은 내용에 있어 복합적인 성격을 띠고 있다.

세시풍속을 이루게 하는 것 가운데 중요한 것으로 계절과 날짜, 시간을 분간하는 역법이 있다.

원초적인 방법으로는 해와 달 같은 천체의 움직임에 따른 것과, 식물이 돋아나고 말라 죽거나, 동물들의 동면 같은 생태 변화에 의하여 짐작하기도 했다. 동양에서는 일찍이 달을 기준으로 하는 '태음력 역법'을 만들어 냈다. 인간은 꾀가 많아서 거침없이 흘러가는 자연적 시간에 단계를 지어서 하루 한 달 한해를 설정하여 무한한 세월을 유한한 잣대로 금을 긋고 있다. 여기에 원용된 것이 간지(干支)인데, 10간(干)과 12지(支)를 총칭하는 말로써 이미 중국의 은나라 때부터 쓰여 왔다는 것이다.

'10간'은 갑(甲)·을(乙)·병(丙)·정(丁)·무(戊)·기(己)·경(庚)·신(辛)·임(壬)·계(癸)이고, '12지'는 자(子)·축(丑)·인(寅)·묘(卯)·진(辰)·사(巳)·오(午)·미(未)·신(申)·유(酉)·술(戌)·해(亥)인데, 이것을 짜맞춘 '60간지'로 날짜를 세는 데 쓰인 것이 그 기원이라 보고 있다. 한편 '간'은 나무의 줄기(幹)를 뜻하고, '지'는 나뭇가지(枝)의 뜻으로, '간'은 하늘을 '지'는 땅을 나타내기도 한다. 그뿐 아니라 '陰'과 '陽'의 분별이 있는가 하면 해와 달로도 해석한다. 따라서 '간지'는 천지조화의 근본으로서 '10간' '12지' 그 가운데는 양 중에도 음이 있고, 음 중에 양이 있다. 즉 甲·乙·戊·庚·壬은 양 중의 양이요, 乙·丁·己·辛·癸는 양 중의 음이라 한다. 子·寅·辰·午·申·戌은 음 중의 양이요, 丑·卯·巳·未·酉·亥는 음 중의 음이다. '10간'은 날(日)을 가리키기 위해서, '12지'는 달(月)을 가리키기 위해서 은나라 때 만들어졌고, 이 '12지'를 하루의 시각에 바탕하게 된 것은 前漢시대부터이며 '간지'에 대한 '五行配當'이 완전히 정하여져 年, 月, 日과 방위가 정확히 배정된 '간지오행설(五行讖緯學)'은 前漢 말에 일어나 이제껏 2천여 년 동안 쓰여지고 있다.

　민간에서 俗信으로 뿌리깊게 믿고 있는 '띠'란 바로 열두 가지의 쥐·소·호랑이·토끼·용·뱀·말·양·원숭이·닭·개·돼지를 일컫는 것이다. '支'만 같은 '개'의 해는 12년마다 돌아오지만 '간지'가 똑같은 '갑술년'은 60년마다 돌아오는 것은 우리가 익히 알고 있는 일이다. 앞에서 잠시 언급했듯이 '간지'란 본디 日字의 기호로 쓰던 것인데 漢代에 이르러 이를 연도에 배합시킨 것이다.

　특히 12지신(十二支神), 즉 쥐·소·호랑이 등의 짐승 이름을 붙인 것은 後漢, 즉 기원 2세기 때 처음으로 나오고 있으니 유구한 중국문화에 비하여 그 유래는 비교적 짧다 하겠다. 그리고 우리는 흔히 이러한 '12지사상'이 중국으로부터 비롯된 동양 고유의 것으로 알고 있으나, 이것이 아득한 옛날 중동 지역에서 유입된 것임은 이미 학계에 널리 알려져 있다. 위에서 살펴본 바와 같이 '12간지'란 본디 날(日) 달(月) 해(年)를 분간하기 위하여 창출해 낸 동양적 지혜라 하겠는데 이를 바탕으로 다시 춘·하·추·동 등을 분간하는 24절기가 정해져 세시풍속을 이루는 중요한 '잣대' 구실을 하고 있다.

　농사를 짓고, 고기잡이를 하는 것이 주업이었던 시대에 '24절기'는 자연의 변화에 따라 생업을 효율적으로 이루는 가장 소중한 '연중행사표'가 되었음은 말할 나위도 없다.

　'24절기'를 도해하면 다음과 같다.

　이같은 '24절기'를 '24절후'라고도 하듯이 봄·여름·가을·겨울을 분간할 뿐만 아니라 '철'의 바뀜에 따른 기후의 변화까지도 미리 점쳐볼 수 있게 해주는 것이니 그야말로 완벽에 가까운 한해의 일정표라 할 만하다. 여기에서 한 가지 주목되는 것은 같은 '태음력'을 쓰고 있지만 중국에서는 '삼진(3월 3일)' '단오(5월 5일)' '칠석(7월 7

봄		여름	
입춘	2월 4일이나 5일	**입하**	5월 6일이나 7일
우수	2월 19일이나 20일	**소만**	5월 21일이나 22일
경칩	3월 5일이나 6일	**망종**	6월 6일이나 7일
춘분	3월 21일이나 22일	**하지**	6월 21일이나 22일
청명	4월 5일이나 6일	**소서**	7월 7일이나 8일
곡우	4월 20일이나 21일	**대서**	7월 23일이나 24일

가을		겨울	
입추	8월 8일이나 9일	**입동**	11월 7일이나 8일
처서	8월 23일이나 24일	**소설**	11월 22일이나 23일
백로	9월 8일이나 9일	**대설**	12월 7일이나 8일
추분	9월 23일이나 24일	**동지**	12월 22일이나 23일
한로	10월 8일이나 9일	**소한**	1월 6일이나 7일
상강	10월 23일이나 24일	**대한**	1월 20일이나 21일

일)'·'중구(9월 9일)' 등을 큰 명절로 삼고 있으나, 우리민족은 '대보름(1월 15일)'·'유두(6월 15일)'·'백중(7월 15일)'·'한가위(8월 15일)' 등의 달이 둥글게 뜨는 '보름'을 더욱 큰 명절로 삼고 있다는 사실이다.

그러나 이와 같은 '절기'와 '명절' 들이 각기 그 나름의 세시풍속이 짜여있는 데 기본이 되는 것임에는 다름이 없다. 한편 표현은 조금씩 다르지만 동양문화권에 있어 '철 모르는 사람' 이란, 세상의 이치를 모르는 사람, 또는 사람 됨됨이가 미숙할 때 붙이는 호칭이다.

여기에서의 '철' 이란 '절기' '절후' 를 뜻함은 물론이다.

결론으로 돌아와서 한 민족의 절기에 걸맞은 세시풍속이란 바로 한 해를 운용하는 역사적 슬기임을 다시금 확인하게 되는 것이다.

‘민속(民俗)’의 뜻

　세시풍속과 민속놀이는 과연 어떠한 상관 관계가 있는가를 살펴보고자 할 때, 먼저 ‘민속’에 대한 바른 인식이 선행되어야 하리라는 생각이다.

　왜냐하면 오늘날 ‘민속’이란 말이 애매모호한 상태에서 함부로 쓰여지고 있기 때문이다.

　‘민속’이란 한마디로 ‘민간(민중)의 습속’의 준말이다. 그러니까 민속의 바른 뜻은 옛날의 풍속이 아니라 오늘의 일상 속에 살아 있는 풍속을 말하는 것이다. 그런데 앞에서도 잠시 지적한 바 있듯이 ‘민속’하면 오늘이 아닌 지난 시대의 것으로 잘못 아는 경향이 짙다. 이렇게 된 데에는 우리 역사의 발자취 가운데 주체적이지 못한 대목이 있는 데서 오는 불행한 결과임도 역시 앞에서도 거론한 바 있다.

　‘민속’의 참뜻을 다른말로 표현하자면 그것을 자기 생성적(自己生成的) 전승력(傳承力)이 오늘의 생활 속에까지 살아 있으면서 발전하고 있는 것을 지칭하는 것이다.

　한편 ‘고전’이란 용어도 ‘민속’과 혼동되면서 분별없이 쓰여지고 있는 것 중의 하나이다. ‘고전’이란 앞에서의 자기 생성적 전승력은 지난 어느 시기에 단절 되었지만 그 단절된 시기의 형태로 재구(再構)·보존(保存)되고 있는 것이라 하겠다.

　이해를 돕기 위하여 한 예를 든다면, 춤 가운데 ‘살풀이’는 그의 연원이 원시 공동체사회의 제천의식으로까지 거슬러 올라가는 것이면서도 지금 이 시간에도 무당의 굿판에서 또는 전문적인 춤판에서, 그리고 일반인의 흥풀이 춤판에서까지 자기 생성적인 전승력을 지니며 발전하고 있음을 본다.

여기에 비하여 조선조시기 주로 궁중에서 추어졌던 '처용무(處容舞)'는 심한 가뭄이나 장마 또는 나쁜 병이 돌 때, 악귀를 물리치는 '구나무(驅儺舞)'의 하나였는데, 실상 조성왕조가 끝나면서 이 춤의 자생력도 끝나고 말았다. 그러나 이 춤의 내용이 우리 춤의 발자취를 살피는 데 소중한 것이어서 그것이 자생력을 잃기 전의 모습으로 재구·보존되고 있다.

위에서 '살풀이'는 '민속무용'이라 하겠고, '처용무'는 '고전무용'이라 하는 것이 걸맞은 표현이다. 역시 혼동해서 쓰여지고 있는 '전통'에 대한 분석도 있어야 하겠다.

'전통'이란 앞의 민속적인 것과 고전적인 것을 통틀어 지칭할 때, 쓰이는 말이다. 그러니까 '처용무'는 민속무용이라 하면 틀리지만 고전무용 또는 전통무용이라 할 수 있다. '살풀이'는 고전무용이 아니라 민속무용 또는 전통무용이라 해야 한다.

그러면 여기서 본론으로 들어가자.

'민속놀이'란 전 시대의 조상들이 놀았던 옛놀이를 지칭하는 말이 아니다. 그것은 면면한 역사와 함께 우리 민족이 생활의 슬기를 지녀 온 '문화'의 하나인 것이다.

서울을 중심으로 한 '민속놀이'들

실상 서울을 중심으로 한 별도의 민속놀이가 있었던 것은 아님을 먼저 밝혀 두고자 한다.

우리의 민속놀이는 주로 '설' '단오' '한가위'의 3대 명절에 집중되어 있고, 지역별로 분류하자면 '방언권(方言圈)'인 옛날의 '8도'를 염두에 둘 수가 있겠다. 그러나 오늘의 형편은 그처럼 풍요했던 놀이들이 거의 인멸되어 버렸는가 하면 남아 있는 것들도 지역적 특성은 악화된 채, 전승되고 있는 실정이다. 옛 문헌 자료와 오늘에 전승되고 있는 것들을 두서없이 나열해 본다.

'자치기' '제기차기' '굴렁쇠' '팽이치기' '썰매타기' '연날리기' '쥐불놀이' '투호놀이' '고누' '공기놀이' '비석차기(모말차기)' '그림자놀이' '땅따먹기' '술래잡기' '그네뛰기' '널뛰기' '줄넘기' '윷놀이' '쌍육' '승경도(종경도)' '관등놀이' '달맞이' '다리밟기' '지신밟기' ….

위의 종목 가운데 '썰매타기' '쥐불놀이' '그림자놀이' '승경도' 등은 아주 없어진 상태이다.

'씨름' '줄다리기' '편싸움(石戰)' '장치기(격구)' '활쏘기' 등에서 '편싸움'과 '장치기'도 거의 볼 수 없게 되었다.

이러한 변화가 오는 것은 어느 면 당연하다 하겠다. 풍속이라는 것은 사회 변동에 따른 생활 양식의 변화에 따라 함께 바뀜은 하나의 순리일진대, 놀이만이 예외일 수는 없다. 비근한 예로써 옛날에는 손으로 모를 심고, 논을 매고 거둬들였는데 지금은 이것을 기계로 하고 있다. 그러니 옛날의 논에서 일하면 불렀던 '일노래'들이 이제는 필요 없는 장단과 맞아 떨어지고 호흡으로 불려지는 것이니 아무런 효용가치도 없어지고 말았다.

옛날 골목에서 어린이들이 즐겨 놀았던 '자치기'를 지금은 도저히 할 수가 없다. 창마다 유리를 끼었으니 당치도 않은 놀이다.

좁은 골목까지 '아스팔트' 바닥이니 '고누'도 '비석차기'도 '널뛰기'도 용이치를 않다.

돌을 던지며 용맹심을 길렀던 서울의 대표적인 놀이의 하나인 '편싸움'이며, 들판에 불을 질렀던 '쥐불놀이'도 이제는 절대 금기의 놀이로 되고 말았다. '연날리기'도 마찬가지다. 거미줄처럼 하늘에 꽉 찬 서울의 하늘에서 연을 날리기란 만만치 않은 일이다.

한강 둔치가 있질 않으냐 하겠지만 본디 연이란 마을의 언덕에서 제가 직접 만들어 이웃 사촌들과 놀았던 것인데, 이제는 비싼 연을 사 가지고 상금 따먹기의 도박으로 둔갑하고 있다.

근년 들어 민속놀이를 오늘에 다시 되살리자는 움직임이 일고 있음은 더 없이 반가운 일이다. 그러나 그것이 본디의 고귀한 '놀이정신'은 아랑곳 없이 겉껍데기만 되살리는데 그친다면 오히려 전통을 왜곡하는 큰 잘못을 자초할 뿐이다.

이 마당에, 우리는 우리의 민속놀이가 왜 소중한 것인지 차분히 되살려 그의 '겉'이 아닌 '속'을 찾아내 오늘의 놀이를 재창출(再創出)하는 일을 서둘러야 한다. 이러한 작업을 하는 데 있어 서울의 민속놀이를 기록하고 있는 다음과 같은 옛 문헌들은 크게 참고가 된다.

홍석모(洪錫謨)·동국세시기(東國歲時記), 김매순(金邁淳)·열양세시기(洌陽歲時記), 유득공(柳得恭)·경도잡지(京都雜誌), 민주면(閔周冕)·동경잡기(東京雜記)

이상 4권의 세시기는 '이석호(李錫浩) 옮김, 《조선세시기(朝鮮歲時記)》(東文選 文藝新書 49)'로 번역·출간되어 크게 참고가 된다.

새삼 왜 '민속놀이'인가?

서울의 대표적인 민속놀이 하면 다리밟기(踏橋)를 꼽는다.

정월 대보름, 서울 한복판을 흐르던 개천(開川, 淸溪川이란 이름은 일제 강점기 이후 보편화된 것이다)에 놓인 무수한 다리 위에서 벌였던 집단 놀이의 하나이다.

문안 사람들은 종루(종가)의 저녁 종소리를 들으며 개천의 다리뿐만 아니라 문밖의 '살곶이 다리' '광나루' '송파'를 비롯하여 과천의 '무동답교(舞童踏橋)' 등 서울·경기 지방에 널리 전승됐었다.

다리밟기를 하면 한해 동안 '다릿병'이 없다든가 재앙을 물리칠 수 있다는 등 '속신'을 내세우기가 일쑤지만 그보다는 '설'을 마무리하는 정월 대보름 밤, 온 장안 사람들이 다리에 오가며 인사를 나눔으로써 모두가 이웃 사촌이 되었던 따사로운 '놀이 정신'이 바닥에 깔려 있음을 자칫 놓치고 있다.

'풍물'도 울리고 '산타령'도 부르며 빈부귀천, 남녀노소가 함께 어울려 인사를 주고 받은 '다리밟기'는 오늘에 되살아나 조금도 모자람이 없으리라는 생각이다. 앞에서도 말했듯이 서울의 대표적인 집단놀이로서 용맹스러운 '편싸움'은 이제 흔적도 찾을 수 없이 되었다.

그러나 그의 '놀이 정신'만은 고귀하니 고로(古老)들의 증언을 토대로 다음에 재구해 본다.

"…편싸움을 한자로는 석전(石戰)이라 적고 있다. 이 놀이에 쓰여지는 도구가 작은 돌멩이고 보니 뜻은 통하는 듯하나 본디 이름대로 '편싸움'이라 해야 제 맛이 난다.

우리나라 민속놀이 가운데 규모가 크기로는 흔히 '줄다리기'와 '편싸움'을 들게 되는데, 한강 남쪽은 주로 줄다리기요, 이북에서는 편싸움이 성했다. 그렇다고 남쪽에서는 편싸움을 전혀 하질 않은 것은 아니고, 북쪽에서도 역시 줄다리기를 했다.

'편싸움'의 놀이 방법을 살펴보면 대개 시냇물을 사이에 두었거나 산마루를 경계로 마을과 마을 사이에서 남정네들이 힘겨룸을 하는 놀이인데 이 때에 쓰는 돌멩이는 반드시 밤알보다 작아야 했다.

오전에는 '애기 편싸움'이라 하여 소년들이 먼저 시작한다.

서로 마을의 '당나무'를 대개 '진(陳)'으로 삼는데 이 진을 잘 지켜야 한다. 상대방에게 이 진을 빼앗기면 편싸움에서 지고 말기 때문이다.

시냇물 사이의 두 마을이라면, 어린이들은 먼저 돌멩이가 많은 시냇가에서 주머니 가득 조약돌을 담고 이리 뛰고 저리 뛰며 상대에게 돌을 던지며 위협을 준다.

여기서 꼭 지켜야 하는 불문율(不文律)이 있는데 그것은 다음과 같다.

'…던지는 돌은 밤알보다 작아야 하고, 서로 마주친 거리가 가깝게 되면 손을 털고 씨름으로 상대를 이겨야 한다 ….'"

이렇게 하여 끝내는 상대의 진으로 돌격하여 점령하는 것이니 이른바 요즘 얘기하는 육탄전과 같은 것이다. 이 겨룸은 한두 번에 끝나는 것이 아니다. 쉽게 승패가 나게 되면 몇 번이라도 계속하여 그날 하루 종일 어느 편이 더 많이 진을 빼앗았는가에 따라 승부를 가린다.

'애기 편싸움'에 이어 오후가 되면, 본격적으로 청년들도 참여하는 '큰 편싸움'이 되는데 역시 장관이다. 옛날에는 장가를 일찍 갔기 때문에 상투 튼 어른이 간혹 섞이기도 했지만 그 상투 튼 어른의 나이는 열일고여덟이었다.

아침부터 시작된 이 큰 겨룸은 해가 져서 땅거미가 드리우게 돼야 끝이 난다.

이긴 편은 이겼다고 좋아서 한턱, 진 편은 졌기에 한턱을 낸다.

언제 싸웠더냐는 듯이 얼싸 안으며 한판 잔치를 벌인다.

'편싸움'에 얽힌 한 토막 얘기가 전한다.

"… 한강을 옛날에는 한수(漢水)라 했다. 한수의 어느나루, 뱃사람의 아낙이 일곱 살 난 아들을 두었다. 그 아들은 '편싸움'이 있는 날, 서둘러 아침을 먹고 동무따라 집을 나갔다.

이제 날이 어두워지기 시작하는 데도 아들이 돌아 오지를 않는다.

— 이 녀석 점심도 안 먹고 —

그러나 어머니는 걱정을 하지 않는다. 자식은 집에 와 점심을 먹지 않았지만 아들의 동무들이 느닷없이 찾아들어 떡국을 달래 먹고 갔기에 말이다. 우리 아들도 그 어느 집엔가에서 떡국을 먹었을 것이다.

기다렸던 아들이 헐레벌떡 뛰어 들어오면서 배가 고프다 야단이다. 게눈 감추듯이 차려 준 저녁상을 말끔히 치우는데 제 아범보다 더 많이 먹는가 보다.

아들은 무척이나 피곤했던지 먹자 마자 잠이 들고 만다. 색색 코까지 골면서….

등잔 불빛 아래 정신없이 곯아 떨어진 자식을 내려다 보던 어미의 안색이 갑자기 변한다.

— 어! 어쩌지 —

하루 종일 이마에 돌멩이를 맞아 주먹만큼이나 벌겋게 부어올라 있질 않은가. 하도 애처로와 손을 대노라면 자식은 끔찔끔찔 놀랜다.

— 오죽이나 아플까? —

순간 어미의 눈 언저리가 젖는 듯 싶더니… 이 어인 일인가. 슬며시 미소를 입술에 머금음을….

몇 번이나 몇 번이나 잠든 자식의 부어 오른 얼굴을 내려다 보며, 고사리 같은 손도 쥐어 보며 어미는 뜻모를 미소를 머금는다.

이 광경을 짤막한 한 수의 시로써 읊어본다.

한강가 일곱 살 자식을 둔

한 어미가

정월 대보름 밤

주먹만큼 부어 오른 잠든 자식의

이마를 내려다 보며

남 모를 미소를 머금는다.

　바로 뜨겁고도 당찬 이 미소가 그 모진 외세와의 싸움에서도 오늘의 우리를 살아남게 한 힘으로 승화한 것이리라…."

　'편싸움'은 지난 시대, 놀이를 통한 싸움의 예행연희(豫行演戲)였던 것이다. 구태여 비유한다면, 정월 대보름 '편싸움'을 한 판 벌임으로써 요즘의 '예비군 훈련'을 능히 대신할 수 있었던 것이다.
　이제 '한양 정도 600년'을 기리는 마당에 오늘의 '서울'에 어떻게 민속놀이를 되살릴까 하는 문제는 그렇게 단순하지 않다. 솔직히 말해서 요즘 풍조가, 건강한 놀이도 사행화시키는 가운데, 다분히 서구 취향화함으로써 '놀이에서의 승부'와 '싸움에서의 승부'를 혼동하기에까지 이르지 않았는가 싶다.
　예컨대, 우리의 전통적인 '줄다리기'에서의 승부의 세계를 보자.
　역시 엎치락 뒷치락 이기고 지기를 번갈아 하다가 어느 한순간, 두 개의 다른 힘이 그 어느 쪽으로도 쏠리지 않으며 팽팽히 맞서는 순간이 있다. 바로 이 팽배의 순간을 만끽하는 것이 줄다리기의 고매한 '놀이정신'이다. 이긴 편 마을은 논농사가 잘 되고, 진 편 마을은 밭농사가 잘 된다니 이웃 마을 사이에 다 잘되자는 마음씨이다.
　'제기'를 차더라도 누가 많이 차나를 가리는 '내기 놀이'보다는 둥글게 둘러 서서 무한히 마음을 주고 받았던 '동네 제기'가 아쉬운 어제와 오늘이다.

각박해져 가는 인심, 살벌해져 가는 놀이 정신을 순화해 가기 위하여 우리의 민속놀이 가운데서도 밝고도 건강한 놀이들을 오늘에 수용함으로써 주체적이요, 독창적인 세시풍속과 그에 따른 놀이를 지닌 역사 민족·문화 민족으로서의 긍지를 되찾아야 하리라는 생각이다.

(1989. 10. 중앙대 연극영화과 강의 원고)

3
'까치 설'과 '반기'

까치 까치 설날은…

우리나라 사람이라면 어려서 한번쯤 불러보는 동요의 한 구절이다.

　"까치 까치 설날은 어저께고요 우리 우리 설날은 오늘이래요…."

　여기서 '까치 설'이란 바로 '설날'의 전날, 섣달 그믐의 이름이다. 옛날에는 이날에도 '까치 설빔'이라 하여 어린이들에게 때때옷을 입히기도 했었다. 이 '까치 설'이 무엇인가를 아는 데는 '까치 밥'이란 것을 먼저 설명을 하면 도움이 되겠다.

　늦가을, 감나무에 매달린 잘 익은 감을 딸 때, 너댓개를 남겨놓은 관습이 있다. 이것을 '까치 밥'이라 하는데 실상 까치가 먹는 것은 아니다.

　대자연의 고마움을 아는 인간의 아릿다운 마음씨일 뿐이다.

　인간에 베풀어 주는 무한한 자연의 은혜를 조금이나마 되돌리고자 하는 단심(丹心)인 것이다. 까치와 우리 민족은 지극히 가까운 사이이다. 첫째가는 상서로운 날짐승으로 집안 식구와 같았다. 이른 아침 까치가 울게 되면, 반가운 손님이 올 것이라 했다. 집 가까운데 까치집이 있으면 아침 저녁으로 눈인사를 나누었다.

　이처럼 정다운 까치에게 몇 개의 감을 선사하는 것은 당연하고 당연하다.

내 실속만 차리는 옹색함이 아니요, 이웃과 나아가서는 대자연까지도 한 품에 안고자 하는 너그러움이다.

이 '까치 밥'의 뜻과 유사한 것으로 이번에는 '까치 설'을 살펴보자.

앞에서도 말했듯이 '까치 설'은 섣달 그믐날이다. 요즈음은 이 섣달 그믐의 여러 가지 세시풍속들이 잊혀져 가고 있지만 실상 이날은 하루 다음 날인 정월 초하루 '설' 못지 않게 아주 중요한 날이었다.

지난 한해 동안 보살펴 주심에 감사하여 웃어른을 뵙고 절을 올리니 이것을 '묵은 세배'라 했다. '묵은 세배'는 잊고 '세배'만 하게 되면 '마무리'가 없는 사람이라 하여 몹시 흉이 됐었다.

이 '묵은 세배' 하는 날을 겸해서 '까치 설'로 삼았으니 '까치'를 내세워 삼라만상(森羅萬象)에 고마운 뜻을 보내자는 마음씨이리라.

뜻도 모르고 어린이 노래로만 불려질 것이 아니라 '까치 설'을 소중히 하는 몸가짐, 마음가짐이 되살아나야겠다는 바램이다.

'설'과 '반기'

'설'이란 한해의 머리를 뜻한다. '설날' 하면, 음력 정월 초하루이고, 그대로 '설' 하면, 정월 초하루부터 대보름까지 15일간을 일컫는다. 흔히 이 민족의 명절인 '설'을 일본 사람들이 양력을 강제로 쓰게 해서 잃게 됐었다. 하지만 그건 그렇지를 않다.

조선왕조 고종 32년 을미(乙未) 11월 17일이 임금님의 칙령에 의해서 1896년 1월 1일이 되면서 양력이 공식역법이 됐던 것이다.

그 후 일제가 이 땅을 강점하면서 1930년대 이후 '이중과세'라는 구실로 '설'을 못 쇠게 하면서 빛을 잃어 가다가 1989년에 이르러 공식적인 공휴일로 되찾게 되었다. 그러나 지금도 어디까지나 양력 1월 1일이 공사간에 한해의 시작임에는 변함이 없다.

음력 정월 초하루는 '차례'도 올리면서 오늘에 되살려 바람직한 전통문화의 맥을 되짚어 보는 날이다. 한낱 회고취향(懷古趣向)이 아닌 전통을 바탕으로 한 재창조를 위해서 옷깃을 여미는 날이라 하겠다.

그러면 여기서 그 옛날, 한 평화로운 마을의 설 풍속을 알아보자.

…해가 뜨기 전 마을 사람들은 당나무(堂木)가 서 있는 서낭당으로 모이기 시작한다. 한 공동체의 평안과 풍요를 기원하는 당굿(마을굿)을 올리기 위해서다.

떠오르는 밝은 새해를 우러르며 새로 맞는 새해에는 무사하고 풍요롭기를 기원하는 자리이다. 간략한 당굿 끝에는 집집의 가장(家長)들이 소지(燒紙)를 올리고 당주(堂主)는 온 마을을 위하여 대동소지(大同燒紙)를 하늘 높이 태워 날린다.

당굿을 마친 마을 사람들은 총총히 집으로 돌아가 역시 정성껏 집안 차례를 올린다. 공동체의 기원이 먼저이고, 그 다음으로 사사로운 개인의 차례(茶禮)의식을 갖는다. 차례를 마치면 집안 어른께 세배를 드리고 식구들끼리 차례음식을 먹는데, 이것을 음복(飮福)이라 한다.

아침 후, 마을 어른께 세배를 드림은 물론이요, 집집마다 '반기'를 하는 풍속도 빼 놓을 수가 없다.

'반기'의 뜻을 '우리말 사전'에서 찾아 본다.

"잔치 또는 제사 때, 동리 사람들에게 나누어 주려고 목판에 담아 놓은 음식…"

그런데 이 반기란 잔치나 제사 때는 물론이요, 모든 명절에도 빠짐없이 이웃간에 돌렸던 것이다.

'반기'를 나누는 데는 반기음식을 담는 '반기목판'이 있어야 한다. 사방 한 뼘 가량의 네모진 나무 접시인 '반기목판'은 웬만큼 사는 집이면 대개 갖추고 살았다.

명절 음식을 골고루 조금씩 예쁘게 담아 창호지를 덮은 반기목판을 들고 집집으로 뛰어다니는 어린아이들의 발걸음이 가볍기만 하다.

이러다가는 정작, 식구들 먹을 것이 없지 않을까 걱정하실 분이 있겠지만 천만의 말씀이다. 아니 더 많이 들어올 것이니 걱정할 일이 아니다.

이 '반기'의 뜻은 나누는 음식에 그치는 것이 아니다.

담뿍 담뿍 담은 '정'이 오가는 것이니, 온 마을이 그저 이웃 사촌이 되는 것이다.

'까치 설'과 '묵은 세배'와 '세배'와 그리고 '반기'가 모락모락 되살아나는 그런 '설'이 못내 아쉬운, 어제와 오늘이다.

(1992. 2. 굽소리)

4
'설'과 민속놀이

설의 뜻

'설'은 한해의 첫머리를 말한다. '설날'은 초하루를 지칭하는 말이요, '설'하면 대보름까지 15일간을 뜻한다. 그러니까 옛날에는 새해의 첫머리 15일간을 명절로 삼아 첫날에는 차례도 지내고, 세배도 올리며 보름 동안 갖가지 민속놀이를 즐겼던 것이다.

요즘 풍속으로 하면 보름씩이나 놀다니 너무하지 않았는가 하겠지만 그 당시는 월요일이니 일요일이니 하는 요일 단위가 아닐 때이니 1년에 몇 번 있는 명절 가운데 하나임을 알아야 한다. 그 옛날 한 평화로운 마을의 '설 풍경'을 다음에 그려 본다.

"…해가 뜨기 전 마을 사람들은 마을을 지켜준다고 믿는 당나무(堂木)가 서 있는 서낭당으로 모이기 시작한다. 한 공동체의 평안과 풍요를 기원하는 당굿(마을제사)을 올리기 위해서다. 다소곳이 조아려 서 있는 마을 사람들의 얼굴에 새해를 맞는 기쁨과 다짐이 교차하면서 집집의 가장들이 소지(燒紙)를 올리고, 당굿을 주재한 촌장은 대동소지(大同燒紙)를 하늘 높이 태워 날린다. 당굿을 마친 마을 사람들은 총총히 집으로 돌아가 역시 정성껏 집안 차례를 올린다. 그러니까 공동체의 기원이 먼저이고 그 다음으로 사사로운 개인의 차례의식을 갖는다. 차례를 마치면 집안 어른께 세배를 올리고 식구들끼리 차례음식을 둘러앉아 먹는데 이것을 음복(飮福)이라 한다. 아침 후에는 마을 어른께도 세배를 드림은 물론이요, 집집마다 '반기' 하는 풍속을 빼놓을 수 없다. '반기'의 뜻을 《우리말 사전》에서 찾아보면, '잔치 또는 제사 때 동리 사람들에게 나누어 주려고 작은 목판에 담아놓은 음식'이라고 되어 있다. 그런데 이 반기는 잔치나 제사 때는 물론이요 모든 명절에도 빠짐없이 이웃에 돌렸던 것이다. 반기를 나누는 데는 반기음식을 담는 '반기목판'이 있어야 한다. 사방 한 뼘 가량의 네모진 나무접시인 반기목판을 웬만큼 사는 집이면 대개 갖추고 있었다. 차례음식을 예쁘게 담아 창호지를 덮은 반기목판을 들고 집집으로 뛰어다니는 아이들의 발걸음이 가볍기만 했다. 이러다가는 식구들 먹을 것이 없을까 걱정하실 분이 있겠지만 천만의 말씀이다. 나간 것만큼, 아니 더 많이 들어올 것이니 걱정할 일이 아니다."

이처럼 따사로운 설 풍속들은 꼭 되살아나야 한다. 그러면 여기에서 역시 정겨운 설의 민속놀이 두 가지를 소개한다.

민속놀이에서 보이는 고귀한 '승부관'

연날리기

우리의 3대 명절을 꼽는다면 '설'을 비롯하여 '단오'와 '한가위'라 하겠다. 그런데 민속놀이로 볼 때, 설이 단연 종류도 다양하고 규모도 크다. 윷놀이, 널뛰기, 제기차기는 모르는 사람이 없다. 손주와 함께 놀 수 있는 윷놀이, 활달한 아녀자의 기상인 널뛰는 소리가 마당을 쿵쿵 울렸다.

우리나라 연은 '가오리연' '방패연'이 주종이고 여기에 갖가지 모양과 기능을 발휘하는 '창작연'도 볼만하다. 연날리기의 방법도 크게 세 가지가 있다. '높이 띄우기' '재주 부리기' '끊어먹기'이다. 드넓은 겨울 하늘에 한 어린이가 방패연으로 재주 부리기를 하고 있다. 세모꼴도 그리고, 동그라미도 그리고, 엄마의 얼굴, 짝꿍의 얼굴도 그린다. 비둘기 가슴처럼 조그마한 어린이가 하늘을 화폭삼아 마음의 그림을 그리고 있는 것이다.

끊어먹기는 두 사람이 겨뤄, 상대편의 연실을 누가 먼저 끊느냐로 승부를 가리는 놀이이다. 연실에 사기가루나 유리가루를 곱게 빻아 아교에 반죽하여 곱게 먹이니 날카롭기가 칼날과 같다. 피차에 높이 띄우기를 한 다음, 서로 실을 비비고 보면 약한 편의 실이 끊어져 연은 하늘 멀리 훨훨 날아가 버리기 마련이다. 그런데 이게 웬일인가? 상대를 끊어 이긴 편이 끊어져 날아간 진 편에게 한 턱 내고 있으니 말이다. 그 연유인즉, 끊어져 날아간 연은 이긴 편 사람의 새해 운수 대통을 위하여 구만리장천(九萬里長天) 저 어디엔가로 길보(吉報)를 전하려 간 것이니 당연히 한 턱을 내야 한다는 것이다. 누이 좋고 매부 좋고, 진 편 이긴 편이 함께 즐거운 격조 높은 놀이의 마무리다.

옛날 설 때면 삼천리 금수강산 그 어디에서나 겨울 하늘을 수놓았던 연인데 해가 갈수록 보기조차 힘들게 되니 아쉽기 그지없다. 설의 마지막 날인 정월 대보름 저녁나절, 연에다 액(厄) 또는 송액(送厄)이라 써 날려 보내는 것은 묵은해의 액풀이와 맞는 해의 액막이를 소망한 토착신앙의 한 편린으로 해석된다. 집 안에 흔하게 굴러다니는 비닐우산대와 창호지 한 장만 있으면 만들 수 있는 것이 연이다. 어린이와 함께 직접 만들어 새해 하늘을 장식해 보자. 훨훨 겨울 하늘에 마음의 그림을 그려보자.

줄다리기

줄다리기는 한강 이남 논농사를 주로 하던 지역에 전승되고 있는 규모가 큰 집단놀이이다. 규모가 대단히 크다 보니 여기에 드는 비용도 만만치 않아 섣달 그믐께부터 '지신밟기'를 하여 추렴을 한다. '줄다리기' 하면 설의 마지막 날을 장식하는 대보름놀이로써 한 공동체의 힘과 마음을 하나로 모아보는 남다른 뜻이 있다. 현재 경상남도 창령지방의 '영산(靈山) 줄다리기(중요 무형문화재 제75호)'는 무형문화재로 지정되어 전승·보호되고 있다.

그러나 이밖에도 여러 고장에 자생적으로 전승되고 있는 줄다리기가 10여 종이나 있다. 아랫마을, 윗마을 또는 동편, 서편으로 나뉘어 예로부터 정해져 내려오는 '암' '수'에 따라 '암줄'과 '숫줄'을 꼰다(현지에서는 드린다고 한다). 사용되는 짚도 집집에서 추렴을 하는 것이니 지신밟기로 시작하여 온 마을 사람이 함께하는 놀이이다. 큰 것은 한쪽의 길이가 3-40미터나 되고 머리 쪽 가장 굵은 곳은 둘레가 150센티미터에 이른다.

이처럼 거대한 '암, 수' 두 가닥의 줄을 정월 열나흘 저녁 또는 대보름 새벽에 비녀목이란 생나무로 연결을 시키는데 이것을 '결혼 시킨다' 한다. 실은 이 단계부터 본격적인 놀이로 보아야 한다. 튼튼히 연결이 되면 각기 자기 편 줄에 매달려 힘내기를 시작한다. 징소리를 신호로 양편이 당기게 되면 처음에는 힘없이 어느 한쪽으로 '확!' 하니 쏠린다. 때로는 일부러 힘을 주지 않아 힘껏 당기던 편이 엉덩방아를 찧게도 한다.

이렇게 엎치락뒤치락 하다가 양편의 힘이 어느 한쪽으로 쏠리지 않고 우지끈 맞서는 순간이 있다. 두 개의 힘이 더 큰 하나의 힘으로 승화되는 찰나이다. 흡사 '팔씨름'을 할 때, 서로의 힘이 엇비슷하여 팽팽히 맞서는 순간과 같다. 바로 이 팽배의 희열을 만끽하기 위하여 하루종일토록 줄다리기는 계속된다. 이처럼 겨룸 가운데 이루어 내는 고귀한 협화의 세계를 한낱 지난 시대의 놀이라고 함부로 버려도 된단 말인가!

갈라진 남과 북이 친선목적으로 축구를 한다거나 권투를 하는 것도 좋겠지만 이 전통적 우리의 줄다리기판을 하루 속히 펼쳤으면 싶다. 오늘날 우리가 놀고 있는 그저 끌어 당기기만 하면 이기는 살기 가득 찬 줄다리기는 '왜식 줄다리기'임을 알아야 한다. 우리의 줄다리기에서도 결국 승부는 나게 마련인데, 이긴 편 마을은 논농사가 잘 되고, 진 편 마을은 밭농사가 잘 된다니 개울 하나 사이에 둘 다 잘 되자는 뜻이다. 세월은 아무리 변한다 해도 조상 대대로 전해오는 연날리기, 줄다리기의 슬기는 값진 것이기만 하다.

(1994. 1-2. 두레)

5

오늘의 농촌에 되살아나야 할 '풍물(농악)'

사물놀이란?

요즘은 흔히 '농악'이라 하지만 농악의 본디 이름은 지방에 따라서 다르게 불려졌다. 중부 지방에서는 '풍물,' 호남 지방에서는 '풍장,' 영남 지방에서는 '매구'이다. 그러니까 표준말로 농악의 본디말은 풍물이라 하겠다. 풍물이 농악으로 바뀌게 된 것은 그리 오래지 않다.

조선왕조 말부터 일본 제국주의 침략자들에 의한 강제통치를 받기 시작한 1900년대 초 이후로 쓰여진 명칭인 것이다. 농악이라 불리게 된 데는 이것을 얕잡아 보자는 뜻도 도사리고 있었음을 우리는 발견하게 된다. 오늘날처럼 직업에 귀천이 없는 시절이 아니었기에 '농사 꾼'이나 즐기는 음악이라는 생각에서 농악으로 그 본연의 기능이 좁혀진 이름으로 되었다 하겠다. '풍물'이란 우리 겨레의 대표적인 민족음악으로 면면히 이어져 오는 것임을 알고 있기에 말이다. 그런데 이 풍물을 이루어 내는 기본 악기에 4종류가 있는데, 누구나 아는 바와 같이 '꽹과리' '징' '북' '장고'이다.

이 4악기를 통틀어 말할 때, 우리는 '사물'이라 부르고 있다. 이들 사물의 생김새는 모르는 사람이 없을 것이니 설명을 약하고 각기 어떤 기능을 하는 것인가를 살펴보기로 한다. 그런데 사물에도 크게 두 가지가 있음을 먼저 설명해 두는 것이 좋겠다. 규모가 큰 절에는 으레 갖추고 있는 '절 사물'이 있고, 일반의 '염 사물'이 있다. '절 사물'은 법고(法鼓), 운판(雲板), 목어(木魚), 대종(大鍾)의 총칭이다. 그대로 '사물' 또는 '염 사물' 하면 풍물에서 쓰이는 꽹과리·징·북·장고로 통한다.

'사물'이 이루어 내는 '풍물 철학'

우리나라의 대표적인 떠돌이 예인집단(藝人集團)인 '남사당패'의 마지막 상쇠(풍물재비의 우두머리)였던 최성구 옹을 기억하는 사람이 이제는 그다지 없다. 그는 자신의 정확한 나이나 고향을 모를 만큼 아주 일찍 남사당패가 되어 평생을 떠돌며 꽹과리만 치다가 1977년 예순다섯 살쯤에 저 세상으로 가신 분이다. 평소 말수가 적은 그이지만, 어쩌다 입이 열리게 되면, 야속한 세상이 '사물 속'을 못 알아 준다며, 다음과 같은 이야기를 몇 번인가 들려주었다.

"…꽹과리란 사람 몸으로 치면 팔뚝의 맥과 같은 것이니 그것이 끊어지면 다 없는 것 아니겠어! 또 징이란 가슴의 고명이며 심장소리지, 북은 목줄기에 선 굵은 동맥과 같은 것이여, 이 셋은 함께 어울리기도 하지만 제각기 두드려 대가도 하지, 그러나 이것을 살림 잘하는 마누라처럼 '북편' '채편'(장고의 양면)을 도닥거려 하나로 얽어 놓는 것이 장고란 말이여, 하늘과 땅, 음과 양 그러니까 세상이 이루어지는 이치와 꼭 같은 것이지. 이 이치를 요즘 사람들이 몰라 주고 있어! 꽹과리 소리만 놓고 봐도 '암쇠' '숫쇠'가 있지, 젊은 사람들이 치는 꽹과리 소리 들어 보면 시끄럽기만 해요, 딱한 일이여 … 쯧쯧…(깊은 한숨을 쉰다)…."

최성구 옹의 이와 같은 사물의 분석은 부지불식간에 우리를 동양철학의 심오한 세계로 깊숙이 끌어들이고 있다. 하기는 요즘 풍물(농악) 소리를 들어보면, 시끄러운 면도 없지 않다. 오랜 수련을 거치지 않고 보니 그저 흉내만 내는 데서 오는 것이리라. 최성구 옹의 꽹과리 소리를 듣노라면 타악기의 소리가 흡사 현악기처럼 들릴 때가 있다. 최옹의 또 다음과 같은 이야기가 기억에 생생하다.

"…꽹과리는 왼손에 들고, 바른손에 든 '채'로 치게 되는데, 소리를 딱 끊으려 할 때에는 왼손 바닥을 꽹과리의 안판에 찰싹 붙여야 하는 것이여! 오묘한 소리의 높낮이는 왼손 바닥을 뗐다 붙였다 하는 데서 나오는 것이란 말씀이여…."

그의 꽹과리 치는 모습을 보면, '채'로 때리는 것이 아니라 비벼대는 것이 아닌가 하는 착각을 하게 한다. 아직은 전국 곳곳에 뛰어난 잽이(악사)들이 생존해 계시다. 그 가운데 중요 무형문화재 예능보유자(인간문화재)로 인정되어 있는 분들을 소개한다.

진주 농악(제11-가호, 1966.6.29. 지정)
보유자: 이영우(李永雨, 상쇠), 박염(朴稔, 설장고)
전수소: 경남 진주시 신안동 15-25

평택 농악(제11-나호, 1985.12.1. 지정)
보유자: 최은창(崔殷昌, 상쇠), 이돌천(李乭川, 상버꾸)
전수소: 경기도 평택군 팽성읍 평궁리 283-1

이리 농악(제11-다호, 1985.12.1. 지정)

보유자: 김형순(金炯淳, 설장고)

전수소: 전북 이리시 남중동 1가 154

강릉 농악(제11-라호, 1985.12.1. 지정)

보유자: 박기하(朴基河, 상쇠), 김용현(金龍泫, 부쇠)

전수소: 강원 강릉시 포남동 1165-1

임실 필봉농악(제11-마호, 1988.8.1. 지정)

보유자: 박형래(朴炯來, 설장고), 양순룡(梁順龍, 상쇠)

전수소: 전북 임실군 강진면 필봉리

위의 분 외에도 인간문화재로 위촉은 되어있지 않지만 그에 버금가는 많은 분들도 있음을 부언해 둔다.

다시금 생활 속에 뿌리 내리기를

옛날에는 마을과 마을 사이의 급한 연락을 할 때에도 징을 울렸다. 기쁜 소식과 슬픈 소식, 또 난리가 나도 징소리로 신호를 보냈다. 그러기에 사물 가운데 징소리가 주는 느낌은 지금도 우리네 마음을 설레게 한다. 36년간 일본 사람들의 억압을 받다가 해방이 된 1945년, 그때는 징소리만 들어도 서로 손을 잡고 눈물을 흘렸다. 더구나 사물을 갖추어 멋들어진 풍물가락이 울리게 되면 얼싸안고 덩실덩실 춤을 추었다. 그러나 사물이 어울려 이루어 내는 흥취는 그냥 들뜨는 것만이 아니다. 마음의 바닥으로부터 희열이 솟아오르면서 온 몸으로 확산되는 웅비(雄飛)의 춤사위가 있다. 그것은 마음에서 몸으로 승화되는 생동의 '숨통'인 것이다. 이 풍물가락을 반주삼아 우리 조상들은 농사를 지었고, 축제를 벌였고, '한풀이'까지 했다. 이 보배로운 풍물이 그저 구경거리로만 되어가면서 우리네 농촌에 참다운 신명이 없어져 가고 있다. 지금이라도 늦지 않다. 마을마다 '사물'을 갖추자. 그리고 처음에는 서툴더라도 옛 조상의 풍물가락이 마음에 와닿을 때까지 치고 또 쳐보자.

옛날, 중국 사람들이 우리 민족을 일러 "…두드리면 음악이 되고, 손을 들면 춤이 되는 민족…"이라 했다. 오랜 역사의 슬기로 다듬어져 전하는 풍물이 다시금 우리의 농촌에서 생활음악이자 근로악(勤勞樂)으로 뿌리 내리게 되었으면 하는 욕심이다. 신명나고 우렁찬 꽹과리, 징, 북, 장고의 어울리는 소리, 약동하는 소리가 못내 아쉬운 어제와 오늘이다.

(1994. 3-4. 두레)

6
단오 명절의 정겨운 놀이들

봉숭아 물들이는 계절

신록이 짙어져만 가는 5-6월이면 뜰 안에는 봉숭아꽃이 활짝 핀다. 여자 어린이와 아낙들은 다투어 꽃송이와 이파리를 따 손톱에 빨간 물을 들인다. 꽃과 잎을 섞어 작은 돌확에 콩콩 짓이긴 것에 소명반(백반)가루를 넣고는 이것을 손톱 위에 소복이 올려놓고 아주까리 잎사귀 등으로 감싸 실로 풀어지지 않게 챙챙 감는다. 어린이들은 직접 할 수가 없으니 할머니나 어머니께서 '봉숭아 물들이기'를 해주신다. 열 손가락을 챙챙 감아 놓으니 어린이들은 불편하기도 하고, 또 이것이 빠져 버릴까 봐 양 손을 엉거주춤 들고 다닌다.

이런 모습으로 잠이 든 어린이들은 밤새 손가락을 꼼지락거리며 하늘을 훨훨 나는 아름다운 선녀가 된 꿈을 꾸는 것이다. 아직도 이 봉숭아 물들이기는 전승되고 있어서 이맘때가 되면 시골이나 서울이나 봉숭아가 수난을 겪는다. 그런데 이러한 풍속은 단순히 손톱을 곱게 물들여 아름답게 보이자는 것에 그치는 것이 아니라 사악한 귀신을 멀리 쫓겠다는 벽사(辟邪)의 뜻도 함께하고 있는 것이다. 예로부터 귀신은 붉은 빛을 싫어한다는 속신(俗信)이 있다. 봉숭아물로 손톱을 빨갛게 물들이는 것도 그러한 '벽사신앙'에서 비롯된 것이라는 의견이 지배적이다.

단오 명절의 놀이들

우리 민족은 예로부터 홀수가 겹치는 날을 좋은 날로 쳤는가 싶다.

1월 1일, 3월 1일, 3월 3일, 5월 5일, 7월 9일, 9월 9일이 다 그런 예이다. 그 가운데서도 음력 5월 5일인 '단오'가 가장 양기(陽氣)가 왕성하니 삼라만상이 싱싱하게 부풀어 솟아나는 때이다. 이 단오명절이 되면 집안 차례(茶禮)도 올리고 마을굿도 있는가 하면 고장마다 전승되고 있는 갖가지 민속놀이가 성행한다.

한강 이남에서 8월의 한가위가 가장 큰 명절이라면 단오는 한강 이북의 명절이었음도 '세시풍속도'에서 찾아 볼 수 있다. 그러나 다소의 차이가 있을 뿐 단오나 한가위는 전국적으로 지켜오는 명절임에는 틀림이 없다.

강원도 강릉 지방 '단오굿'을 그 규모나 내용으로 보아 단연 으뜸이라 할 만하다. 전후 20여 일이나 걸리는 강릉의 단오잔치는 의식(儀式)과 놀이를 통하여 온 고을 사람을 하나로 묶어 놓는다.

한편 지금은 가볼 수 없는 곳이지만 황해도 지방에서는 고을마다 탈놀이가 성행했으니 가히 탈놀이의 고장으로 불렸다. 그러나 뭐니뭐니 해도 '단오'하면 '그네뛰기'와 '씨름'을 들게 된다. 여자의 활달한 기상이 그네뛰기라면 남자의 우람함이 씨름으로 집약되고 있으니 말이다.

그네뛰기

흔히 조선시대의 미인상을 그린 그림을 보면 연약한 풀잎처럼 애잔하게 그려져 있다.

그러나 단오날 까맣게 높이 매여진 그네에 올라탄 여인의 몸매는 물찬 제비에 비유된다. 앞뒤로 힘껏 굴러 그네가 하늘로 치솟게 되면 잽싼 날짐승인 양 하늘을 난다. 다부진 체력, 기민성, 고도의 긴장감 그리고 박진감으로 표현되는 그네뛰기는 바로 발랄한 젊음의 구가이다.

이 놀이의 본디 시원은 우리 민족의 자생의 것이 아니라 북병계 민족으로부터 아득한 옛날 전파된 것이라는 의견도 있으나 현재로서는 이 땅에 가장 깊숙이 전승되고 있는 것이다. 마을의 큰 느티나무나 뒷동산의 튼실한 높은 나뭇가지에 그네를 매는 것이 보통이지만 요즘은 마땅한 나무가 없어 흔히 인공적으로 그네를 가설하고 있다.

놀이의 방법은 한 사람이 뛰는 '외그네'와 둘이서 뛰는 '쌍그네'가 있다. 이 놀이를 겨룸으로 할 때에는 두 가지 방법이 있다.

① 그네 앞 적당히 떨어진 곳에 긴 장대를 세우고 그 막대기에 방울을 매달아 놓는다. 그네가 앞으로 높이 솟아오를 때, 장대에 매달린 방울을 발로 차서 방울소리를 울린다. 방울소리의 많고 적음을 계산하여 승부를 가린다.

② 그네의 발판에 긴 자를 매달아 높이 올라갔을 때 그 높이를 잰다. 그네를 뛰는 여인의 가슴은 나는 새보다도 더욱 상쾌하게 비상을 하는 것이니 이보다 더 활달한 놀이가 어디에 있겠는가.

씨름

남정네의 힘겨룸 중에 으뜸으로 꼽는 것이 씨름이다. 비단 단오명절에만이 아니다. 3월 삼짇날, 4월 초파일, 7월 백중, 8월 한가위 등 명절과 농한기에는 전국 방방곡곡에서 크고 작은 씨름판이 벌어졌다. 이미 고구려의 고분벽에서도 씨름이 보이고 있는 것인 만큼 그 유래는 아주 오랜 것이다.

전래하는 씨름은 크게 '왼 씨름'과 '오른 씨름'으로 나뉜다. '왼씨름'은 주로 함경도·평안도·황해도·강원도·충청도 지방에서 놀았으며, '오른 씨름'은 경기도·전라도 등지에서 행하여 왔다고도 하지만 실제로는 지역성과 관계없이 두 종류가 함께 전승되어 오고 있다.

씨름판에서는 한 사람이 계속하여 이겨 더 싸울 상대자가 없을 경우에 겨룸을 끝냈다. 그래서 씨름판에서 최후의 승리자를 일러 '판막음'이라 했다. 씨름판을 마감한 사람이라는 뜻이다.

힘겨룸의 기예도 갖가지다. 공격 기술인 '매치기'와 방어 기술인 '되치기'를 능숙하게 구사하며 상대방을 넘어뜨리면 둘러싼 구경꾼들은 '와!' 하고 함성을 지른다.

혹시 큰 씨름판이면 황소를 상으로 걸게 되는데 늠름한 총각 장사가 상으로 받은 황소를 타고 마을로 들어올라 치면 과년한 소녀들이 담 너머로 그 당당한 모습을 훔쳐보며 침을 꿀꺽꿀꺽 삼켰다. 볼거리로 만들어 내는 상업적인 씨름판이 아닌, 민족의 체력을 북돋우기 위해 벌였던 전래의 씨름판이 마을마다 되살아났으면 하는 바람이다.

마음의 선물, 단오부채를 보내자

'단오'를 순수한 우리말로는 '수릿날'이라 했다. 이날 '쑥떡'을 해먹는데, 그 모양이 수레바퀴와 비슷하기 때문이라고도 하고, 또는 '수리취'로 떡을 해먹었기에 '수리'란 이름이 붙었다고도 한다.

그런데 이와는 달리 '수리'란 고(高), 상(上), 신(神) 등을 뜻하니 지극히 신성한 날이라는 뜻으로 풀이하는 의견이 가장 주목을 받고 있다.

이처럼 좋은 날, 부채를 주고받았던 '단오부채'의 풍속이 어느덧 사라져버리고 말았음은 아쉬운 일이다.

나라에서는 임금이 공조(工曹)로부터 미리 부채를 받아 놓았다가 단옷날 신하들에게 나누어 주었으니 이것을 단오선(端午扇)이라 했다. 선풍기니 에어컨이 없었던 그 시절 황송하기 그지없는 피서기기였던 것이다.

이와는 달리 서민들은 웃어른께 '합죽선'이나 '막부채'를 드리면서 시원한 여름을 지내시기를 소망했다.

궁중과 사대부집, 서민 가릴 것 없이 마음으로 하는 선물인 '단오부채'는 물건이 아닌 인정의 오고감이었다.

넉넉한 두루마기 자락을 휘날리시며 수염이 석자이신 할아버지께서 한 손으로 막부채(쥘부채라고도 함)를 저으시며 마을 앞을 지나시노라면 애들이 쫓아가서 꾸벅꾸벅 인사를 한다.

할아버지께서는 껄껄 웃으시며 부채로 조아린 머리를 탁탁 치시는데 아프기는커녕 시원하기만 했다.

올 여름부터는 건강에도 좋지 않다는 기계바람을 집어 치우고 마음의 선물인 부채를 주고 받았으면 싶다.

인정의 바람으로 더위를 식혀 보자.

(1994. 5-6. 두레)

7

'호미씻이'의 계절
– 농촌의 명절 백중날 –

호미씻이란?

호미씻이를 지방에 따라서는 '호미걸이' '풋굿' '머슴날' 초연(草宴), 세조연이라 한다.

지금은 거의 없어진 풍속인데, 음력 6-7월경 하루를 잡아 농군들이 즐기는 농촌의 휴일인데, 대개 음력 7월 보름 백중날 노는 것이 통례로 되어 있었다.

뜨거운 뙤약볕 아래서 논을 매고 밭을 매는 일꾼들의 고마움에 조금이나마 보답하려는 이 따사로운 잔치가 이제는 사라져 가니 마음 한 구석 서운하기 그지없다.

'술'과 '전'과 '떡'을 마련하고 냉장고가 없던 옛날이라 차가운 우물물에 꿀을 타고, 과일을 썰어 넣어 시원한 '화채'를 만들어, 큰 대접에 담아 잔칫상을 꾸미니 일꾼들은 한동안이나마 고달픔을 잊을 수가 있었다.

한편, 음력 6월 15일을 '유두'라 하여 여름에 나는 햇과일로 조상께 '유두 차례'를 지내기도 하고 또 머슴날을 이날로 잡기도 했었다.

호미란 논농사, 밭농사에서 가장 긴요하게 쓰는 연장 중의 하나이다. 씨앗을 심고, 논을 매고 밭을 매는 데 호미는 꼭 있어야 하는 것이다. 그러기에 농사가 시작되면서부터 농부의 손에 언제나 호미는 쥐어져 있다 해도 과언이 아니다. 그런 호미를 물에 깨끗이 씻어 걸어 놓는 놀이를 호미씻이라 하니 그 이름부터 정다웁다. 이날 마을에서는 농사가 제일 잘 된 집 머슴을 뽑아 우두머리를 삼고, 그 머슴에게 삿갓을 씌워 황소 등에 태워 마을을 돌아다닌다.

마을 사람들이 에워싸고 노래하며, 춤추며 뒤따르니 그야말로 '머슴의 날'이라 할 만하다. 이러한 길놀이를 마친 다음, 마을의 젊은이들은 넓은 마당에 모여 풍물을 치며 무리춤(겹춤이라고도 한다, 집단무용)을 추니 신명이 한껏 오른다. 한동안의 춤판이 끝나면 깨끗이 씻어 걸어놓은 호미를 제각기 들고 나와 마당에서 김매는 시늉을 하는 '호미씻이놀이'로 이어지는 것이다. 처음에는 호미를 놓고 잠시 모방구 장단(북장단)에 맞춰 모심는 시늉을 하다가 호미를 쥐고 김매기로 이어진다. '초벌 매는 소리' '두 벌 매는 소리' '세 벌 매는 소리' 그리고 김매기가 끝나면 한바탕 어울리는 흥풀이도 있다. 지방에 따라서는 이때 부르는 일노래의 노랫말이나 장단이 다르기도 한데 그 차이는 지방마다의 사투리(방언)의 차이에 비유되는 것인가 한다. '김매기'가 끝난 다음에는 '벼베기' '타작' '볏가마니 쌓기'로까지 놀이는 실제 논농사의 순서로 엮어지는 것이다.

경상남도 밀양 지방에 전승되고 있는 밀양 백중놀이(음력 7월 15일 백중날에 주로 놀고 있다)는 중요 무형문화재 제68호로 지정되어 있는 자랑스런 민속놀이인데 역시 이 놀이도 호미씻이의 한계통이라 하겠다. 농사가 잘 되기를 기원하는 '농신로'를 시작하여 역시 머슴을 황소에 태우고 마을을 돈다. 일행은 넓은 마당에 이르러 '양반춤' '병신춤' '범부춤' '오북춤' 등의 춤판을 벌인다.

이 백중놀이 판에서도 '밀양 아리랑'을 비롯하여 이 지방의 일노래들이 고루 불려지는 것은 물론이다. 경기도 고양 지방(송포면 대화리)에도 예부터 전해오는 일노래인 '모심기 소리' '논매는 소리' 등이 있는데 이것도 역시 호미씻이에서도 불려지던 것으로 지난 1977년 제 18회 전국민속예술경연대회에서 '호미걸이 소리'란 이름으로 선보인 적이 있었다.

우리나라 방방곡곡에 전해져 왔던 '호미씻이'라는 놀이는 전통적인 일노래와 춤과 그리고 훈훈한 인정이 뒤엉키면서 일하는 사람을 귀히 여기고 이웃을 사랑하는 공동체 의식을 일깨워 주었던 것인데 이제는 찾아보기조차 어렵게 되었으니 이 일을 어쩌면 좋을까.

'일'과 '놀이'는 별개의 것이 아니라 서로가 번갈아 가면서 이어질 때, 비로소 효율적으로 일과 흥겨운 놀이로 승화될 수 있다는 조상님네의 슬기, 이 얼마나 소중한가! 사라져 가는 '호미씻이'라는 놀이 가운데 바로 그 슬기가 오순도순 살아 있으니, 이제라도 서둘러 되살려야 하리라는 생각이다.

지금도 눈여겨 찾으면 경상남도 밀양을 비롯하여 몇몇 군데에서 '호미씻이'의 유속(遺俗)이 이어져 오고 있음에 주목해야 한다.

'백중날'의 내력

농촌의 가장 큰 명절이라 할 음력 7월 보름 '백중날'을 백종일(百種日)·백중절(百中節)·망혼일(亡魂日)·중원(中元)이라고도 한다.

옛 문헌에 보아도 고래로 이날이 되면 남녀가 서로 모여 온갖 음식을 갖추어 놓고 노래하고 춤추며 즐겁게 놀았음을 기록하고 있다.

농촌에서는 백중날을 전후하여 시장(市場)이 섰는데 이를 백중장(百中場)이라 하였다.

머슴을 둔 집에서는 이날 하루를 쉬게 하였으니 백중장은 여느 장과 달리 씨름·풍물겨룸(농악대회)·그네뛰기 또는 투전판이 열리는 등 이른바 '난장판'이 벌어졌다. 이름난 백중풍속으로 충청북도 괴산 (槐山) 지방의 백중놀이를 소개한다.

"…이 지방에서는 머슴들이 백중 한 달 전부터 밤이 되면 동네 큰 사랑발이나 동구나무 밑에 모여 주인집에 필요한 멍석, 동구녁, 삼태기 등을 만들기 시작하여 백중날 아침이 되면 만든 멍석 등을 안마당에 던지면서 '멍석 사시오!' 하고 외친다. 그러면 주인집에서는 술과 떡을 해주고 새 옷 한 벌과 백중돈(메기돈이라고도 한다)을 태워 준다. 돈을 얻은 머슴들과 농사꾼들은 풍물을 치면서 마을의 큰 마당에 모두가 모여 흥겨운 놀이판을 벌인다.

이때 마을 어른들께서는 그 해 농사를 가장 열심히 지은 머슴을 뽑아 '아무개가 상머슴이다' 하고 지명한다. 그러면 주위 사람들이 지명된 상머슴을 황소에 태우는데 얼굴에는 환칠을 해주고 잎사귀가 달린 버드나무를 만든 관을 만들어 씌우며 도롱이를 입힌다. 또 농립(農笠)으로 일산(日傘)을 만들어 정중하게 모신다.

이러한 차림으로 마을을 돌면서 집집을 방문하는데, 한 집 앞에 이르러 '상머슴 사시오!' 하고 외치면 주인이 나와서 '얼마요?' 하고 묻는다. '예 3천냥이요!' '왜 그리 싸오?' '예 금년 상머슴은 3천냥짜리요!' 하면 주인이 돈이나 곡식을 적당히 준다. 이에 또 다음 집으로 가고 해서 거두어들인 돈과 곡식을 마을잔치가 벌어지는 가운데 상머슴에게 준다. 그런데 그 상머슴이 노총각이거나 홀아비인 경우에는 적당한 노처녀나 과부가 있으면 어른들이 상의하여 약식 결혼식을 올려 주고 마을에서 거둔 돈과 곡식으로 살림을 마련해 주기도 한다. 그래서 '백중날 상머슴 장가 간다'는 속담도 전한다…"

한편 승려들은 이날 각 절에서 재(齋)를 올린다. 신라·고려시대에는 우란분회(盂蘭盆會)를 열어 속인(俗人)들도 공양을 했으나 조선시대에 들어와서는 주로 승려들만의 행사가 되었다. 우란분회와 연관된 다음과 같은 불교설화가 전하고 있다.

"…목련이라는 착한 석가모니의 제자가 있었다. 그의 어머니가 살아 생전에 죄를 많이 지어서 죽은 뒤 지옥에 떨어져 고통을 받고 있었다. 목련은 어머니를 구하기 위하여 석가모니에게 간청하였다. 마침내 석가모니의 지시대로 7월 15일(백중날)에 쟁반에 오미백과(五味百果)를 담아 시방대덕(十方大德)에게 공양하였더니 마침내 그 어머니의 영혼이 구제되었다…."

이런 연유로 지금도 불교 신도들은 이날 저녁 달밤에 채소, 과일, 술, 밥 등을 차려놓고 죽은 어버이의 혼을 위로하는 재를 올리고 있다.

민간에서도 영험하다고 믿는 산천(山川)을 찾아 산신제(山神祭)와 용왕제(龍王祭)를 지냈었는데 지금은 거의 사라져 버린 고속(古俗)이 되고 말았다.

(1994. 7-8. 두레)

8
나눔의 명절, 한가위

풍요한 명절, 한가위

우리나라 3대 명절을 꼽는다면 '설' '단오' '한가위'라 하겠는데 그중 한가위가 가장 풍요로운 시절이어서 넉넉하고도 훈훈하다. 흔히 한가위를 추석, 중추절, 또는 가배(嘉俳)라고도 하지만 정다운 우리말인 '한가위'가 제격이다.

이날 조상께 차례를 올리고, 이웃 간에 정을 나눔은 뿌리 깊은 세시 풍속으로 지켜지고 있다. 그러기에 부모의 슬하를 떠나 도회지에 나가 있던 가족들이 모두 고향을 찾게 되니 흡사 민족의 대이동을 연상하리 만큼 나라 안이 술렁인다.

한가위 유래에 대하여는 여러 설이 있으나 여기서는 《삼국사기》의 기록을 살펴보기로 한다.

"…신라 제3대 유리왕 시절에 왕이 6부(部)를 정한 후, 이를 다시 2부로 나누어 '길쌈내기'를 했다. 왕녀로 하여금 제각기 자기 지역 내의 아녀자들을 거느리고 편을 갈라 어느 편이 곱고도 질긴 베를 많이 짜는가를 겨루었다. 이 겨룸에 진 편은 온갖 음식을 장만하여 이긴 편을 대접하고 서로가 어울려 갖가지 놀이를 즐겼는데 이를 가뷔(가배)라 한다."

'가뷔'가 '한가위'에서 '가위'의 옛말임은 전문가들의 공통된 의견이다. 그리고 그 뜻은 '한가운데'로 해석되고 있다.

지금은 거의 없어진 풍속이지만 '올게심니'라는 것이 있었다. 바로 한가위날이나 그 전후에 잘 익은 벼나 조, 수수 등 곡식의 이삭을 한 줌 베어 정성껏 묶어 기둥이나 문설주에 걸어 두는데 이것을 '올게심니'라 했다. '올게심니'할 때에는 술과 음식을 차려 이웃을 청하여 잔치를 베풀기도 했었다. 이 이삭들은 다음해 씨로 쓰거나 떡을 해서 터주와 사당에 천신을 했으니 이것이 바로 한가위의 깊은 뜻이 아닐까 싶다.

한가위 음식하면 송편과 토란국이 주종을 이룬다. 잠시 여기서 차례상을 살펴보자. 오려(햅쌀)로 술을 빚고, 송편을 찌니 솔잎 향기가 집 안에 그윽하다. 햇과일로는 밤, 대추, 감, 배가 제격이요, 남새(채소) 또한 싱그럽기 그지없다. 정갈하게 차려서 천지신명과 조상께 고마움을 표하는 것이니 가족들이 직접 만들어야 더욱 좋다.

옛날에는 명절 때마다 이웃에 음식을 나누는 '반기'라는 것을 잊지 않았는데 지금은 아리따운 풍속이 간 곳이 없다. 사방 한 뼘 크기의 '반기목판'에 송편이며 과일을 예쁘게 담아 이웃에 고루 나누다 보면, 또 그만큼 이웃에서 들어오기 마련이다. 음식이라기보다는 따사로운 인정의 오감이다.

산소에서 차례를 지내는 것은 예나 오늘이나 같다 하겠는데, 돌아오는 길에 혹시 후손이 없어 잡초가 수북한 무덤이 있으면 송편 몇 개라도 놓아 주는 훈훈함이 있었다.

공동체의식을 키워준 한가위 놀이들

멍석만큼 둥글고 밝은 달빛 아래 '강강술래'가 빠질 수 없다.

달도 밝다 달도 밝다 ~ 강강술래 / 계수나무 토끼형국 ~ 강강술래

금도끼로 찍어내어 ~ 강강술래 / 은도끼로 다듬어서 ~ 강강술래

초가삼간 집을 지어 ~ 강강술래 / 양친부모 모셔다가 ~ 강강술래

천년만년 살고지고 ~ 강강술래

이 놀이의 본고장은 전라남도 해안 지방이지만 지금은 우리나라 어디서나 하는 집단놀이이다. 그 유래는 임진왜란 때, 충무공 이순신 장군의 의병술(擬兵術)로부터 비롯되었다는 의견도 있지만 이처럼 많은 사람들이 어울려 둥글게 둥글게 돌아가는 집단무용은 가장 원초적인 무용 형태의 하나로 해석되는 것이다.

‘앞소리꾼’의 메김소리를 받아 일제히 ‘강강술래’를 외친다. 그 노랫말들은 소박하면서도 절실하고 애절한 소망을 담고 있다. 손에 손을 잡고 밤을 지새는 줄도 모른 채, 한없이 한없이 돌아가면 몸도 마음도 하나로 되어 집단놀이의 최고의 경지인 무아지경에까지 이르게 되는 것이다.

다음에는 우리나라 어느 농촌에서나 즐겨 놀았던 ‘소놀이’를 소개한다. 지방에 따라서는 ‘소놀이굿’ 또는 ‘소굿’이라 하는데 그 내용은 거의 비슷하다. 장정들이 등에 멍석을 쓰고, 소머리는 짚으로 엮거나 두꺼운 종이로 만드는데 꽤나 소와 흡사하다. 이와 같은 소를 앞세우고 풍물패가 뒤따르며 집집을 방문하면 주인은 놀이꾼들에게 술과 떡을 대접하고 곡식이며 돈도 내놓는다. ‘올해 농사짓느라 고생한 소가 왔소! 이랴! 이랴!’ 이렇게 해서 추렴으로 거두어진 돈은 마을의 공공기금으로 충당되니 이보다 좋을 수가 없다.

우리나라 중부 지방에 주로 전승되던 ‘거북놀이’도 내용은 소놀이와 비슷하다. 수수잎을 따 거북 등판을 엮어 등에 메고 엉금엉금 거북

흉내를 내며 집집을 돈다. 거북은 용왕의 아드님이란다. 용이란 비를 내리게 하는 영험한 상징물이니 농사가 잘되고 못되고는 용의 마음에 달렸다 해도 과언이 아니다. 한가위 며칠 전부터 어린이는 어린이대로 어른은 어른들끼리 거북놀이패를 짜서는 '소놀이'와 마찬가지로 추렴을 하며 돈다. "동해 용왕의 아드님, 거북님 행차시오! 거북님이 들어가오!" 거북을 앞세우고 풍물패가 뒤따르며 온갖 환칠(분장)을 한 어릿광대들이 신명을 돌우면서 마을의 크고 작은 길을 고루 누빈다. 집집에서는 역시 성의껏 형편껏 추렴을 낸다. 이렇게 해서 거두어진 어린이패의 몫은 마을의 경로잔치에 주로 쓰였으며, 어른들 몫은 공공기금이 돼서 마을의 다리도 고치고 길도 넓히는 데 소용되었으니 이 얼마나 보람 있는 일인가.

이번에는 경상북도 의성 지방에 전승되던 '가마싸움'을 알아보자. 한가위가 되면 서당의 훈장님께서도 며칠간 고향으로 가시니 학동들은 모처럼 한껏 놀이판을 벌일 수가 있다. 이때 대개 마을과 마을로 편을 갈라, 학동들이 직접 팔뚝 굵기의 장대로 튼튼하게 가마를 엮어 만든다. 그리고는 가마를 메고 서로 부딪쳐 어느 편의 가마가 부서지지 않느냐를 겨루는 놀이이다.

책상다리를 하고 앉아 글만 읽다보니 몸이 허약하기 십상인데 가마싸움과 같은 용맹스런 놀이로써 심신을 단련했음은 참으로 합리적이라 하겠다. 남정네들의 씨름은 '단오' 때나 마찬가지로 그 인기가 대단했다.

나눔의 정신, 오늘에 되살리자

잠시 이야기했듯이 한가위는 나눔의 명절이었다. 세상인심이 자꾸만 각박해져서 '반기'가 무엇인지조차 잊혀가고 있지만 우리 조상님네는 이웃에 반기하는 것을 꼭 지켜야만 하는 법도로 여기셨다.

올 한가위에는 이웃 간에 반기도 하고 강강술래도 함으로써 소중한 공동체의식을 되살리는 계기가 되었으면 한다.

민요 '반기타령'을 함께 불러보자.

내 떡 네 떡, 우리 떡 / 흰 가래떡 시루떡
반기 반기 나눠서 / 이웃 간에 먹자

내 떡 네 떡, 우리 떡 / 송편에다 호박떡
반기 반기 나눠서 / 이웃 간에 먹자

옛 속담에 '달도 차면 기우나니…'가 있다. 어쩌면 우리 민족은 영원토록 둥글고 둥글면서 풍요가 계속되기를 소망하는 마음에서 둥근 달 아래서서 반달 모양의 송편을 먹은 것은 아니었을는지? 둥근 달을 바라보며 그저 감사하는 마음으로 옷깃을 여민다.

농민 여러분, 올 한해 긴 날씨 변동으로 해서 무척이나 고생도 많으셨습니다. 그러나 이만큼이나마 수확을 얻게 되었으니 기쁘기 그지없습니다. 참으로 수고가 많으셨습니다.

(1994. 9-10. 두레)

9
동지 · 섣달의 놀이

동지 · 섣달의 풍속

음력 11월을 동짓달, 12월을 섣달이라 한다. 해마다 동짓달 동짓날 (양력 12월 22일)이 되면 서울이나 시골을 막론하고 팥죽을 쑤는 풍속이 아직도 많이 지켜지고 있다. 팥죽에는 찹쌀가루를 많이 반죽하여 만든 '새알심'을 넣기도 하는데, 먼저 조상께 차례를 올리고 가족들이 먹는가 하면 이웃에도 반기(음식을 나누는 것)를 한다.

구습을 지키는 집에서는 묽은 팥죽을 대문에 뿌리기도 하는데 이렇게 하면 나쁜 액을 쫓는데 효험이 있다고 믿었기 때문이다. 이러한 풍속은 농촌 · 어촌이 다 같으니 선주들도 배 위에서 천신(귀신에 바치다)을 한다면서 흡사 농촌에서 대문에 팥죽을 뿌리듯이 배의 출입문에 뿌린다.

아주 옛날에는 동지를 정월로 삼은 적이 있는데 지금도 팥죽을 먹으면 나이를 한 살 더 먹었다고 한다. 설날에 떡국을 먹고 한 살 더 먹었다는 뜻과 같은 것이라 하겠다. 한편, 동짓날에는 다음 해의 책력 (달력)을 선물하였는데 이러한 풍속은 오늘날에도 전하고 있다.

이어서 맞는 섣달은 한해를 마무리하는 마지막 달이어서 누구나 한가하지가 않다. 한해 동안에 있었던 거래관계도 말끔히 정리해야 하고, 새해의 설계도 차분히 세워야 하기 때문이다.

특히 섣달그믐(말일)에는 '해 지킴'의 습속이 있었다. 해가 떨어지고 어둠이 밀려오게 되면 대청마루, 방, 다락, 부엌, 곳간, 뒷간, 문간, 마구간 등에 등잔불이나 촛불을 켜놓고 어린이들은 윷놀이를 하고 또 아낙들은 다음 날 새벽에 지낼 차례음식을 준비한다. 새벽 닭이 울고 날이 샐 때까지 잠을 자지 않는 것이다. 이날 밤에 잠을 자게 되면 눈썹이 하얗게 센다고 했다. 혹시 잠이 들어 버린 어린이가 있으면 눈썹에 밀가루나 분칠을 하여 깨고 난 다음 깜짝 놀라게 했다. 이것은 아마도 새로 맞는 새해를 맑은 정신으로 정중히 맞고자 함일 것이다.

조선왕조 광해조(光海朝) 때 문객(文客) 고상언(高尙顔)이란 분이 지은 농가월령가 12월조(條)에 다음과 같은 구절이 있다.

…앞 뒷집 타병성(打餠聲: 떡찧는 소리)은
예도 나고 제도 나네
새 등잔 새발 심지
윗방 봉당(封堂) 부엌까지
곳곳이 명랑(明朗)하다
초롱불 오락가락
묵은 세배하는구나…

여기서 지금은 거의 없어져 버리고 만 '묵은세배'가 나온다. 요즘 사람들은 '세배'는 알아도 묵은세배는 까맣게 잊고 있다. 세배가 새해를 맞이하면서 웃어른께 보람 있고 소망스런 한해가 될 것을 다짐하는 자리라면, 묵은세배는 그 다짐의 결과를 보고 드리는 자리라 하겠다. 세배가 시작의 예의라면 묵은세배는 매듭짓는 마당에 꼭 갖추어야 할 더욱 소중한 예의라 하겠다. 올해부터 이 '묵은세배'가 꼭 되살아났으면 하는 바람이다.

세모(歲暮)의 '굿'과 '놀이'

농사가 마무리되는 10월 상달로부터 동지·섣달에는 마을마다 '당굿'을 올리는 것이 세시풍속으로 지켜졌었다. 당굿이란 사사로이 개인이나 한 집안의 입신양명이나 재물을 바라는 '재수굿'이 아니라 한 공동체의 안과태평을 기원하는 '대동(大同)굿'이다. 무당을 불러 본격적인 '굿'을 시작하기 전에 마을의 풍물대(농악대)들은 먼저 지신밟기(지방에 따라서 '마당밟이' 또는 '매구놀이'라고도 한다)를 한다.

지신밟기란 1년 중 명절이면 빠지지 않는 민속놀이인 바, 단순한 놀이에서 그치는 것이 아니라 그 뜻이 아주 깊다. 비나리꾼(고사 덕담을 하는 소리꾼)과 풍물쟁이 그리고 갖가지 모양으로 환칠(분장)을 한 어릿광대들이 길게 행렬을 이루면서, 먼저 마을을 지켜준다고 믿는 당산나무 아래로 모인다. 이곳에서 첫 치성을 올린 다음, 마을 길을 누비며 집집으로 찾아든다. 대문에서 '문굿'을 하면 집주인은 술상을 차려 내놓으며 일행을 반긴다. 마당, 부엌, 우물, 장독대, 광, 마구간, 뒷간, 그리고 대청의 순서로 '축원덕담'을 올리고는 마지막에 마당 한가운데서 다시 신명나는 놀이판을 벌인다. 이때 주인은 돈이나 곡식을 형편껏 성의껏 추렴을 한다. 이렇게 해서 걷어진 전곡(錢穀)은 마을의 공공기금이 되어 길을 넓힌다든가 다리를 놓는다든가 또는 어려운 집을 돕기도 한다. 그리고 '당굿'의 비용도 물론 여기에서 충당하는 것이다.

지신밟기란 민속놀이에서 우리는 소비성향적인 서양놀이와 다른 우리 민속놀이의 건강성을 발견하게 된다. 무당이 주재하는 '당굿' 가운데 치성의 내용을 살펴보면 다음과 같다.

한 마을의 수호신이라 믿어오는 '부군님' 또는 '서낭님' 앞에 온 마을 사람들이 머리를 조아리며 묵은 한해에 감사하고 새로 맞을 새해의 평온과 풍요를 기원하다. 이러한 당굿의 기본적인 틀을 보면, 신을 청해 드리는 청신(請神), 그에게 소망을 비는 신탁(神託), 그를 즐겁게 하려는 오신(娛神) 그리고 마지막에는 다시 '신'의 세계로 돌려 보내 드리는 송신(送神)의 순서로 짜여지고 있다. 이처럼 '청신'으로 시작하여 '송신'으로 끝맺는 까닭은 신이 마을의 서낭당에 항시 좌정해 있는 존재가 아니라, 어딘가에 있다가 굿하는 동안 잠시 당을 통하여 마을로 와서 사람들을 만나고 돌아간다고 믿었기 때문인가 싶다.

신이 마을의 당집에 강림하게 되면 정성으로 치성을 드리고 그를 즐겁게 하려는 춤과 음악과 연극을 곁들인 '놀이굿'도 하는데, 이 장면을 가만히 살펴보면 꼭 신에게만 올리는 것이 아니라 마을 사람 자신들의 놀이판임도 쉽게 알 수 있다.

이 글을 읽으면서 혹시 내가 케케묵은 옛날의 미신을 내세우는 것이 아닌가 걱정하실 분이 계실 듯하여 잠시 설명을 드리고자 한다. '밤이 낮같다'는 이 마당에 '당굿'에서 보이는 미신, 무꾸리적인 성격을 새삼 찬양하려는 것이 아니다. 그 가운데 담겨 있는, 항시 이웃과 함께 하는 '공동체의식'의 소중함을 오늘로 이어받아야 하지 않겠느냐 하는 생각에서이다.

끝으로 어린이들의 놀이인 '담치기'를 소개한다. '담치기'하면 무례하게 남의 집 담을 훌훌 넘나드는 못된 장난이 아닌가 착각하기 쉽다. 그러나 그 내용을 알아보면 전혀 그런 것이 아니다. 섣달 그믐이 가까울 무렵, 열 살 안팎의 어린이들이 풍물패를 꾸며 흡사 지신밟기마냥 집집을 돈다. 일명 '애기 풍물패'라 하는데 특이한 것은 갖가지 양반광대(어릿광대라고도 하는데 탈을 쓰거나 얼굴에 직접 분장을 한 놀이꾼들)가 익살스런 길놀이를 하며 뒤따른다. 이 패거리들이 집집을 방문하면 서슴없이 추렴을 낸다. 어른들께서도 어려서 '애기 풍물놀이'를 다했었기에 이 놀이의 속뜻을 잘 알고 계신다.

어린이들이 마을을 한 바퀴 돌아 추렴받은 곡식과 돈이 넉넉하고 보면, 다소곳이 쑥덕공론이 시작된다. 정월 초하룻날 떡쌀이 없는 댁, 할아버지 할머니께서 편찮으신 댁, 그밖에도 도와드려야 할 댁을 골라 그 수효에 맞게 여러 개의 자루를 만들어 고루 담는다. 그리고는 이 자루들을 깜깜한 오밤중에 살금살금 소리도 없이 담 넘어로 훌쩍 넣어 드리는 것이다.

이 얼마나 따사로운 마음으로부터의 이웃돕기인가! 나를 숨기며 남을 도왔던 조상님네의 이웃돕기인 '담치기'가 못내 아쉬운 어제와 오늘이다.

(1994. 11~12. 두레)

10

제주도 칠머리당굿과 영등굿

중화절(中和節) 풍속

음력으로 2월 초하룻날을 중화절이라고도 하였다. 이제 한해의 어업과 농업 전반에 걸쳐 생산활동이 시작되는 참에 만물의 치수를 가늠하는 자(尺)를 나라에서 보급했다는 것은 당시로서는 큰 배려라 할 만하다.

《동국세시기(東國歲時記)》와 《열양세시기(洌陽歲時記)》라는 조선왕조의 풍속지 '2월 조(條)'에는 대략 다음과 같이 기록하고 있다.

"…2월 초하룻날 어전(御殿)에서는 왕이 자(尺)를 여러 재상(宰相)과 시종하는 신하들에게 나누어 주어 중화절임을 알렸다. 이 자는 무늬가 있는 반죽(班竹) 또는 붉은 나무로 만든 것이다. 이 중화척을 나누어 주는 뜻은 생산에 힘쓰게 하는 데서 나온 것이라 하며 조선왕조 정조(正祖) 때에 비롯된 것이라 한다…."

치수를 재는 자는 물론이요 이밖의 도량형기기(度量衡器機)들을 오늘의 중화절에도 나눌만 한 일이라 하겠다.

이밖에 2월 초하루의 풍속으로는 집안의 대청소를 한다. 묵은 한 겨울을 털어내는 일로 요즘도 흔히 있는 일이다. 다만 옛날에는 지붕이 거의 초가(草家)여서 '노래기'가 많아 이것을 쫓는 방편의 미신이 있었다.

부적(符籍 또는 符作)을 쓰는데 '향랑각시속거천리(香娘閣氏速去千里)'라고 붉은 글씨로 써서 서까래에 붙이는 것이다. 부적 말고도 솔잎사귀를 추녀에 꽂아 예방하기도 했다. '향랑각시'란 '노래기'를 가리킨다. 그러나 음력 2월의 풍속이라면 풍신제(風神祭)의 하나로 볼 수 있는 '영등굿'을 들어야 한다. 영남 지방과 기타 대부분의 해안 지방 그리고 특히 제주도에는 그 유속이 전승되고 있다. 영남 지방 영등굿의 내용을 보면 다음과 같다. 속칭 '영등 할만네' '2월 할만네'라 하여 2월 초하루부터 스무날 사이에 행해진다. 초하루 아침 일찍 물을 길어다 새 바가지에 담아 장독대에 놓고 뒤뜰에는 이파리가 붙은 댓가지를 세우고는 여러 무색 헝겊 조각과 종이 조각을 붙인 제단을 마련한다. 그 밑에 잡곡밥과 나물, 과실 등의 제물을 차려놓고 주부가 치성을 드린다. 한 해의 안과태평(安過太平)과 풍요를 비는 것이다. 이 제를 지낼 때에는 백지(창호지)를 집안 식구 수대로 잘라서 한 장씩 소지(불태우기)하기도 한다.

이 '영등 할만네'에 얽힌 다음과 같은 옛날 이야기가 전한다.

"…하늘 위에 영등 할만네라 하는 할머니가 있어 해마다 2월 초하루가 되면 인간 세상을 보기 위하여 하늘에서 내려와 스무날을 지내다 돌아간다고 하는데 그 할머니가 세상에 내려올 때에는 반드시 딸이나 며느리와 함께 내려온다. 그런데 딸과 함께 올 때에는 별 일이 없으나 며느리와 함께 오면 바다와 육지에 폭풍이 일어 큰 피해를 입게 된다는 것이다. 이때 이는 바람을 '영등바람'이라 하는데 '영등굿'은 이 바람을 달래기 위한 것이라 한다…"

이 영등굿 가운데 대표적인 것으로 이미 중요 무형문화재 제71호로 지정되어 있는 제주도의 칠머리 당굿과 영등굿이 있어 살펴본다.

칠머리당굿

'칠머리'란 제주도 제주시 건입동(健入洞, 옛 지명 건들개)의 본향당(本鄕堂)을 모신 곳의 지명을 일컫는다. 본향당이란 마을 전체를 주재하고 수호하는 당신(堂神)을 모신 곳이다. 그 위치는 건립동 동쪽, 제주 항구와 사라봉(紗羅峯) 중간의 바닷가 언덕 위에 위치해 있다.

칠머리당에는 '도원수 감찰 지방관(都元帥 監察 地方官)'과 '요왕해신부인(龍王海神夫人)'이 모셔 있다. 이 두 신은 부부 신으로서 남편이 되는 도원수감찰지방관은 마을 전체의 토지, 주민의 생사, 호적등 생활 전반을 주재하고 부인 요왕해신부인은 어부와 해녀의 생업 그리고 외국에 나간 주민들을 수호해 준다고 한다. 그러므로 칠머리 당굿은 이 마을 사람들의 더없는 관심 속에 지성으로 섬겨져 오고 있다. 이 칠머리당에서는 1년에 두 번 굿을 하는데, 그 내용은 '영등 환영제'와 '영등 송별제'이다.

영등굿

영등신이란 어부와 해녀의 바다에서의 생업의 풍요를 주는 신으로 믿어져 온다. 따라서 건입동에서는 본향당인 칠머리당에서 굿을 올리면서도 영등신을 주신(主神)으로 위하는 영등굿을 한다. 그러나 칠머리당굿 전체가 영등신에게만 바치는 굿은 아니다. 그 일부의 굿 절차가 본향당 신을 위하는 부분이 있지만 굿의 대부분이 영등신에 속한다. 그러니까 칠머리당굿도 본향당 신에 한 굿을 곁들일 뿐이지 실제로는 영등굿을 하고 있는 셈이다. 영등굿의 유래는 제주도의 역사만큼이나 오래인 것이리라. 섬나라인 관계로 바다에 대한 외경(畏敬)은 일찍이 비롯되었을 것이라는 추측이다.

역시 조선왕조의 풍속을 기록하고 있는 《신증 동국여지승람(新增 東國輿地勝覽)》의 권(卷) 28 〈제주목(濟州牧) 풍속조(風俗條)〉에서 소상히 밝히고 있다.

"…2월 초하루, 귀덕(貴德) 금녕(金寧) 등지에서는 나뭇대 열두 개를 세워 신을 맞이하여 제사를 지낸다. 애월(涯月)에 사는 사람들은 뗏목을 말머리와 같이 만들어 비단으로 꾸미고 약마희(躍馬戱)를 해서 신을 즐겁게 한다. 보름이 되어야 끝나서 이를 연등(燃燈)이라 한다. 이 달에는 승선(乘船)을 금한다…."

여기에서 '연등'이란 '영등'의 한자 차음표기(借音表記)로 짐작된다. 이 기록과 오늘날의 영등굿을 비교하여 제주대학의 현용준(玄鎔駿) 교수는 다음과 같이 적고 있다.

"…이 기록의 내용을 오늘날의 영등굿과 잠시 대비시켜 보면 그 제일(祭日)이 2월 1일에서부터 15일까지로 되어 있으니 이는 오늘날 2월 1일에 영등 환영제를 하고 구좌읍(舊左邑) 우도(牛島) 등지에서 2월 15일에 영등 송별제를 하는 것과 일치하며 이 달에 승선을 금하는 관습이 있음을 말하고 있으니 이는 오늘날 영등 송별제를 지내기까지는 어로를 나가지 않는 관습과 일치한다. 그리고 이 행사가 성행했던 곳이 한림읍(翰林邑) 귀덕리(歸德里), 구좌읍(舊左邑) 금령리(金寧里), 애월읍 애월리(涯月里) 등으로 되어 있으니 이는 모두 어촌이며 오늘날 어촌에 주로 영등굿이 분포되어 있는 것과 일치한다.

이런 점으로 미루어 보아 연등(燃燈)은 바로 영등굿이요, 이 영등굿이 조선조 이전부터 제주 어촌의 마을제로서 성행했었음을 알 수 있다…."

시기와 장소

굿날(祭日)

칠머리당굿은 1년에 두 번 하는데 처음은 영등신이 들어오는 2월 1일의 영등 환영제요 다음이 영등신이 제주도를 떠나기 전날인 2월 14일의 영등 송별제이다. 송별제를 2월 14일에 하는 것은 영등신이 이 날에 칠머리당에서 송별제를 받고 다음날인 15일 구좌읍 우도에서 송별제를 받아 떠난다고 하는 데서이다.

영등 환영제와 송별제 가운데 성대한 것은 송별제이다. 환영제 때에는 큰 배를 부리는 선주집이나 믿음이 깊은 사람들만이 모이기 때문에 간소하게 대개 오전 중 끝나지만 송별제 때에는 해녀를 포함한 어업에 관계하는 사람들만이 아니라 모든 사람들이 참여하여 하루 종일 큰 굿판을 벌이는 것이다.

본향당 신(神) 본(本) 풀이

칠머리당의 주신인 '도원수'와 '용왕부인'의 내력을 소상이 설명하고 있는 다음과 같은 '본풀이'가 있다.

"…도원수 감찰지방관이 출생하기는 강남 천자국 가달국에서 솟아났는데 하늘은 아버지요 땅은 어머니다. 장성하니 천하 명장이 되었다.

이때 강남 천자국에 남북적이 각성하여 나라가 어지러우니 도원수가 천자님 앞에 들어가 변란을 평정할 것을 허가 받고 언월도, 비수검, 나무활, 보래활, 창검 등으로 일월이 영롱하게 차려 나왔다. 백만 대병을 거느려 적진에 들어가 남북적을 평정하니 천자님이 크게 기뻐하여 칭찬하고 소원을 말하면 무엇이든지 들어주겠다고 했다. 그러나 도원수는 모든 것을 사양하고 백만 대병을 거느려 용왕국으로 들어가서 용왕부인을 배필로 삼고 제주도로 들어왔다. 먼저 한라산 백록담에 올라가 진을 치고 어디로 갈까 하고 살펴보니 혈이 '황새왓' 으로 '사기왓' 을 거쳐 산지(건들재 · 健入洞) 칠머리로 떨어져 있으므로 이 혈을 밟아 칠머리로 내려와 좌정했다. 그래서 산지 백성들의 낳는 날 생산을 차지하고 죽는 날 물고(物故)를 차지하고 호족 장적을 차지하여 수호해 주는 당신이 되었다. 용왕해신부인은 만민 해녀와 상선(上船) 중선을 차지하고 서양 각국 동양 삼국에 간 모든 자손을 차지해서 장수장명과 부귀공명시켜 주는 당신이 되었다.

다음, 남당하르바님, 남당할마님 부부신은 본래 이 당의 신이 아니었다. 제주시 일도동(一徒洞) 막은골이라는 곳에 있던 남당의 신이었는데 이 당이 시가 중심에 있어 헐리게 되자 이 칠머리당으로 옮겨 같이 모시게 된 것이다."

해신선왕(海神船王)과 영등 대왕이라는 신도 이 당의 신이 아니다. 해신선왕은 선신(船神)이요 영등대왕은 영등신이다. 이 두 신은 모두 해상 안전과 어업을 수소해 주시는 신이므로 여기 모셔 놓은 것이다.

굿의 절차

큰 제차(祭次)의 순서는 다음과 같다.

1. 초감제: 모든 신을 청하여 좌정시키고 간원하는 제차.

2. 본향듦: 본향당신을 청하여 기원하고 놀리는 제차.

3. 용왕맞이: 용왕과 영등신이 오는 길을 치워 맞아들이고 기원하는 제차.

4. 마을 도액막음: 마을 전체의 액을 막는 제차.

5. 씨드림: 해녀 채취물인 미역, 전복, 소라 등의 씨를 뿌리고 그 흉풍을 점치는 제차.

6. 배 방선: 영등신을 배에 태워 본국으로 송치하는 제차.

7. 도진: 모든 신을 돌려보내는 제차.

제주도에 오늘날까지도 끈질기게 전승되고 있는 칠머리당굿과 영

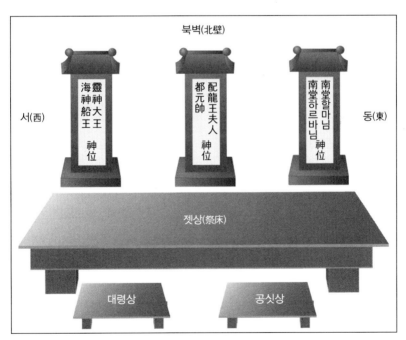

칠머리당 신위도(神位圖)

등굿을 보면서 우리는 세시풍속으로 살아오는 의식이나 놀이들이 얼마나 뿌리 깊은 것인가를 다시금 깨닫게 된다.

오늘의 시각에서는 그것들이 지난날의 고속(古俗)으로 보일 수도 있지만 왜 그러한 습속이 생겨날 수밖에 없었는가를 뒤늦게나마 확인함은 우리의 문화를 주체(主體)롭게 하는데 바탕이 되는 것이다. 특히 섬과 해안지방에서는 이 시간에도 영등굿과 같은 풍신제(風神祭)는 물론이요 크고 잦은 풍어굿이 올려지고 있다는 데 관심을 기울여야 한다.

끝으로 아직도 우리의 어로민속(漁撈民俗)이 전반적으로 채집ㆍ정리되지 못하고 있음을 감안하여 이 시점에서라도 가능한 채집ㆍ채록 작업을 서둘러야 하겠다는 제언이다.

전국의 독자 어민 여러분께서는 고장마다의 '어로민속'을 나에게 제보하여 주셨으면 한다. 하나하나 모아지는 자료들을 정리하여 되살림으로써 조상 대대로 지켜온 황금바다의 역사적 내력을 스스로의 긍지로서 내세울 수 있겠기에 말이다.

(1998. 3. 새어민)

11

'두레' 하는 마음

'두레'란 '품앗이'와 함께 우리 민족이 오랜 옛날부터 펼쳐온 공동 협업의 풍속이다. 두레의 뜻은 농민들이 가장 일손이 바쁠 때, 서로의 힘을 하나로 모으기 위하여 갖는 마을단위의 모임을 뜻한다.

품앗이란 말에서 '품'은 무슨 일을 하는 데 필요한 힘, 수고를 뜻하니 예를 들어 하루 품 또는 이틀 품 등으로 표현한다. 그러니까 품앗이란 힘드는 일을 서로 거들어 주면서 품을 지고 갚고 하는 것이다.

엄격히 따질 때 두레와 품앗이는 그 뜻이 약간 다르기는 하지만 공동협업을 한다는 데는 일맥상통이다. 두레라 하면 쉽게 남정네들의 농사에서만 효용된 것으로 알고 있지만 실은 그렇지를 않다.

《삼국사기》에 보면 이미 신라 제3대 유리왕 시절 아녀자들의 '길쌈두레'가 기록되고 있다. 그러니까 남녀노소에 국한됨이 없이 각 계층 나름의 협업조직으로 두레는 꾸며져 왔음을 알 수가 있다.

두레 정신의 바탕은 평등한 연대 관계이다. 남을 위한 일, 나를 위한 일이 아닌 우리 모두를 위한 일로 승화되는 마음씨이다. 두레의 어원을 살필 때, '두루' '둘레' 등이 거론되고 있음은 결국 '나'가 아닌 '우리'의 개념과 통한다.

시골에 가면 지금도 간혹 넓은 논 가운데 '모정'이라는 흡사 좀 큰 원두막막한 휴식을 위한 지붕만 있는 집이 지어져 있다. 땀흘려 일하는 사이사이에 이 모정에서 휴식도 취하고 '새참'과 '점심'도 먹는 곳이다.

이 모정이 옛날에는 여기저기에 서 있었는데 이제는 보기 어렵게 되었다. 이렇게 된 이유는 우리 농촌에서 두레조직이 점차 사라져 감을 뜻한다.

생산기술·방법의 발전으로 모심기, 논매기, 벼베기, 타작이 거의 기계화되고 보니 두레의 효용가치가 그만큼 없어진 것도 사실이다. 그러나 아무리 기계화되었다 해도 두레 정신마저 소홀히 인식될 때, 소중한 협동 정신이 훼손될 염려가 있다. 옛것을 되살펴 새로운 깨달음이 있어야 것이다.

한 마을의 두레패들이 두렛기(농기 또는 마을기)을 앞세우고 풍물(농악)을 울리며 마을을 떠나 드넓은 들판으로 향하는 대열이나 일노래에 맞춰 모를 심고 논을 매는 장면, 그리고 바가지에 가득 담은 막걸리를 돌려가며 마시는 모습은 찾을 수가 없지만 아직도 농어촌에 가면 이웃과 함께하는 훈훈한 인정과 만나게 된다. 또한 두레하면 먼저 공동협업을 떠오르게 하는 것이지만 여기에는 반드시 뒷풀이인 풍물놀이가 뒤따르는 것이다. 일을 마친 다음 풍물가락을 울리며 신명진 마무리를 한다. 해질 무렵 마을 앞을 흐르는 시냇물에서 시원히 등멱을 하고 돌아온 일꾼에게 저녁밥은 꿀맛과 같다.

한편 두레라는 말에는 풍물놀이를 통한 '추념걷기'의 뜻도 있다.

'걸립패' 또는 '걸궁패'를 짜는 데는 사물잽이(꽹과리, 징, 북, 장고)는 물론이요 여러 가지 화상(분장)의 놀음놀이꾼(희극배우)이 있어야 한다. 영감, 할미, 새댁, 서방님이 나오는가 하면 말뚝이, 초란이, 기생, 대포수가 은근히 불만스런 봉건적 사회제도와 가족제도를 비판하면서 익살을 부리며 집집에서 마을의 공동기금도 추념한다. 두레라는 공동협업이 옛날 풍속으로 속절없이 잊혀져 가는 요즘의 풍조가 자꾸만 각박해져 감을 실감하며 '온고지신'으로 '두레' '두레'를 되새기게 한다.

(1989. 5. 해표가족)

12
담치기

'담치기' 하면 남몰래 담을 넘어 다니는 '밤손님'을 연상케 한다.

그런데 실은 전혀 그런 것이 아니다. 지금은 살아져 간 민속놀이 가운데 '거북놀이'라는 것이 있었다. 거북이 시늉으로 꾸민 어린이들이 집집을 돌면서 '풍물놀이(농악)'를 하면 곡식이며 돈을 내준다. 이것을 모아 마을의 할아버지, 할머니를 위한 경로잔치도 하고, 몸져 누워 계신 가난한 노인이 계시면 한밤중 아무도 모르게 그 댁 안마당으로 작은 자루를 던져 넣는다.

이것을 '담치기'라 했다. '거북놀이'는 주로 8월 '한가위 놀이'인데 이 담치기는 섣달 그믐밤에도 했었다. 한해가 저무는 저녁무렵, 역시 어린이들이 '풍물패'를 짜는데 우스꽝스런 어릿광대들도 함께 따른다. 맨 앞에는 힘깨나 쓰는 어린이 두엇이 큰 자루를 들쳐 메고 집집을 돌면 형편껏, 성의껏 추념을 내준다.

자루에 가득 찬 곡식이며 돈을 놓고 어린이들은 의견을 나눈다. 새해를 맞으면서 '떡살'이 없는 가난한 댁이나 병자가 계신 댁, 어쨌던 형편이 어려운 댁을 먼저 가리고, 그 수효대로 자루를 지어 '담치기'로서 이웃돕기를 하는 것이다.

이처럼 이웃돕기나 마을의 공공기금을 마련하기 위한 민속놀이로는 '지신밟기'를 꼽게 되는데, 지방에 따라 그 이름이 다르다. 중부 지방에서는 '지신밟기'라 하고 호남 지방에서는 '마당밟이,' 영남 지방에서는 '매구놀이' 또는 '지신밟기'라 한다. 이밖에도 함경도의 '사자놀

이,' 평안도의 '범놀이' 황해도, 경기도 등의 '소놀이' 가 다 같은 뜻의
놀이들임은 물론이다.

　그러기에 이러한 놀이들은 그 형태는 다소 다르지만 그 뒷마무리는
모두가 '담치기 정신' 에서 비롯되는 것임을 알아야 한다.
　요즘도 신문이나 방송에서 어려운 이웃을 돕기 위한 모금을 하고 있
음은 참으로 반가운 일이다. 인정이 메말라가는 산업사회에서 인정의
옹달샘 같은 것이기에 말이다.
　그런데 남을 돕는 마당에 자기를 감추려 했던 '담치기' 가 못내 아
쉬움은 뒤떨어진 회고 취향에서일까?
　누가 볼세라 훌쩍 담너머로 자루를 넘기고는 손을 잡고 골목으로
사라진 그 따사로움이 오늘의 신문이나 방송에서 보이는 대문짝만한
이름들에서는 느낄 수 없음도 한 '구닥다리' 의 착각일는지….

(1992. 사보 BYC)

13
'풋상추놀이'의 계절

'우수' '경칩'이 지나면 대동강 물도 풀린다 했다.

꽁꽁 얼었던 대지가 서서히 녹으면서 양지바른 골짜기에는 벌써 버들가지 망울이 부풀어 터진다. 이제 얼마 안 있으면 농촌과 어촌에서는 눈코 뜰 사이 없이 바빠지는데 바로 이맘때, 옛날에는 꼭 마련하는 '경로잔치'가 있었다. 이름하여 '풋상추놀이'라 했는데, 지금은 없어져 버린 풍속이 되고 말았다. 부산직할시 동래고을은 예로부터 풍류의 고장으로 일러 왔다. 일찍부터 '향교'가 있어 예의범절을 지키기에 힘 기울이면서 춤과 음율과 탈놀이가 성했다. 바로 이 고장에 전승되던 '풋상추놀이'를 이해하자면 먼저 '동래 들놀음' '동래 지신밟기' '동래 학춤' 등에 관심을 두어야 한다. 이러한 민속연희들은 모두가 '풋상추놀이'와 깊은 관계를 갖는 것이기에 말이다. '설'을 전후하여 '지신밟기'를 해서 모은 비용으로 날씨 좋은 하루를 정하여 노인을 위한 들놀이를 하는데, 싱그러운 풋상추를 한가운데 수북히 담아 놓고 온갖 안주와 술을 장만하니 마을 어르신네들은 이보다 즐거울 수가 없다. 한겨울 텁텁했던 입안이 여리지만 상큼한 풋상추의 감촉으로 깔끔히 씻어진다.

젊은이들은 음식만 대접하는 것이 아니라 '갓'에 '도포'만 입고 추는 '동래 들놀음'으로 여흥까지 마련해 드린다. 한편 '동래 지신밟기'란 풍물패(농악대)를 앞세워 집집을 돌며 축원덕담을 해주고 공동체의 기금을 걷는 아주 뜻이 좋은 놀이여서 이미 부산직할시의 무형문화재로 지정되어 있다. 산업사회로 바뀌면서 급격히 희박해져 가는 이때에 서둘러 되살려야 할 소중한 놀이문화의 하나이다.

'동래 학춤'은 학의 형상으로 꾸미며, 학의 흉내를 주로 내는 다른 지방의 학춤과 달리 평소에 쓰는 갓에 정갈한 도포를 입고 학보다도 더욱 청아한 맵시로 너울너울 춤을 춘다. 특히 '풋상추놀이'에서의 학춤은 무병장수를 기리는 뜻도 겸하는 것이어서 안성맞춤이다. 이 학춤 역시 부산직할시의 무형문화재로 지정되어 있을 뿐만 아니라 그 춤사위가 다양하고도 세련된 것이어서 경상도 민속춤의 대표격으로 환영을 받고 있다.

'동래 들놀음'은 문화부 문화재관리국이 중요 무형문화재 제18호로 지정하고 있는 소중한 전통연극의 하나이다. '문둥이마당' '양반마당' '영노마당' '할미영감마당'으로 짜여진 이 탈놀이는 지극히 해학적이면서도 서민의 애환을 담고 있어 누구나 참여했던 놀이였는데, 지금은 그 내용이 시대 변천과 함께 발전하지를 못해서 노인들께서나 간혹 즐기시게 됐다. 그러나 요즘은 젊은이들이 이 연극을 오늘 속에 다시금 살게 하기 위하여 부지런히 배우고 있으니 머지않아 바림직한 재창조의 결실을 얻게 되리라 확신한다.

이러한 어제와 오늘—. 신문과 방송에서 그리고 입담 좋으신 분들의 '경로사상앙양'의 목소리가 작지를 않건만 과연 이 봄에 그 어느 고을에서 '풋상추놀이'가 마련되고 있을지….

'풋상추놀이'의 고장 부산 동래에서도 이제는 연로하신 어르신네의 회고담에서나 들을 수 있게 되었다. 젊은이들은 그 말뜻조차 알지를 못한다. '동래 지신밟기'와 '동래 학춤'과 '동래 들놀음'만이 따로 떨어져 무형문화재로 지정이 된 이 마당에 본디 주인격이였던 '풋상추놀이'는 이제 어디에서 찾아야 하는 것인가.

(1993. 3. 여성시대)

14

도랑 치고 가재 잡고
마른 논에 물대기

지난 몇 년째 '이상난동'이라 해서 계절이 뒤죽박죽이 되는 것이 아닌가 걱정을 하는 분도 계시다. 하긴 관상대 발표를 들으면, 몇십 년 내에 한강이 얼지를 않았다느니, 또는 개나리며 벚꽃이며 진달래가 예년보다 열흘, 보름씩 일찍 폈다는 소식이다. 그런데도 우리 삼천리 강산에는 춘하추동 4계절의 분별만은 그 어느 나라에 비하여 분명하지 않을까 하는 생각이다.

어김없이 봄은 찾아왔고 이제 농민들의 일손은 더 없이 바빠졌기에 말이다.

한편, 옛날에 비하여 갖가지 농기구도 기계화되었고, 또 특수재배라 하여 계절에 관계없이 싱그러운 푸성귀가 식탁을 장식하고는 있지만, 아무래도 제철에 맞춰 생산되는 자연산에는 그 맛이 미치지를 못한다.

우리나라의 옛 세시풍속을 소상히 적고있는 《동국세시기》라는 책에 꼭 요맘때의 시식(時食) 가운데 아주 입맛을 돋구는 것이 있어 다음에 소개한다.

"…청포묵을 만들어 잘게 썰고, 돼지고기, 미나리, 김을 섞어 초장을 쳐서 만든 음식을 탕평채(蕩平菜)라 한다."

지금도 청포묵이라 하여 농촌에서는 간혹 그 맛을 볼 수가 있는데 되도록이면 이러한 자연식이 많이 되살아나야 하겠다는 생각이다.

기왕 먹는 얘기가 나왔으니 계절에 썩 어울리는 '민물고기 매운탕'을 빼놓을 수가 없다. 그물로도 잡고 낚시도 해서 매운탕거리를 장만하지만, 특히 농촌에서는 또 다른 방법이 있었다. 연세가 드신 분이면 지금도 익히 아시는 속담이 있다. 한해 겨울을 지낸 '논 도랑'을 깨끗이 치우면서 물이 잘 빠지도록 손질을 하다 보면 도랑 바닥이 드러나면서 갖가지 민물고기들이 팔딱팔딱 뛰니 부지런히 바구니에 주워 담기만 하면 된다. 이것을 깨끗이 씻어 푸성귀도 넣고, 혹시 있으면 묵은 무도 듬성듬성 썰어 넣고, 고추장 기운을 얼큰히 해서 한동안을 끓이고 보면 그야말로 더 없는 계절의 진미가 된다.

이렇게 마련한 '민물 매운탕'을 안주삼아 이 무렵에 즐겨 마셨던 세주(歲酒)를 역시 《동국세시기》에서는 다음과 같이 꼽고 있다.

"…두견주(杜鵑酒), 도화주(桃花酒), 소곡주(素麯酒), 송순주(松筍酒)…."

그 이름만 들어도 자연의 훈훈한 향기가 코 끝에 감도는 듯하다.

다시 속담 이야기로 돌아가자. 어느 나라의 속담이건 속담이란 것은 한 문화권의 역사적 슬기라 하였는데 우리 속담이 지니는 그 깊은 맛에 대해서 새삼 감탄을 금치 못하게 된다.

"도랑 치고 가재 잡고, 마른 논에 물 대기…."

몇 번을 되뇌어 보아도 이처럼 조화롭게 일과 놀이가 하나로 만날 수가 있겠는가. 흔히 요즘 '놀이' 하면 그저 '내 일이 없는 환락'으로

만 생각하는 풍조가 있는데, 본디의 놀이란 그런 것이 아니었음을 이 속담이 말해 주고 있다.

(1992. 장터 창간호)

15
둥근 달 아래 반달 모양의
송편을 먹는다

'한가위'의 뜻

음력 8월 15일을 흔히 '추석' 또는 '중추절' '가배' 등으로 부르고 있는데 정겨운 우리 말로는 '한가위'가 제격이다.

한가위는 명절 가운데서도 명절이니 흡사 민족이 대이동을 하듯 저마다 고향을 찾는다. 조상의 무덤과 부모님이 계신 고향을 찾는 긴 행렬을 보고 아마도 서양 사람들은 고개를 갸우뚱 하리라.

그러나 이 뿌리깊은 풍속은 어제 오늘의 일이 아니다.

우리 민족의 3대 명절하면 '설' '단오' '한가위'를 꼽게 되는데, 설은 새로 한해를 시작하며 마음을 가다듬는 날이요, 단오는 본격적인 생산의 계절을 맞아 힘을 모아보는 날이요, 한가위는 땀흘려 거둔 풍요한 수확에 감사하는 날이다.

그러기에 한가위는 어느 명절보다 기쁘고 보람있는 날이다.

조상의 산소가 가까우면 직접 산소에서 차례를 올리기도 하지만 대개는 각각 가정에서 차례를 올리는데, 햅쌀로 빚은 '신도주'와 '햇과일' '송편' 그리고 토란국은 빠짐없이 장만한다.

차례를 올린 다음에는 식구들끼리 둘러앉아 음복(조상께 드린 제물을 먹는 것)을 하고는 이웃간에 서로 골고루 나누니 이것을 '반기'라 한다.

옛날에는 집집마다 사방 한 뼘 크기의 '반기목판'이란 나무접시가 마을의 가구 수만큼 있었으니 이것이 바로 명절때 음식을 나누는데 쓰였던 것이다.

이 반기목판에 송편이며 과일이며 또 유과 등을 예쁘게 담아, 주로 어린이들이 이웃에 날랐으니 그 걸음걸이가 더 없이 가벼웠다.

어느 집이나 명절음식은 그득 하지만 구태여 나누어 먹음은 바로 인정의 오감이었던 것이다.

요즘 세상은 인심이 점점 각박해져만 간다고 할아버지 할머니께서 걱정이 태산같으시다. 올 한가위에는 이웃에 '반기'를 하면 어떨까? '반기목판'이 아니어도 좋으니 플라스틱 접시에 담아 따사로운 마음을 주고 받았으면 싶다.

둥근 달 아래, 반달의 송편

한가위 민속놀이 하면 강강술래, 소놀이, 거북놀이, 풍물놀이 씨름 등 꽤나 많지만 아마도 강강술래가 주종이 아닌가 한다.

손에 손을 잡고 한없이 돌아가는 강강술래는 함께 즐기는 공동체 놀이로써 이보다 더 좋은 것이 없다.

둥근 달보다 더 둥글고 크게 돌아가는 강강술래는 '나' '너'가 아닌 '우리'로 승화하는 되살리고픈 한가위 놀이이다.

그런데 한가지 재미있는 일이 있다. 이 둥근 달 아래에서 먹는 송편은 그 모양이 반달이라는 사실이다.

이와 관련되는 그럴싸한 옛 말씀이 있다. 노랫말의 한 대목이기도 하다.

"…달도 차면 기우나니…."

꽉찬 둥근 달은 결국 내일부터는 기울어질 수밖에 없는 것이니, 영원히 둥글고 싶은 소망에서 둥근 달 아래에서 반달을 먹는다는 말씀이시다.

그의 진부는 어쨌든 한가위와 송편의 관계는 유구한 것이다.

옛 '세시기'에 이미 17세기 무렵의 송편에 관한 기록이 보인다. 그러나 그의 유래는 그 보다도 훨씬 거슬러 올라가는 것이리라.

멥쌀가루를 뒈게 반죽한 것을 조금씩 떼어 엄지손가락으로 가운데를 파서 동글 납작하게 빚고, 그 가운데에 소(송편 속)를 넣고 오무려 눌러 예쁘게 반달 모양으로 마무리한다. 이것을 시루에 솔잎을 깔고 송편과 솔잎을 켜켜로 앉힌 후, 푹 찐 다음 꺼내 솔잎을 깨끗이 떼고, 찬물에 담가 씻은 다음 참기름을 살짝 바르면 제대로 송편이 된다.

한편 그의 빛에 따라 흰송편, 쑥송편, 송기송편으로 나뉘며, 무슨 소를 넣느냐에 따라 팥송편, 콩송편, 밤송편, 대추송편, 깨고물송편 등 아주 다양하다.

송편은 한가위 며칠 전부터 만들기 시작하는데, 특히 처녀들이 이 송편을 예쁘게 만들어야 잘 생긴 신랑을 얻는다 해서 송편빚기에 정성을 다했었다.

또한 아기를 밴 임신부들도 예쁜 송편을 빚어야 예쁜 아기를 낳는다 해서 아주 신경을 썼다.

또 어떤이는 송편이란 이름의 내력은 솔잎과 함께 찌는 떡이라 해서 송병(松餠)에서 비롯되었다고도 한다.

은은한 솔내음, 그리고 쫄깃한 멥쌀떡의 감칠맛, 여기에 고소한 소가 곁들여 송편은 한가위 명절음식의 대명사라 할 만하다.

풍요한 수확, 훈훈한 인심이 감도는 한가위 명절에, 우리 모두 둥근 달 아래에서 반달 모양의 송편을 먹자.

　이웃에 고루 나누며 영원히 둥글기를 두손 모아 기원해 보자.

(1993. 9. 起亞)

16

우리 민족의 민속놀이

'민속'에 대한 바른 인식

'민속'이란 말이 그의 뜻에 대한 분별이 없이 애매모호한 상태에서 함부로 쓰여지고 있다. 그러다 보니 '민속놀이'란 말도 역시 마찬가지이다.

'민속'이 무엇인지를 이해하기 위하여 거의 같은 뜻으로 뒤섞여 쓰고 있는 '고전' '전통' 등을 살펴보자.

'민속'은 한마디로 '민간의 풍속'의 준말이다. 그러니까 민속의 바른 뜻은 옛날의 풍속이 아니라 오늘의 일상생활 속에 살아 있는 풍속을 말하는 것이다. 그런데 민속하면 오늘이 아닌 과거의 것으로 인식하는 경향이 짙다. 이렇게 된데는 지난 우리 역사의 발자취 가운데 주체적이지 못한 대목이 있는데서 오는 불행한 결과임을 알아야 한다.

다른 말로 하자면 민속이란 자기 생성적 전승력이 오늘의 생활 속에까지 살아 있으면서 발전하고 있는 것을 지칭하는 말이다.

이와는 달리 '고전'이란, 앞에서의 자기 생성적 전승력은 지난 어느 시기에 단절 되었지만 그 단절된 시기의 형태로 재구·보존되고 있는 것이라 하겠다.

구체적인 예를 든다면, 춤 가운데 살풀이는 그의 연원이 원시 공동체 사회의 제천의식으로까지 거슬러 올라가는 것이면서도 지금 이 시간에도 무당의 굿판에서, 전문적인 춤판에서, 그리고 일반인의 흥풀이에서까지 자기 생성적인 전승력을 지니고 살아 있음을 본다.

여기에 비하여 조선조시대 주로 궁중에서 추어졌던 '처용무'는 심한 가뭄이나 장마 또는 나쁜 병이 돌 때, 악귀를 물리치는 '구나무(驅儺舞)'의 하나였는데, 실은 조선왕조가 끝나면서 이 춤의 자생력도 끝나고 말았다. 그러나 이 춤의 내용이 우리의 민족무용의 발자취를 살피는 데 소중한 것이어서 그것이 자생력을 잃기 전의 모습으로 보존되고 있다. 위에서 '살풀이'는 민속무용이라 하였고, '처용무'는 고전무용이라 하는 것이 마땅한 표현이다.

나아가 거의 같은 뜻으로 분별없이 쓰여지고 있는 '전통'이란 무엇인가.

'전통'이란 앞의 민속적인 것과 고전적인 것을 통틀어 지칭할 때, 쓰이는 말이다. 그러니까 '처용무'를 민속무용이라 하면 틀리지만 전통무용이라 할 수 있다. '살풀이'는 고전무용이 아니라 민속무용 또는 전통무용이라 해야 한다.

그렇다면 여기서 본론으로 돌아가자. '민속놀이'란 전 시대의 조상들이 놀았던 옛 놀이가 아니다. 그것은 면면한 역사와 함께 우리 민족이 생활의 슬기로 지녀온 생명력 있는 '문화'의 하나인 것이다.

세시풍속과 민속놀이

세시풍속이란 것은 아득한 옛날부터 한 생활공동체가 지켜 내려오는 남과 다른 습관을 말한다.

신앙 생산 수단, 의식주에 이르기까지 한 공동체가 역사적으로 발전하면서 얻어진 전통적 생활 양식을 우리는 풍속 또는 습관, 관습 등으로 부르고 있다.

풍속이란 생활공동체에 따라 서로 똑같은 것이 아니기 때문에 한마디로 이런 것이요 하고 설명키는 어렵다.

한편, '세시'란 1년 가운데의 때때를 일컫는 것이니 계절을 이르기도 하고 또는 달달의 일이나 때맞춰 지켜지는 명절 등이 모두 여기에 포함된다.

인간이 한평생을 지내는 것을 '통과의례'라 하여 '관' '혼' '상' '제'를 든다면 세시풍속이란 한 공동체가 해마다 집단적으로 되새김하는 1년의 일정표인 것이다.

이러한 일정표가 짜여지는 바탕으로는 풍토와 생산 조건 토착신앙 등은 물론이요, 계절과 날짜, 시간을 분간하는 '역법'이 있다. 원초적인 방법으로는 해와 달 등 전체의 움직임에 따르는 것과, 식물이 돋아나고 말라 죽거나, 동물 등의 동면 등 상태·생활 변화에 의하여 짐작하기도 했다.

동양에서는 일찍이 달을 기준으로 하는 '태음력'의 역법을 만들어 냈는데, 중국의 경우는 삼질(3월 3일), 단오(5월 5일), 칠석(7월 7일), 중구(9월 9일) 등을 명절로 삼았으나, 우리 민족은 대보름(1월 15일), 유두(6월 15일), 백중(7월 15일), 한가위(8월 15일) 등의 달이 둥글게 뜨는 '보름'을 더욱 꼽는 명절로 삼고 있다.

그렇다면 이러한 세시풍속과 민속놀이와는 어떤 상관 관계가 있는가.

우리의 세시풍속을 소상히 알려 주고 있는 《동국세시기》《열양세시기》《경도잡지》《동경잡기》 등을 보면, 비단 1년 열두 달 농사짓고 고기 잡는 순서만 적혀 있는 것이 아니다. 공동체의 염원을 하나로 모으는 정월의 '당굿'으로부터 계절에 걸맞게 가다듬고 풀면서, 섣달 그믐에 이르기까지 '일'과 '놀이'를 하나로 조화하며, 다양한 공동체의 의견들을 통일시키는 의지가 그 밑바닥을 흐르고 있다.

생산의 단계 단계에 일꾼들의 건강과 계절의 변화와 그리고 더 풍요한 생산을 위한 일정들로써 세시풍속은 짜여지고 있다.

이와 같은 세시풍속을 영위해 나가는 데 있어 마치 기계에 쓰는 윤활유와 같은 역할을 하는 것이 바로 놀이라 하겠다.

여기서 잠시 같은 이름으로 놀아지고 있는 오늘의 변질된 '줄다리기'와 본디의 것을 견주어 살펴보기로 하자.

요즘 각급 학교에서 운동회 때, 줄다리기를 하는 것을 보면, 거의가 왜식(일본식)으로 놀고 있다.

화약 딱총소리를 신호로 죽기 살기로 당겨, 어느 편이 상대를 끌어당기느냐를 3판 2승으로 가리는 왜식 줄다리기가 판을 치고 있다.

그런데 우리의 본디 줄다리기는 아주 다르다.

'동' '서' 양 편의 마을이 예로부터 정해져 내려오는 자기 마을의 줄(암줄 또는 숫줄)을 꼬아 그것을 하나로 결합시키는 데서부터 놀이는 시작된다.

줄꾼들은 징소리를 신호로 끌어당기는데 엎치락 뒤치락 하루 종일 때로는 2-3일씩이나 이 집단놀이는 계속 되었었다. 놀이의 속뜻을 모르는 사람들은 맺고 끊음이 없는 지루한 놀이라 비판하기도 한다.

…이리저리 끌리다가 두 힘이 어느 한쪽으로 쏠리지 않고 딱 맞수가 되는 순간이 있다. 둘의 힘이 더 큰 하나의 힘으로 승화하는 순간인 것이다. 양 편 줄꾼들의 발이 공중으로 뜨며, 풍물패들은 사물이 부서져라 마구 쳐댄다.

이 팽배의 아리따운 경지를 만끽하는 것이 줄다리기의 맛이요, 정신인 것이다.

승부의 끝마무리 또한 깔끔하다.

이긴 편 마을은 논농사가 잘되고, 진 편 마을은 밭농사가 잘 된다고 한다. 시냇물 하나 사이에 그럴 리가 없다. 다 잘 되자는 마음씨이다.

이번에는 한가위 때의 민속놀이인 '강강술래'와 '거북놀이'를 알아보자.

강강술래의 시원은 임진왜란 때, 이순신 장군의 의병술로부터 비롯되었다는 의견도 있지만 이러한 원무 형식의 춤은 가장 원초적인 무리춤(집단무용)의 형태로 보여진다.

'선소리꾼'의 '매김소리(앞소리)'를 듣고 일동이 함께 지르는 강강술래의 낭랑한 가락과 춤사위는 바로 민중의 애환을 그대로 담고 있다.

손에 손을 잡고 한없이 돌아가면 몸도 마음도 하나가 되어 집단놀이의 최고의 경지인 무아지경으로까지 이른다.

거북놀이도 남다른 뜻이 있다.

수숫잎을 따 거북 등판을 엮어서 등에 메고 엉금엉금 거북 흉내를 내는 이 놀이는 농촌에서 널리 전승되던 놀이이다.

거북은 용왕의 아들이라 한다. 용이란 비를 제도하는 영험한 상징적 존재이니 농사가 잘되고 못 되는 것이 용의 마음에 달렸다 해도 과언이 아니다.

8월 한가위 며칠 전부터 어린이는 어린이대로 어른은 어른끼리 다른 '거북놀이패'를 짜 '마당밟기'와 흡사한 추렴을 하며 집집을 돈다.

거북을 앞세우고 '풍장패'가 뒤따르며 온갖 우스꽝스런 어릿광대가 신명을 돋우는 가운데 집집을 찾아들면 주인은 형편껏 성의껏 곡식이나 돈을 낸다. '어린이패'는 그 수입을 마을의 경로잔치에 쓰며, 어른들 몫은 마을의 공공기금으로 다리도 고치고 길도 넓히는 데 쓰이니 이 얼마나 보람 있는 일인가.

세시풍속과 민속놀이는 이처럼 상호 보완적 동질성을 띠고 있음을 발견하게 된다.

그러기에 민속놀이를 '세시놀이' 라고도 일컫게 되는 것이리라.

'민속놀이' 는 왜 오늘로 전승되어야 하는가

주로 우리나라 농어촌에 전승되어 온 민속놀이의 이름들을 순서없이 적어 본다.

자치기, 제기차기, 비석차기, 고누, 공기놀이, 땅재먹기, 널뛰기, 그네뛰기, 술래잡기, 그림자놀이, 윷놀이, 달집 태우기, 달맞이, 관등놀이, 다리밟기, 마당밟기, 지신밟기, 소놀이, 거북놀이, 호미걸이, 탑놀이 그리고 각 고장의 다양한 당굿들….

위의 놀이들은 변질의 과정은 겪고 있지만 거의 지금도 전승되고 있다.

다음의 '겨룸놀이' 들 가운데 편싸움, 장치기 등은 사라진 것들이다.

씨름, 연날리기, 줄다리기, 활쏘기, 쥐불놀이….

실상 풍속이라는 것은 사회 변동에 따른 생활 양식의 바뀜에 따라 함께 바뀌는 것은 하나의 상식이라 할 때, 놀이도 예외일 수는 없다. 비근한 예로써 옛날에는 손으로 모를 심고, 논을 매고 거둬들였는데 지금은 이것을 기계로써 하고 있다. 그러니 옛날의 논에서 일하며 불렀던 '일노래' 들이 이제는 필요없는 것으로 되고 말았다. 일노래란 일의 장단과 맞아 떨어지는 호흡으로 불려지는 것이니 아무런 효용가치도 없어지고 만 것이다.

옛날 골목에서 어린이들이 즐겨 놀았던 '자치기' 를 지금은 도저히 할 수가 없다. 창마다 유리를 끼었으니 당치도 않은 놀이이다.

돌을 던지며 용맹심을 길렀던 '편싸움'이며, 들판에 불을 질렀던 '쥐불놀이'도 이제는 금기의 놀이가 되었다.

그런데도 우리가 민속놀이를 되찾아 오늘에 심으려 함은 무슨 이유일까?

첫째로, 민속놀이가 지니는 '공동체성' '협화성' 때문이다. '놀이'와 '전쟁'을 명확하게 분별하면서 '겨룸'을 통한 얼싸안음을 터득한 조상님네의 슬기가 너무도 고귀하다.

둘째, 우리의 전래놀이 가운데도 '돈치기'니 '투전' 등 도박놀이도 없지 않지만, 대부분의 민속놀이들은 도박성이나 요행성보다는 '슬기'와 '용기'와 '지구력'을 길러 주는 건강성이 있음을 높이 사게 된다.

오늘날 성행하고 있는 서구 취향의 놀이들이 상업주의적 안목으로 꾸며진 사행놀이(예로 컴퓨터 게임, 사격놀이 등)가 많은데 비하여 민속놀이(예로 공기놀이, 비석차기, 제기차기 등)들은 차분한 정신과 육체의 수련을 통해서 희열을 맛보는 것이니 이 얼마나 소중한가.

셋째, 민속놀이는 '일'과 '놀이'를 썩 잘 조화시키고 있다는 데 주목하게 된다.

'도랑 치고 가재 잡고 마른 논에 물대기'라는 속담이 있다.

물이 잘 빠지도록 도랑을 치고 보면 힘 안들이고 물고기를 잡게 되고, 그 덕분에 마른 논에는 물을 그득히 담을 수 있다니 어디까지가 놀이이고 어디서부터가 일인지 도무지 분간할 수가 없다.

일과 놀이가 이처럼 조화를 이루기를 바라는 마음에서 우리의 조상님네는 이와 같은 속담을 놀이로 꾸며내셨는지도 모를 일이다.

벌써 언제부턴가, 세상 인심이 너무도 각박하여 살얼음판을 걷는 것 같다고 걱정들을 한다.

어른 아이 할 것 없이 놀고 있는 놀이들이 도박이 아니면 살벌하기 그지없는 것이어서 이대로 가다가는 무슨 큰 변을 맞지 않을까 불안하다.

놀이라는 이름으로 쏘고, 치고, 자르고 태워 날려 보내는 끔찍한 장면들을 너무 가까이 자주 대하다 보니 이제는 웬만한 것은 그저 덤덤하다고까지 한다.

자, 그렇다면 이제 우리는 인정스런 화합과 슬기로써 이루어진 민속놀이들을 서둘러 되찾아 오늘에 걸맞도록 재창출하는 일에 심혈을 기울여야 한다.

앞서도 언급한 바 있듯이 '민속'이란 민간의 풍속을 말하는 것이며 여기에 '놀이'가 덧붙은 '민속놀이'는 소비성향적인 사행놀이가 아니라 더욱 효율적인 생산을 위한 '쉼'의 뜻이 함께하는 것임을 깨달아야 한다.

젖먹이의 '도리도리 잼잼'으로부터 '윷놀이' '널뛰기' '그네' '씨름' '줄다리기' '연날리기'에 이르기까지 나이와 체력과 지능에 걸맞은 밝고도 건강한 놀이들을 오늘의 생활 속에 수용함으로써 역사민족, 문화민족으로서의 당당한 긍지를 되찾아야 하리라는 생각이다.

(1993. 9. 원광)

17
소문만복래(笑門萬福來)

　우리 겨레는 자고로 '복'을 소중히 여겨 그와 연관된 문구(文句)를 대문에 써 붙이니 바로 '소문만복래'이다. 웃는 집에 복이 든다는 뜻이다. 그뿐인가. 매일 밤 베고 자는 베개에도 수복강녕(壽福康寧)이라 수 놓아 항시 가까이 있도록 했다. '복' 하면 흔히 오복(五福)을 일컫는데, 그 내용인즉 수(壽), 부(富), 강녕(康寧), 유호덕(攸好德), 고종명(考終命)이다.

　차례로 뜻풀이를 해보자. '수'는 오래 삶이요, '부'는 재산이 넉넉함이요, '강녕'은 건강하고 편안함이다. '유호덕'이란 덕을 좋아하여 덕을 행하는 것이고, '고종명'은 제 명대로 살다가 편히 죽음을 뜻한다. 곰곰이 새겨 보니, '오복'은 부유하고 건강하게 오래도록 사는 것만이 아니라 남에게 은혜를 베풀면서 분수를 지키는 가운데 편안히 이승을 마무리하는 것임을 알게 된다. '건강' 하면 쉽게 튼튼한 신체만을 연상하는 것이 요즘 풍조인데, 여기에 염치와 분수를 지킴으로써 얻어지는 해맑은 마음씨를 더하여 이름 그대로 심신(心身)이 함께 건강해야 함을 선인들께서 일러 주고 계시다.

　'복'을 불러들이는 '웃는 집' '웃는 사람'이란 그저 깔깔대는 웃음이 아니요, 사랑으로 충만하여 마음속에서 스며나는 웃음이니 어찌 복이 찾아들지 않겠는가. 그러면 여기서 우리 민속놀이 가운데 모름지기 이런 값진 웃음을 심어 준 고귀한 것들을 찾아본다.

제기차기와 널뛰기

주로 '제기'는 남자아이가 차고, '널'은 여자아이가 뛴다. 열 살 안팎 남자아이들의 제기솜씨는 신체가 얼마만큼 균형 있게 발달했느냐를 가리는 데 더 없는 보기가 된다. 제기차기 방법도 다양하다.

'맨제기' ─한 발은 땅 바닥에 고정시키고 다른 발 안쪽 옆면으로 차는데 땅에 댔다 올렸다 한다.

'개칙구' ─같은 자세이나, 차는 발을 땅에 대지 않고 공중에서만 올렸다 내렸다 한다.

'양발제기' ─두 발을 번갈아 가며 맨제기식으로 한다. 이밖에도 발등이라든가 차는 면에 따라 여러 방식의 제기차기가 있는데, 결국 누가 남보다 더 차느냐에 따라 우열을 가린다.

그러나 제기차기의 제 맛은 '동네제기'에 있다. 열명 스무 명이 둥글게 서서 제기 하나를 가지고 상대에 차 넘기기를 끝없이 계속하고 보면 한 흐름을 이루며 모두가 이웃 사촌이 된다. '맨제기'나 '개칙구'를 할 때에는 상대를 꺾기 위하여 험상한 표정을 짓기도 했지만 동네제기에서는 한결 흥겹기만 하다.

널뛰기도 놀이 정신은 마찬가지이다. 어떤 사람은 그 유래를 '디딜방아'에서 찾기도 하지만, 널빤지 한 장을 가지고 뛰노는 이 아녀자 놀이의 연원은 훨씬 소급되는 것은 아닐까?

물찬 제비처럼 솟아 오르는 자태는 싱그럽기만 하다. 때로는 상대가 중심을 잃어 떨어지기를 바라며 내기를 걸기도 하지만 힘껏 뛰기를 거듭하다 보면 동네제기에서와 마찬가지로 두 마음이 한 호흡으로 합일되기에 이른다. 서로 마주 보는 얼굴에서 '웃음 꽃'이 활짝 피어나는 것이다.

줄다리기와 강강술래

　남정네의 힘겨룸인 줄다리기는 규모 큰 집단놀이로 마을과 마을 사이에 벌이는 정월 대보름의 큰놀이였다. 굵은 데는 한 아름이나 되고, 길이도 한 편이 50미터가 넘는 '큰 줄다리기'에는 몇백 명, 몇천 명이 매달렸다. 시작의 징소리에 맞춰 서로가 상대를 끌어당기기 위하여 용을 쓰니 무쇠 말뚝에는 핏대가 솟아 오르고 함성은 지축을 울리는데, 좀처럼 승부가 가려지질 않는다. 엎치락 뒷치락 하기를 한나절, 이제는 배도 고프니 저녁 먹고 하잔다. 속 모르는 사람이 보면, 날도 뉘엿뉘엿 하는데 냉큼 승부를 가려놓고 먹든 마시든 했으면 좋으련만 답답하기만 하다.

　그러나 그 속에는 참으로 아리따우면서 도도한 공동체의식이 용솟고 있음을 알아야 한다. 이리 쏠리고 저리 쏠리다가 한 찰나, 그 어느 쪽으로도 기울지 않으며 '우직끈!' 멈추는 순간 줄끈들의 얼굴이 일제히 대낮처럼 환해진다. 두 힘이 더 큰 하나의 힘으로 승화·발전하는 순간인 것이다. 이것이 바로 '조선 줄다리기'가 지니는 얼싸안음의 정신이다. 그런데 요즘 각급의 학교나 새마을 단합대회에서의 줄다리기를 보면, 상대방 뒤쪽에 숨어 가서 힘을 분산시켜서라도 그저 이기기만 하면 되는 '왜식 줄다리기'가 판을 치고 있으니 어쩌면 좋단 말인가.

　'강강술래'는 아녀자들의 한가위놀이인데, 이제는 남녀 가림없이 삼천리 금수강산 어디에서나 판을 벌이고 있으니 그야말로 민족의 놀이라 하겠다. 달도 밝다 별도 밝다-강강술래님 가는데 나도 간다-강강술래 소박한 장단이지만 손에 손을 잡고 수십 명, 수백 명이 물결치듯 돌아 가노라면 '웃음 꽃' 들이 주마등이 되어 돌고 돌아가는 것이다. 온몸에서는 땀이 비오듯 하고 이미 신발은 벗겨져 발바닥은 부르터 터졌건만 누구 한 사람 찡그리지 않으며 잘도 돌아간다. 달빛이 아무리 밝다 해도 울퉁 불퉁한 산언덕이련만 얼음 위를 지치듯이 용케도 돌아간다. 호흡이 맞아도 이처럼 맞을 수가 없다. 둥근 달 보다도 더 크고 둥글게 손에 손을 잡고 돌아가고 있다.

일체유심조(一切唯心造)라는 옛 말씀이 있다. 모든 일이 마음에서 비롯된다는 뜻이니 신체의 건강 또한 이에 다를 수 없다. 건강한 웃음이 피어나는 곳에 만복이 깃든다는 '소문만복래'와 함께 되새기고픈 격언이다.

(1995. 6. 이웃과 생명을)

18

마라도 이야기

옛날 탐라국(耽羅國)이었던 오늘의 제주도는 우리나라 서남해안 남쪽 끝에 자리잡은 비교적 큰 섬입니다.

이 섬에서 다시 최남단에 외딴 섬이 있으니 마라도(馬羅島)라 합니다. 서귀포시 모슬포항에서 마라도행 정기 여객선을 타고 40분 내외가 걸립니다.

이 섬의 동쪽으로 한참 가서는 대한해협 건너 일본의 '쓰시마(대마도)'와 '나가사키현'과 마주하고, 서쪽으로는 중국의 '상하이'와 마주하는 북태평양상에 있는 작은 섬이지요. 제주 큰 섬을 향해 아주 가까운 곳에는 가파도(加波島)가 있는데 두 섬의 관계는 바로 형제 사이입니다.

옛부터 전하는 따사로운 일화가 있습니다. 서로가 주고 받을 금전이 있을지라도 '갚아도(가파도) 좋고, 말아도(마라도) 좋다'는 말씀 얼마나 가까운 사이입니까!

한편 마라도에서 바라보이는 사방팔방의 검푸른 바다와 한라산을 중심으로 동서로 쭉 펼쳐진 큰 섬의 멀리 보이는 모습은 마치 비단 치마저고리로 곱게 단장한 여인상이라 하겠습니다. 근년에 들어 국내외에서 제주도 구경 오는 분이 많아지고 있는데 그 가운데는 마라도까지 찾는 분도 늘고 있답니다. 섬을 걸어서 천천히 한바퀴 도는데 한 시간 남짓이면 충분합니다.

이 섬도 다른 작은 섬들과 마찬가지로 제주 사람들의 삶의 터전이었지요. 그러나 관의 허락을 받아 정식으로 주민이 입도한 것은 지금부터 170여 년 전인 1833년이라 합니다.

당시 대정고을(현 대정읍)에 사는 김(이름은 모름)씨가 노름으로 가산을 탕진하고 살 수가 없게 되자 이웃들이 모여 상의 끝에 마라도로 들어가 생활 터전을 삼도록 원님께 청탁을 했더랍니다. 다행히도 당시의 제주목사 심현택이 허락을 해서 살길이 열리게 된 것이지요. 그런데 이 무렵의 서민들은 굶는 이가 많았으니 김씨와 함께 가려는 사람이 줄을 이었습니다. 모슬포에 사는 강씨, 라씨, 심씨, 이씨, 한씨, 황씨 등 여러 식구가 한 배를 탔습니다.

그 후 19010(융희 4)년 나라에서는 섬의 높은 언덕에 작은 등대도 세웠습니다. 1915년에는 강점한 일제가 손을 더 썼고, 1945년 해방 후 오늘에 이르기까지는 훌륭한 등대로 키워 이제는 세계지도에도 표시된 자랑스런 '마라도 등대'가 되었지요.

한 가지 놀라운 말씀을 드리겠습니다. 제주의 역사를 기록하고 있는 《제주실록》에 보면 2천여 년 전 것으로 추정되는 청동기 말 '돌도끼'가 있다는 사실입니다. 가파도 사람 김문창이 1987년 마라도에서 '돌도끼'를 캐 문화재 당국에 제공했으니 이미 2천여 년 전에도 이곳에 사람이 살았거나 오간 적이 있다는 사실이 아니겠습니까?

그런데 지금은 총 10여 가구, 20여 명이 살고 있으며, 한가운데 세운 '가파초등학교 마라분교'에는 선생님 한 분과 학생 하나뿐이니 이를 어쩌나요? 그러나 여러분 꼭 보셔야 할 곳이 많습니다.

'대한민국 최남단비' '장군바위' '할망당' '세계 등대모형' '백년초 선인장밭' '절(기원정사)'도 있고, '교회(마라교회)'도 있고, '경로당'도 있고, '여관'도 많고, '식당'도 많으니 분명 머지않아 꽉찬 큰집이 되지 않겠습니까… 허허허….

(2008. 3-4. 아름다운 연인)

19
큰 어르신네가 그립습니다

흔히 '옛날의 10년'을 '오늘의 하루'에 비유한다. 정신없이 돌아가는 톱니바퀴 세상이니 '아차?' 한 발 늦고 보면 영영 돌이킬 수 없는 낙오자가 된다면서 서슬이 퍼렇다.

물론 바쁘기는 바쁘다. 그러나 누구나 익히 알고 있는 속담이 있지 않은가. '바늘 허리매서 쓸 수 없는 일'이다.

'합리주의' '능률본위'를 그저 앞세우다 보니 자칫 노인 공경하기를 으뜸으로 삼았던 좋은 풍속도 급격히 빛이 바래가고 있다. 집 안에서나 바깥에서나 노인들은 맥없이 푸대접을 받고 계시다.

세상의 이치가 아무리 바뀐다 해도 오랜 연륜과 거기에서 얻어진 삶의 철학이 소중하지 않은 세상은 없다.

'중심'과 '무게'와 '안정감'을 되찾기 위하여 우리는 서둘러 어른의 가르침에 귀를 기울여야 할 때라는 생각이다.

넉넉한 '시각,' 깊은 '통찰력'으로서 '자연과 인간의 섭리'를 일깨워 주셨던 큰 어른의 말씀을 다음에 적는다.

벌써 20년 전인 1972년의 가을로 기억된다. 지금은 국내외에서 유명한 관광의 명소로 되어 있는 경기도 용인의 '한국민속촌'을 세우기 위하여 부지를 정하는 등 준비단계에 있을 무렵이었다. 요즘은 교통도 편해져서 그렇게 멀다는 생각이 들지 않는데 그때만 해도 아주 궁벽진 시골이었다.

처음 이 한국민속촌을 구상하고 착공한 설립자는 김정웅이란 분이었는데 평소의 안면으로 해서 나는 자문위원이란 명색으로 준비단계로부터 관계를 맺게 되었다.

몇 군데 예정지 가운데 지금의 자리로 부지가 확정되자 김정웅 사장은 나에게 뜻밖의 제안을 해온 것이다.

당대 우리 화단의 대가이신 以堂 金殷鎬 선생님과 풍속사에 조예가 깊으신 극작가 孤帆 李瑞求 선생님께 설립부지를 미리 보여드리고 자문을 얻자고 한다. 어떤 고고학자나 민속학자보다도 두 어른께 부탁을 드려 오랜 체험을 토대로 한 슬기를 얻어내자는 것이었다.

정말로 반가운 일이었다. 평소에 가까이 지내고 있던 터라 쾌히 응락을 받아 두 어른을 모시고 시골 나들이를 하는 행운을 얻게 되었다.

널찍한 승용차의 뒷자리에 두 분이 앉으시고 나는 운전석 옆에 앉아 창밖을 내다보며 간간히 들국화가 나부끼는 길을 달리고 있었다.

모처럼의 나들이셨는지 두 어른께서는 다소 상기하시며 좀처럼 말씀이 없으시다. 그러나 막역하신 두 분 사이에 어찌 침묵이 지속될 수 있으랴.

"여보게 고범"

"왜 그러나"(괜히 퉁명스럽다)

"저기 산 좀 보게… 한낮인데도 등잔불을 환히 켜논 것 같군…!"

"싱거운 사람! 왼놈의 산에 불을 켜!"

"…허 허 저 환한게 안 보여…."

"…허 허 이 늙은 환쟁이 환장했나, 난 안 보이네!"

"뭣이! 이 늙은 광대야, 눈이 무뎠군 그려! 뭘 몰라…!"

"여보게 이당! 내 본대로 얘기해 줄까? 저기 저 자라는 소나무를 보게, 잔칫날 손주새끼들같군!"

"허허! 소나무가 손주새끼여?"

"아니 그럼 저기 어디에 불을 켰어!"

두 분은 좀처럼 양보가 없으시다. 난 멀거니 산을 바라보며 환히 불을 켜 논 밝은 산과 또 그 산 위에서 귀여운 손주들이 뛰놀고 있는 따사로운 '잔칫날'을 마음속 깊이 그려 볼 수가 있었다.

평생을 외곬수로 살아오신 두 큰 어른께서 그야말로 고매한 禪問答을 하신 것이다.

'자연과 인간의 관계' 그것은 분명히 별개이면서 또한 따로 따로가 아니다. 그것은 때로는 대립의 관계이면서 끝내는 相和로 마무리될 수밖에 없다.

두 어르신네의 말씀을 나름대로 풀이해 보면 그렇게 행복할 수가 없었다.

민속촌이 들어설 벌판과 골짜기를 돌아보신 후 돌아오는 길에 수원에 있는 어느 규모가 큰 한옥, 흔히 얘기하는 아흔아홉 칸 집을 들르시게 되었다. 앞으로 민속촌으로 옮겨질 건물이었기 때문이다.

오랫동안 손질을 하지 않았고 또 주변 집들이 '새마을 사업'이라는 것을 잘 못해서 온통 마을이 국적불명이 됐는데도 꽤나 육중한 집이었다.

샅샅이 둘러보신 후 이당께서 먼저 한 말씀하신다.

"조선집 창문으로 보이는 바깥 풍경은 더 없는 풍경화야… 옛날 목수의 눈썰미가 오늘날 환쟁이들의 안목보다 훌륭했어요…. 그림 그리는 사람들 옛날 집 찾아 창문을 통해 보이는 풍경을 꼭 마음에 담아야 해요…."

고범께서 여기에 한 말씀 보태신다.

"…집이란건 사람이 살아야지 비워 놓고 보면 그냥 못 쓰게 돼요. 참 묘한 일이지, 안 쓰면 닳지 않아서 더 오래 갈텐데 그렇지를 않아요…."

민속촌을 세우는 데 이보다 더 소중한 가르침이 어디 있을까. 그저 아쉬운 것은 그 깊은 뜻에 따르지 못했음을 두고두고 뉘우칠 뿐이다.

치아가 몹시 좋지 않으셨던 두 어른과 수원 갈비집에 들렀던 것이 엊그제만 같은데 이제는 다 저승으로 가시고 말았다. 이당께서 말씀 하셨던 잘된 조선집의 짜임새를 기억을 되살려 다음에 적어 본다.

"…앉아서 밖이 내다 보이는 주로 동남향의 창은 얕고 큰가하면, 서 북향의 창은 서서야 밖이 내다 보일 만큼 높지막하다. 그 창을 통하여 보이는 풍경들은 모두가 방 안과 바깥을 연결해 주는 마음의 통로로 구 실하고 있다. 방 안에 앉아 얕으막한 창을 활짝 열어 놓으면 눈 앞에 마 당이 보이고, 담 너머로는 대자연이 훌륭한 정원으로 다가선다. 정원을 따로 꾸미는 것이 아니라 주변의 자연을 한 마을이 함께 지니면서 각 기 창을 통해 정원으로 삼고 있는 것이다…."

위의 내용을 곰곰이 되씹으면서 다음과 같이 정리해 본다.

물은 그 담기는 그릇에 따라 모양새가 달라지듯이 사람도 살고 있 는 살림집과 또 그것을 감싸고 있는 자연환경에 따라 성품까지도 영 향을 받게 마련이다. '자연과 인간의 섭리'를 가르쳐 주려 하신 '이 당' '고범' 두 어른께서도 자연의 품으로 돌아가시고 보니 그저 삭막 하기만 하다.

(1992. 통권 33호. 인사관리)

20
토정비결 이야기

　특히 음력 정초가 되면 집집마다 심심풀이로 또는 아주 일삼아서 보는 한해의 재수를 점치는 토정비결이 있다.

　서울을 비롯한 도회지에서는 거리에서 몇백 원씩을 받고 생월생시를 일러 주면 그 해의 토정비결에 나타난 결과를 보여준다.

　해마다 몇 군데의 출판사에서 토정비결을 출판하고 있는데 다소 줄기는 하지만 아직도 만만찮은 부수가 팔리고 있다.

　그러면 먼저 이처럼 대중생활 속에 밀착·전파되고 있는 토정비결의 작자부터 알아보기로 한다.

　토정(土亭)은 호로서 본명이 이지함(李之菡)인데 조선왕조 중종 12년(1517)-선조 11년(1578) 사이에 특히 이인(異人)으로서 이름을 떨친 분이다.

　자는 형중(馨仲)이요, 호가 토정, 시호는 문강(文康), 본관은 한산(韓山)이다.

　가문도 훌륭하여 목은(牧隱) 이색(李穡)의 후손으로서 현령(縣令)을 지낸 치(穉)의 아드님이었다. 어려서 아버지를 여읜 그는 형 지번(之番)에게 글을 배웠으며 다시 화담(花潭) 서경덕(徐敬德)에게 배웠다.

　그는 비상한 두뇌와 또 해박한 학식을 바탕으로 제가잡술(諸家雜術)에 두루 통달하니 기지(奇智)·예언·술수(術數)에 관한 일화가 부지기수이다.

　또한 당대의 석학인 이이(李珥)와도 친교가 있어 성리학(性理學)을 배우라는 권고를 받았으나 마땅치 않다 하여 거절하기도 하는 등 그 야말로 남달리 괴상한 거동으로서 일생을 마친 분이다.

그러나 벼슬길에도 올랐으니 선조 6년(1573) 탁행(卓行)으로 추천이 되어 6품(品) 벼슬에 임명이 되었고 포천현감(抱川縣監)을 거쳐 아산(牙山)현감으로 세상을 떠났다. 이러한 그의 생애에도 불구하고 세상을 떠난 뒤 숙정 39년(1713) 이조판서에 추증(追贈)이 되고 문강(文康)이란 시호까지 내렸다.

이른바 잡학이라 하여 경원시했던 도참학문(圖讖學問)을 가까이 하면서 평생을 외롭게 살다 간 분이기도 하다.

그러나 《토정비결》이란 그의 저서는 조선왕조 말기 이래 일반 가정은 물론이요, 시정의 많은 사람들에게 한해를 점치는 예언서로서 큰 몫을 해오고 있다.

토정비결이란 어떤 책인가

1년 열두 달의 길흉을 보는 책인데 태세(太歲)·월건(月建)·일진(日辰)을 숫자적으로 따져 1년의 신수를 가리게 된다.

토정비결을 보려면 먼저 괘만드는 법(作卦法)을 알아야 하는데 다음과 같다.

1. 먼저 나이 수를 놓고(先置年齡數), 다음 그 해의 태세수를 합하여(再置當年太歲數), 여덟로 쪼갠 뒤(八八除之後), 그 남은 수로 상괘를 만든다(以其餘數 上卦).

2. 다음 그 해 낳은 달수를 놓되(又置當年生月數), 달이 크면 30을 놓고 달이 작으면 29를 놓은 다음에 월건수(月建數)를 합하여 여섯으로 쪼갠 후(六六除之後) 그 남은 수로 중괘(中卦)를 만들고

3. 다음은 생일수로 놓되(再置生日數) 초하루면 1을 놓고 보름날이면 15를 놓고 그 해 생일일진수를(當年生日日辰數)를 합하여 셋으로 쪼갠 후에(三三除之後) 그 남은 수로 하괘(下卦)를 만든다.

혹 쪼개고 남지 않고 꼭 맞을 때에는 쪼갠 수로 할 것.

앞의 상·중·하 3괘를 합하여 한괘상(卦象)을 이루니 144괘가 된다.

이상 아주 복잡한 수치와 계산법을 적어 본 것은 혹시 이 글을 보신 분 가운데 토정비결을 실제로 보고자 하시는 분이 있으실 것으로 생각해서이다.

토정비결 1권을 구입하게 되면 괘 만드는 법은 물론이요 태세수·월건수·일진수 등도 소상히 적혀 있다.

간단히 보는 법 공식을 적어보면 다음과 같다.

나이수+태세수÷8=답(남은 수)상괘
낳은 달수+월건수÷6=답(남은 수)중괘
그해 생일수+일진수÷3=답(남은 수)하괘

이렇게 하여 해당된 항목을 찾아보면 먼저 한 해의 신수에 대한 해설이 있고 다음에 정월부터 12월까지 월별로 또 적고 있다.

그 내용을 살펴보면 갖가지 경우의 길흉사를 이리저리 엮어 놓았기 때문에 거의가 아주 길하지도 않으며 또 흉하지도 않다.

한해의 길흉을 밝힌 데서는 아주 길하나 세목별로 들어가면 흉한 데도 많다.

토정비결뿐만 아니라 당사주라든가 별의별 점책이든 그 내용은 크게 다를 바가 없다.

세상이 흉흉할수록 무당·점쟁이가 드세게 마련이다.

오랜 내력을 지니고 있는 우리나라의 도참학(圖讖學)은 신라시대의 도선(道詵)에까지 거슬러 올라가는 것이다. 그의 오묘한 학리(學理)까지는 감히 가타 부타할 수 없지만 현실적으로는 너무도 일반대중의 심리를 요행만을 바라는 쪽으로 타락시키고 말았다.

그저 심심풀이로 보는 토정비결이라 할망정 그로 하여 당연히 노력해야 할 것을 기피하게 된다든가 이른바 터무니 없는 운수대통만을 바란다면 큰 일이 아닐 수 없다.

그런데 이러한 현상이 알게 모르게 우리의 생활인습 속에 배어 있지는 아니한가? 토정비결이란 그저 서양사람들이 정월에 카드놀이로 재수를 보는 기분으로 받아들여야 하는 것임을 강조하고 싶다.

민속이란 이름으로 지난 시대의 풍속들이 오늘에 그대로 전승되어야 한다는 생각은 민속이 지니는 참뜻을 잘못 인식한 데서 이른바 아주 큰 잘못임을 알아야 하겠다.

토정비결 또는 그 밖의 점치기들을 찾아 그것들이 오늘의 생활 속에 어떻게 전승되어야 할 것인가를 생각해 보기로 한다.

민속은 구속(舊俗)이 아니다

흔히 민속박물관이란 데를 가 보면 옛날의 유물들을 진열해 놓고 있다.

이는 서둘러 고쳐야 할 아주 잘못된 일이다. 왜냐하면 민속이란 서민대중의 습속을 이루는 말이지 옛날의 풍속을 일컫는 뜻이 전혀 아니기 때문이다. 그런데도 불구하고 민속하면 옛스러운 것으로 느끼게 된 데는 우리가 겪은 역사적 비극으로 해서이다. 즉 일제치하 36년,

그리고 그 뒤를 이은 주체성을 잃은 역사의 소용돌이로 해서 민속문화가 사회발전과 함께하지 못했다는 결과로밖에 해석되지 않는다.

이 문제는 너무도 고질적으로 되어버린 탓으로 좀 더 적극적인 설명이 필요할 것이다.

한 가지 비근한 예를 들자. 전 세계에서 무형문화재라는 것이 지정 보호되고 있는 나라는 일본·자유중국·한국 이렇게 세 나라밖에 없다는 사실을 상기해야 하겠다.

유형문화재는 나라마다 지정 보호되고 있지만 무형문화재라는 것은 없다. 예컨대 영국·독일·프랑스 할 것 없이 노래·춤·연극·의상 등은 물론이요 그밖의 모든 의식 풍속들이 사회발전과 함께 한 배를 타고 발전하고 있다. 변해야 할 것은 적당히 변하고 없어져야 할 것이 없어지면서 나름대로의 독창성만을 지키고 있는 것이다.

영국의 군악대는 무형문화재로 지정하고 있지 않지만 여전히 특이한 그들의 복장과 악곡으로서 대영제국의 군대를 이끌고 있다. 그런데 우리나라의 전통적인 군악인 대취타(大吹打)는 분명 무형문화재로 지정이 되어 있건만 우리의 국군을 이끌지 못하고 있다.

엄격히 이야기해서 경기도 용인에 있는 한국민속촌은 '조선왕조말기촌'이라 해야 마땅할 것이다.

우리가 이렇게 된 데는 지난 역사 가운데 스스로 자기 역사의 주인 노릇을 못한 동안이 있음으로 해서이다.

오늘날 다시금 민속문화 또는 민속이란 무엇인가 하는데 철저한 각성이 없다보면 미국에 잔존한 '인디언'이나 일본 북해도에 잔존하여 관광객을 대상으로 민속촌(?)의 울타리 안에서 생활을 영위하고 있는 '아이누'와 크게 다를바가 없다.

토정비결 이야기 끝에 여기까지 비약하게 된 것은 지난 시대의 유속(遺俗)이라면 그저 다 좋은 것이라는 풍조가 일부에 있는가 하면 전통적인 것은 바로 불변(不變)하는 것이라는 또 큰 잘못생각이 어느면 일반화하고 있음으로 해서이다.

전통이라는 것도 사회발전과 함께 가변(可變)하는 것임을 알아야 한다.

근년에 와서 서울을 비롯한 도회지에 무당과 점쟁이집이 성시(盛市)를 벌이고 있다.

큼지막히 간판을 내걸고 호객을 하는가 하면 네온사인으로 '○○도사'가 빙빙 돌아간다.

무당가운데 전통예술이나 의식으로 해서 중요한 대목을 보유하고 있는 분을 무형문화재의 예능보유자로 위촉하게 되면 그 가운데는 아주 나라에서 인정해 준 점쟁이로 착각하여 엉뚱한 짓을 저지르는 분이 없지도 않다.

농민 여러분께서는 오히려 능률적인 농사의 일정표가 되는 세시풍속에 따라 효율적으로 민속을 전승·발전시키고 있다고 본다. 엉뚱한 무꾸리의 장본인 무당도 점쟁이도 농촌과 어촌에는 거의 없다. 세상 풍조 따라 거의가 도회지에 모여있다.

그리고 농어촌에 남아 있는 당굿(마을굿)과 서낭굿(별신굿) 등은 무꾸리이라기보다 한 공동체의 결속과 번영을 기리는 성스러운 자리이다.

토정비결 이야기가 엉뚱한데로 흐른 감이 있으나 토정비결은 그저 기왕 보시겠다면 심심풀이 정도로 삼으시고 오히려 이 시점에서 우리가 오늘에 되살려야 할 민속과 또 없어져야 할 것, 새롭게 창출되어져야 할 것을 오늘의 생활속에서 가려내야 하는 일이 더없이 시급하고 긴요하다 하겠다.

(1986. 2. 새농민)

21
세시풍속의 현대적 수용

하루가 다르게 세상이 바뀌어 간다고들 합니다. 문물과 인심과 생활풍속이 바뀌고 있습니다. 그렇게 되는데는 분명한 이유가 있습니다. 농경사회로부터 산업사회로의 바뀜에서 오는 것입니다.

급격한 이런 현상은 구조적 변화에 그치는 것이 아니라 가치관까지 바꾸게 마련입니다. 이렇게 되고 보니 어린이, 젊은이, 장년, 노년 사이에 소통되지 못하는 벽이 생겨나게 마련입니다.

노년과 장년층은 그래도 생활주기를 전통적 세시풍속에 따르고자 하는데 비하여 청소년들은 전혀 관심도 없습니다.

이렇게 되다 보니 독창적 민속문화의 흐름까지도 변질·인멸되지는 않을까 걱정을 하게 되는 것입니다.

그러면 먼저 '세시풍속'이란 무엇인가를 알아보고, 그의 현대적 수용의 방법은 무엇일까를 살펴보기로 합니다.

세시풍속이란?

'세시'란 한해 동안의 '시절(때때: 날, 달, 명절 등)'을 뜻하는 말이고, '풍속'이란 옛날부터 한 공동체가 지켜 내려오는 남다른 습관을 말합니다.

그러니까 '세시풍속' 하면 일상생활에 있어 절기(계절)에 맞추어 관습적으로 되풀이하는 습속이라 하겠습니다. 그것은 신앙, 생산 수단, 의식주에 이르기까지 한 공동체가 역사적으로 발전하면서 얻은 전통적 행동양식으로서, 흔히 그것은 습관 또는 관습 등으로 부르고 있습니다.

풍속이란 생활공동체에 따라서 서로 같지 않기 때문에 한마디로 이 것이요 하고 설명하기는 어렵습니다.

첫째로, 자연 조건에 따라 다르니, 산악, 평야, 해변, 습지, 건지, 섬 등으로 나뉘며, 기후로도 열대, 아열대, 온대, 아한대, 한대에 따라서 기본적으로 행동 양식이 다르게 마련입니다.

둘째로, 생산물 생산 방법에 따라 다르게 나타나는 것이니, 우리가 어느 민족 또는 국가의 생활사를 살필 때, 수렵, 농경, 어로 등을 먼저 가리킴도 바로 그 때문입니다.

셋째로, 위와 같은 여건에서 생활을 영위해 나가는 동안 주변의 다른 공동체들과의 대립과 교류관계가 또한 하나의 풍속을 이루는 데 큰 작용을 합니다.

이렇게 놓고 볼때, 풍속이란 자연의 터전 위에 인간이 스스로의 역사를 발전시켜 오는 가운데 얻어낸 하나의 규범이라 해서 틀림이 없겠습니다.

흔히 아주 먼 나라의 풍속이 괴상함을 말알 때, 서로 코를 잡는 인사법, 뺨을 치는 인사법을 흉내내며 우스워합니다. 그러나 그쪽에서 볼 때, 맥없이 손을 잡고 흔드는 '악수' 장면이나, 엎드려 땅바닥에 머리를 대는 것을 보면 역시 같은 웃음이 터질 것입니다.

이제는 서로 다른 문화권 사이에 왕래가 잦아짐으로써 세계가 이웃처럼 되어간다고 하지만 아직도 서로 다른 생활공동체의 풍속은 각기 특성을 지니고 있습니다.

역시 한 공동체가 역사적인 맥락에 따른 자기 존립과 발전을 하기 위해서는 전통적인 독창성이 바탕으로 되어야 하는 것이기 때문이겠습니다.

여기서 한 가지 주의할 점은 오늘에 살아 있는 풍속과 옛 풍속인 고속(古俗)을 혼동해서는 안 된다는 것입니다.

흔히 '세시풍속'이니 '민속'이니 하면 오늘의 풍속이 아니라 옛날의 것, 또는 옛스러운 것으로 잘못 인식하는 경향이 있습니다. 이렇게 된 까닭은 바로 우리의 근대화하는 것이 다분히 자생적이지 못한데서 비롯된 것임을 알아야 합니다. 이러한 현상은 1900년대 초, 이른바 근대화의 물결을 무비판 · 무방비적으로 받아들인 데 있겠습니다.

그런데 오늘의 형편은 어쩐지 되묻지 않을 수 없습니다. 지금 이 시간에도 서양 흉내를 내는 것이 개명한 사람의 자랑인 양 잘못 인식되고 있기에 말입니다.

단절됨이 없이 면면히 역사의 주인노릇을 한 민족의 풍속은 항상 현재성을 지니는 것인데, 그렇지 못한 민족이나 국가의 풍속은 자칫 현실과 동떨어져 옛스러운 것으로 뒤지게 됩니다.

우리의 경우가 바로 그러하니 서둘러 고쳐 나가야 할 일입니다.

접목(接木)과 수용(受容)의 차이

요즘 '문화 · 예술'을 발전시키는 데는 전통과 현대를 접목시켜야 한다는 말을 자주 쓰고 있습니다.

'접목'이란 '나무의 접붙임'을 뜻합니다. 접목을 하려면 일단 대목(臺木)이 있어야 합니다. 그 대목의 질을 높이기 위해서 아접(牙接)이나 지접(枝接)을 하는 것인데, 이때 반드시 대목의 생명에 지장을 주어서는 안 됩니다.

그러면 '수용'이란 무엇인가, 쉽게 '받아 넣어 담는 것'을 말합니다. 설명을 하자면, 일단 받아 먹고 피와 살이 되는 것만 흡수하고 맞지 않는 찌꺼기는 배설해 버리는 것입니다.

이제까지 살펴본 바를 전제로 하여, '세시풍속의 현대화'를 생각할 때 그것은 당연히 '접목'이 아니라 '수용'의 과정을 거쳐 가능한 것이겠습니다.

돌이켜 보건대 1900년대 초, 당시 지식층의 일부는 '현대'에 대한 개념을 잘못 인식하고 있었습니다.

[현대화(당시는 근대화라 했다)=서구화]라는 등식을 신조처럼 믿었던 것입니다.

우리의 현대화란 우리의 전통이 바탕이 되는 현대화여야 하는데, 주객이 바뀐 꼴이 되고 말았습니다.

이 글을 마무리 해야겠습니다.

지난 시대의 세시풍속이 오늘의 생활주기와는 걸맞지 않는 것이 사실입니다. 농경사회와 산업사회와의 차이에서 오는 것임은 말할 나위도 없습니다. 그러나 우리의 전래하는 세시풍속이 지닌 이웃사랑의 '공동체의식'만은 꼭 오늘의 세시풍속 가운데 다시 살아나야 합니다.

구체적인 예를 하나 들겠습니다. 한가위 명절의 숨은 뜻은 '나눔'에 있습니다. 명절음식을 서로 나눴던 '반기(음식을 이웃간에 나누다)'의 정신이 메말라져 가기만 하는 산업사회의 각박함을 극복해 줄 수 있겠기에 말입니다.

온고지신(溫故知新)이란 '옛것을 익혀 그것을 미루어서 새것을 창출함'을 뜻합니다. 구닥다리라 그냥 버릴 것이 아니라 '온고지신' 하기 위하여 서둘러 살펴야 하리라는 생각입니다.

(1994. 9. 국제상사)

22
겨레의 얼굴 – 탈
– 어제·오늘 그리고 내일로 이어질 얼굴들 –

1. 탈이란?

우리 말에 '탈나다' 라는 말이 있다. 음식을 잘못 먹어 배가 아플 때도 '배탈'이 났다 하고 다친 곳이 덧나도 '탈났다'고 한다.

즉 탈이란 '뭔가 꺼림직한' 일상상에 있어서의 변고를 뜻한다.

실상 우리 민족은 탈이란 것을 생활 주변 가까이 두기를 꺼렸었다. 장례 때 쓴 방상씨(方相氏)는 물론이요, 한 마을의 '지킴이'로 모셔졌던 탈들도 마을에서 좀 떨어진 '당집' 안에 두었지 절대로 방 안에 걸어 놓는다든가 하는 일은 없었다.

탈놀이가 끝나게 되면 어느 고장에서나 불에 태워 없애는 것이 놀이의 마무리인 양 꼭 지켜왔다. 탈에는 갖가지 액살이 잘 붙는 것이니 태워 버려야 한다는 것이 오랜 속신으로 여겨왔다.

이처럼 탈은 우리 민족에 있어 어느 면 섬뜩하고 경계되는 대상이었으나 그러함에도 전국 어디에서나 만들어지고 있었으며 놀이화되었다. 그런데 이런 현상은 비단 우리에게만 있는 것이 아니라 역사가 오래된 민족에게서 공통적으로 발견되는 것이기도 하다.

그렇다면 왜 인간은 이렇듯 제 얼굴이 아닌 또 다른 모습의 얼굴인 탈을 쓰게 되었을까?

그 원초적인 궁금증을 풀어 보자.

흔히 탈의 기원을 말할 때, 원시공동체 사회에서의 제천의식에서 찾고 있다. 인간은 탈을 씀으로써 비로서 신이 된다. 그리하여 인간 스스로 해결하지 못했던 질병이나 죽음, 그리고 갑작스런 자연 재해를 신의 모습을 빌려 해결해 보려는 수단으로 탈을 이용하게 되지 않았을까 하는 의견이 있다. 이때 탈은 신과 인간을 이어 주는 상징적 매개물로서 '신앙적 기능'을 지닌다.

또 다른 의견으로 짐승을 잡기 위한 위장용으로나, 전쟁을 할 때 탈이 긴요한 구실을 했을 것으로 믿어지는 수렵을 위한 탈, 즉 '생산적 기능'으로서의 기원을 주장하기도 한다.

예를 들어 신라 지증왕(智證王) 13년에 신라 장수 이사부(異斯夫)가 우산국(于山國, 오늘날의 울릉도)을 징벌할 때 나무사자(木偶獅子)를 썼다는 기록이 있다. 이것은 탈이라기보다는 인형으로 분류되긴 하지만 전쟁에 사용되었다는 것을 보여준다.

이렇게 놓고 볼 때 탈의 기원은 이렇듯 '신앙적 동기'와 '생산적 동기'로 짐작하여 구분하였으나 따로 떼어서 생각하는 것보다는 양자를 포괄적으로 이해하는 것이 옳을 것이다.

한편 이 방면의 전문가들은 탈을 다음과 같이 분류하고 있다.

제의(祭儀)에 모셔졌던 신앙성을 띤 탈로서는 신성탈(Moly Mask), 벽사탈(Demon Mask), 영혼탈(Spiritual Mask) 등이 있고, 이밖에도 죽은 사람을 본떠서 만든 추억탈(Memorial Mask)이 있는가 하면 '토템' 숭배에서 나타나는 '토템' 동물로 분장하기 위한 토템탈(Totem Mask), 또 비가 내려주기를 기원하는 기우탈(Rain Making Mask)도 있는데, 이것들은 서로 다른 것이라기 보다는 상호 보완적 관계를 지니고 있다.

이후 오락성을 띠면서 생겨난 예능탈(藝能假面)로는 크게 춤탈(舞踊

假面)과 연극탈(演劇假面)로 분류한다.

이처럼 다양한 탈들이 우리나라에도 지방마다 고루 전승되어 지금
도 풍부한 '탈 유산'을 지니게 되었다.

2. 우리 탈의 역사

'탈은 왜 만들어졌을까?' 라는 의문은 앞서 인류사와의 관계에서
간략히 짚어 보았지만, 우리나라의 탈 역시 이러한 전제에서 찾아볼
수 있다.

즉 신석기시대와 청동기시대의 유물로 추측되는 인물상이나 동물
상들을 통하여 탈의 흔적으로 보는데 특히 가족, 씨족이나 마을을 수
호하는 신의 형태로 빚어진 조형물들에서 어떤 연관성을 유추해 보는
것이다.

탈놀이를 다루고 있는 문헌 기록 중 오래된 것으로 《삼국사기》 권32
〈잡지(雜志)〉에 보이는 최치원의 《향악잡영(鄕樂雜詠)》을 들 수 있다.
즉 신라시대의 '오기(五伎, 金丸, 月顚, 大面, 束毒, 狻猊)'로서 가무
백희를 설명하고 있는 대목이다. 그 중 '대면'에서 "누런 금빛 탈을
썼다…"라는 시구(詩句)가 나오는데 이것은 당시 황금면이 있었던 것
을 암시하고 있는 것이다.

한편 우리나라에서 지금까지 발굴된 탈 중 가장 오랜 것으로 알려
진 것은 6세기경 신라시대의 '목심칠면(木心漆面)'으로 1946년 경주
에서 출토되었는데 나무에 칠을 하고 눈은 황금으로 점을 박았으며 방
상씨와 같이 귀면(鬼面) 형상을 하고 있다. 이것이 바로 대면에서 쓰
인 황금면과 같은 계통의 탈이 아닐까 추측이 되는 것이다.

그러니까 우리나라의 탈의 기원은 적어도 삼국시대 훨씬 이전이 된

다. 이제 고구려, 백제, 신라의 삼국시대와 고려, 조선의 탈을 순서대로 짚어가 보자.

고구려

고구려 고분이나 벽화를 보면 당시의 춤이나 음악을 그대로 접하는 듯 고구려인의 빼어난 미적(美的) 슬기를 느끼게 된다.

고구려인들은 이미 4세기 이전부터 마상재(馬上才), 칼싸움, 막대기와 공을 던지는 농환(弄丸) 등의 잡희가 성했으며, 《고려사(高麗史)》에는 고구려 가악(歌樂)의 명칭이 기재되어 있다.

고구려악은 당시 중국을 풍미한 서역악, 곧 악기뿐만 아니라 탈춤까지 고루 수용함으로써 좁은 의미의 음악만을 가리키는 것이 아니라 '악(樂)' '가(歌)' '무(舞)'가 함께 어우러지고 있다. 이것은 이후 조선조의 연화대(蓮花臺)에까지 전승되고 있음을 본다.

백제

고구려, 신라와는 또 다르게 독창적인 문화를 유지하고 발전시켜 온 백제는 특히 지리적으로 왕래가 용이했던 중국 남조(南朝)의 여러 왕조와 교류함으로써 빠른 시기에 그들의 문화를 받아들이기 시작했다.

이러한 과정을 보여주는 기록으로 《일본서기(日本書紀)》에 보면 백제 무왕(武王) 13년(612)에 백제 사람 미마지(味摩之)가 기악(伎樂)을 남중국의 오(吳)나라에서 일본에 전했다고 기록되어 있어, 백제의 기악이 일본으로 전해졌음을 알 수 있다.

일본의 기악은 익살스러운 춤과 몸짓으로 연출하는 10과정(科程)으로 된 재담없이 발림으로만 엮는 탈놀이(假面默劇)의 형태를 띠고 있으나 이 역시 우리나라에 전승되는 산대놀이와 같은 계통으로 생각되는 것이다.

한편 우리나라의 경우는 발림굿(默劇)인 기악에서 대사극으로, 신앙성을 띤 놀이에서 세속적인 놀이(예컨대 산대놀이)로 발전하여 오늘에 이른 것이 아닌가 한다.

신라

한가위나 팔관회에서 연희되었던 신라악들은 다분히 중국의 '산악백희'의 영향을 입은 것으로 추측된다.

그 대표적인 것으로는 크게 검무(劍舞), 무애무(無㝵舞), 처용무(處容舞) 오기(五伎)를 꼽을 수 있고(이 가운데 무애무만이 탈춤이 아니다) 여기서는 검무와 처용무를 중심으로 신라악을 설명하기로 한다.

〈검무(劍舞)〉

검무의 유래는 신라의 황창(黃倡 또는 黃昌)이란 일곱 살 소년이 검무를 빙자하여 백제왕을 죽이고 목숨을 잃었으므로 신라인들이 이를 가상히 여겨 이 놀이를 시작하였다고 문헌에 전하고 있다. 그러나 일설에는 황창은 관창(官昌)의 와전일 것이라 했는데 신라 품일(品日) 장군의 아들 관창이 소년 용사로서 태종왕(太宗王)대에 백제 공격에 참전하여 용감히 싸우다가 백제의 계백 장군에게 피살된 사실과 관련시키기도 한다.

이 춤은 단순한 모의무(模擬舞)이나 검술의 묘기에 그치는 것이 아니라 탈을 쓰고 연희하는 연극성이 짙은 탈놀이였다.

〈처용무(處容舞)〉

신라 헌강왕 때의 처용설화에서 비롯되었다고 하는 이 춤은 우리나라의 뿌리 깊은 토착신앙과도 관련된 이야기를 담고 있다.

즉 처용은 본디 동해 용왕의 일곱 아들 가운데 한 분으로 헌강왕을 따라 경주로 와서 벼슬도 하고 아내도 얻었는데 아내가 외간 남자(나쁜 귀신)와 동침하는 것을 보고 꾸짖기는커녕 '처용가'를 불러 뉘우쳐 물러나게 하였다. 이러한 일이 있은 후로 신라 사람들은 처용의 형상을 만들어 대문 위에 걸어 놓음으로써 나쁜 귀신을 쫓았다 한다.

이 처용설화는 실제로 신앙성을 띤 주술 전승(呪術傳承)으로 일상생활 속에 전해지는 가운데 그 형상인 '처용탈'이 신앙적 상징물로 떠받들어지면서 굿에서 탈춤놀이로 발전하여 후세에 전해지고 있다.

고려

고려는 국가의 명절과 불교 행사에 있어 매우 규모가 크고 횟수 또한 잦았는데 그 가운데서도 '팔관회(八關會)'와 '연등회(燃燈會)'는 대표적인 것이었다.

이때에는 다같이 등불을 환히 밝혀 '채붕(綵棚; 오색 비단으로 장식한 다락 곧 장식한 무대)'을 설치하고 가무백희로 큰 잔치를 베풀어 부처님과 천지신명을 즐겁게 하여 왕실과 백성들의 태평을 기원했다.

〈산대잡극(山臺雜劇)〉

불교가 전래된 이후 신라 때부터 무속신앙이 기반이 되어 서민놀이와 외래종교인 불교의 영향으로 발전하게 된 이 놀이는 고려시대에는 연등회나 팔관회 같은 국가적인 큰 행사에서 연희되었다.

여기에는 처용무, 곡예, 불꽃놀이 등 다양한 잡희와 함께 산대놀이가 펼쳐졌던 것으로 문헌에 기록되어 있다.

〈나희(儺戲)〉

음력 섣달 그믐날 밤에 민가와 궁중에서 마귀와 사신(邪神)을 쫓아내기 위하여 베풀던 의식으로, 처음에는 단순히 구나의식에 불과했던 굿이었으나 나중에 창우(倡優) 또는 광대 심지어는 무격(巫覡)들의 놀이로까지 확대되었다.

역대 왕들의 비호를 받으며 벽사의 굿으로 발달된 이 놀이는 국가에서 관장하였으며, 이때에는 '오방귀무(五方鬼舞)'와 같은 제사춤을 비롯하여 '곡예' '탈놀이' '답교' '처용무' '백수무(百獸舞)' 등을 펼쳤다. 이 가운데 곡예와 답교 외에는 모두 탈놀이로 짐작된다.

조선조

조선에 와서도 연등회와 팔관회 등의 의식이 완전히 없어지지는 않았지만 다만 종교적 의미가 약화되면서 산대잡극이나 나례쪽으로 변화되는 과정을 겪는다. 산대놀이는 산대에서 노는 온갖 놀이라는 뜻으로 나례도감(儺禮都監) 또는 산대도감(山臺都監)이 관장하였으며 음악과 춤을 곁들인 놀이라는 측면에서 '나례' '나희' '산대나희' '산대잡희' 등 여러 이름으로 불려졌다.

궁중의 산대놀이는 경비가 많이 소요되고 유교적 도덕성에 어긋난다는 이유로 인조 12년에 일시 중단되기도 했었다.

〈산대나희(山臺儺戲)〉

조선의 산대놀이는 줄타기, 방울받기, 곤두박질, 토화(吐火) 등으로 연출되는 탈놀이와 무용, 곡예인 규식지희(規式之戲)와 즉흥적인 재담이나 화술로 어떤 사건이나 상황을 연희하는 소학지희(笑謔之戲), 그리고 악공(악사)들의 음악 등의 3부 행사로 나누어진다.

이러한 산대나희는 풍요를 기리고 귀신을 쫓는 나례로서, 그리고 외국사신 영접이나 조정의 각종 행사에는 꼭 빠지지 않았던 절차로 이어져 왔으나 양난(임진왜란, 병자호란)을 겪으면서 더 이상 관청의 지원을 받지 못하게 된 '도감패'들은 뿔뿔이 흩어져 차츰 세력을 잃고 말았다.

그러한 와중에서도 산대놀이의 광대들은 그들의 주거지를 중심으로 여러 개의 놀이패를 조직하여 오늘날까지 그 맥을 전승해 내고 있다.

〈조선의 처용무, 학무〉

그 연원을 신라시대로 거슬러 올라갈 수 있는 처용무는 많은 변천 과정을 거치고 있다.

처음에는 한 사람으로 하여금 붉은 탈과 검은 옷에 사모(紗帽)를 쓰고 춤추게 했으며, 그 뒤에는 중국의 '오방무'의 영향을 받아 '오방처용무(五方處容舞)'로 확대되고, 이후에는 다시 학연화대처용무합설(鶴蓮花臺處容舞合設)로 가무극화(歌舞劇化)된 것으로 보인다. 이렇듯 처용무는 조선조에 들어와서도 대표적인 탈춤이었으나 지금은 처용무, 학춤이 거의 별개로 추어지고 있다.

3. 탈의 분류

탈의 유래에서 먼저 밝힌 바 있으나 흔히 탈을 분류할 때 '신앙탈'과 '예능탈'로 나누는 것이 일반적이다.

먼저 신앙탈이란 그 탈에 제사를 지내거나 어떤 소망을 기원하기도 하고 지킴이로써 받들기도 하는 것인데 대개의 경우 일정한 장소에 모셔둔다. 귀신을 쫓는 의식에서 쓰는 구나면도 있다.

예능탈은 주로 춤추고 굿(연극이라는 뜻)하고 놀이할 때 얼굴에 쓰는 것으로 그 종류도 다양하다.

놀이탈은 '양반광대놀이' '비비새놀이' '소놀이굿' '거북놀이' 등에서 보이듯 다분히 즉흥적으로 만들어지는 것들이 있다. 그러나 이처럼 세 분류로 나누기는 했지만 실제로 이 세 가지 성격이나 기능을 복합적으로 지니고 있는 것이 우리 탈의 특성이 아닌가 싶다.

예를 들어 처용탈은 귀신을 쫓는 기능을 하면서 '춤탈'로 분류되기도 한다. 또한 '소놀이굿' '거북놀이' '범굿' 등에 등장하는 소, 거북, 범 같은 탈은 신앙성을 지니면서, 놀이 그리고 춤, 음악 등 온갖 연희성을 함께 하는 복합성을 이루고 있다.

이를 다시 세분해 보면 다음과 같다.

첫째, 신앙탈에도 여러 종류가 있는데 일정한 처소를 설치해 두고 제사만을 지내는 신성탈('광대씨탈' '창귀씨탈' 등)과 악귀를 쫓아내기 위하여 쓰는 구나탈('방상씨탈')로 나눌 수 있다.

둘째, 예능탈은 춤을 출 때 얼굴에 쓰는 춤탈('처용무탈'), 연극할 때 쓰는 연극탈('산대탈놀이의 탈' 등)과 또 민속놀이할 때 쓰는 놀이탈('범탈' 등)이 있다. 우리의 탈은 거의 전국적으로 분포되어 있는데 대표적인 것만을 살펴보면 다음과 같다.

북쪽으로부터 '북청 사자놀음'이 있고, 탈의 고장인 해서(海西, 황해도)의 '봉산탈춤' '강령탈춤' '은율탈춤' 그리고 중부 지방의 산대(山臺)놀이로써는 '양주 별산대놀이'와 '송파 산대놀이'가 있다.

경상북도의 '하회 별신굿 탈놀이,' 경상남도의 '고성오광대' '통영오광대' '가산오광대,' 부산의 '수영 들놀음'과 '동래 들놀음'…. 이밖에도 강원도 강릉의 '관노 탈놀이'를 비롯해서 '남사당패'의 '덧뵈기'가 있고, 굿판에서 쓰고 있는 '범탈'을 비롯한 '열두띠(十二支)탈,' 풍물패(농악대)가 쓰고 있는 '양반광대' 들까지 합친다면 줄잡아 300

여 종의 탈유산이 오늘에 전하고 있다.

이러한 우리의 탈 유산 가운데 자랑스럽게도 지난 1964년 국보(제121호)로 지정되어 있는 것이 있다.

경상북도 안동군 하회동에 전승되던 '하회(河回) 별신(別神)굿탈' 아홉 점과 이웃 마을인 병산의 '병산(屛山)탈' 두 점을 합친 열한 점은 우리의 탈 가운데 국보로 지정되어 있는 자랑스런 유산이다.

아마도 11세기 무렵의 작품이 아닌가 추측되는 이 탈들의 섬세하면서도 대담한 표현은 놀라움을 금치 못하게 한다.

하회탈은 원래 현존하는 9종(각시, 양반, 부네, 중, 초랭이, 선비, 이매, 백정, 할미) 외에 떡달이, 별채, 총각의 3종이 더 있었으나 일제강점 시기 없어진 것으로 전한다. 이 탈들은 배역에 따라 그의 성격들이 함축되어 희로애락을 안으로 머금고 있으니 그야말로 살아 있는 피조물이라 하겠다.

특히 턱을 따로 떼어 끈으로 연결함으로써 재담(대사)을 하면 얼굴 전체가 표정을 갖게 하는 등 탁월한 기능까지도 갖추고 있다(하회탈 중양반, 선비, 백정). 또한 턱이 없는 이매는 하회탈을 만들었다는 전설적 주인공 허도령이 갑작스런 죽음으로 인하여 미완품이 되었다고 전한다. 2개의 병산탈은 병산 마을에서 전래하던 것인데 하회탈과는 작풍(作風)이 전혀 다르다.

한편 1980년 하회 별신굿 탈놀이의 '주지탈' 2점이 국보로 추가되었다. 현재 하회, 병산탈은 국립중앙박물관에 보관되어 있으며 '하회별신굿 탈놀이'는 중요무형문화재로 지정되어 있다.

'방상씨(方相氏)'란 악귀를 쫓는 탈을 뜻한다

중요 민속자료 제16호로 지정되어 있는 '방상씨 탈'은 장례행렬의 맨 앞을 이끌면서 잡귀와 잡신을 쫓는 역할을 한 조선시대의 유일한 유물이다. 창덕궁에 보관되어 온 이 탈은 궁중에서 쓰였던 것으로 전한다. 그 크기가 높이 72센티미터, 너비 74센티미터나 되는 것이니 수레에 태워 상여의 앞에서 '길할애비' 역할을 했다. 그러니까 얼굴에 쓰는 것이 아니다. 둥그런 눈이 넷, 입은 볼 위까지 찢어졌고, 이마와 양볼에는 굵은 주름살이 져 있어 귀면상(鬼面相)을 하고 있지만 얼굴 전체에 잔잔한 미소를 머금고 있어 무섭지만은 않다.

4. 탈놀이의 탈들

현재 전국에 전승되고 있는 탈들을 중요 무형문화재로 지정되어 있는 종목별로 분류하면 산대놀이, 해서(황해도)탈춤, 오광대(五廣大), 들놀음(野遊), 서낭굿, 탈놀이, 유랑광대 탈놀이, 사자놀이, 소굿놀이 등으로 나눌 수 있다.

이 분류에 따라 주로 각 탈놀이 가운데 독특한 탈들을 살펴보기로 한다.

산대놀이

산대놀이는 서울과 경기도 중심의 중부 지방에 전승되어 온 탈놀이의 이름인데 '본산대' 라 일러오던 '애오개' '녹번' '사직골' 등지의 놀이는 전하지 않고 현재는 양주 별산대놀이(제2호, 1964년 지정)와 송파 산대놀이(제49호, 1973년 지정) 두 가지가 있을 뿐이다.

우리나라 중부 지방에 전승되고 있는 이러한 산대 계열의 탈들은 모두 나무에서 바가지로 그 재료가 바뀌었지만 다행히도 서울대학교 박물관에 보관되어 있는 '본산대탈' 에서 우리는 산대탈이 지녔던 본디의 모습을 확인하게 된다.

'샌님'과 '미얄할미' 그리고 '애사당'과 '포도부장'이 벌이는 봉건적 가족제도의 모순은 그들의 얼굴만 보아도 충분히 짐작이 갈만큼 아주 적절하게 표현되어 있다. 그런가 하면 '노장'과 '상좌' 그리고 '팔먹중' '옴중' '목중' 들이 등장하여 당시의 종교상과 사회상을 신랄하게 고발하고 있는데, 그 표정들 역시 지금 세상에도 어느 구석에선가 발견할 수 있을 것만 같다.

눈을 떴다 감았다 하는 '눈끔쩍이'와 연 이파리를 머리에 뒤집어 쓴 '연잎'의 모양새와 문양들은 멀리 서역(西域)과의 연관을 점치게 하면서, 우리나라 탈놀이의 연원이나 유입 경로를 짐작케 한다.

한편 산대도감이라는 탈꾼패들이 놀았던 탈놀이의 이름인 '산대도감극'의 나무탈(서울대학교 소장, 17점, 말뚝이 1점은 바가지탈)들의 이름은 다음과 같다.

1. 상좌 2. 옴중 3. 목중 4. 연잎 5. 눈끔적이 6. 왜장녀 7. 노장 8. 애사당 9. 취발이 10. 말뚝이 11. 원숭이 12. 샌님 13. 포도부장 14. 신할아비 15. 미얄할미 16. 팔먹중 17. 먹중

해서탈춤

황해도 일원에 전승되어 오는 탈놀이를 흔히 '해서탈춤'이라 한다.

분포 지역을 보면 서쪽 평야지대인 사리원을 중심으로 한 황주와 안악, 재령, 신천, 장연, 은율 등지의 탈춤과 해안지대인 해주, 강령, 옹진, 송림 등지의 탈춤으로 크게 구분한다. 현재 중요 무형문화재로 지정을 받은 해서탈춤으로는 '봉산탈춤(제17호, 1967년 지정)' '강령탈춤(제34호, 1970년 지정)' '은율탈춤(제61호, 1978년 지정)'인데 그 최초의 보유자들은 지금 거의 세상을 떠나고 후계자들이 뒤를 잇고 있다.

먼저, 봉산탈춤의 '취발이'의 모습을 보자. 굵은 주름에 우람한 혹들, 붉은 바탕의 얼굴이 힘꾼임을 나타내고 있다. 한 움큼의 풀어진 머리는 아직 상투를 틀지 않은 총각의 표시란다. 파계승과 양반들을 욕먹이는가 하면, 중이 데리고 놀던 젊은 여자인 소무를 빼앗아 아들을 얻는다. 귀면상의 우락부락한 얼굴에 활달한 춤을 추니 봉산탈춤의 배역 가운데서 가장 씩씩하다. 힘센 상놈의 표상이라 할 만하다.

'미얄할미'는 그냥 '미얄'이라고도 부르는 영감의 늙은 마누라이다. 검푸른 바탕에 무수한 흰 점은 구박받고 시달린 큰마누라의 애절함을 나타낸다. 바람둥이 영감은 오랫동안 팔도유람만 다니다가 작은마누라 덜머리집을 데리고 돌아오니 미얄할미는 더욱 속이 상한다. 그뿐인가 덜머리집과 말다툼 끝에 매맞아 죽게 되니 봉건적 일부다처제로 해서 희생된 대표적인 비애의 여인상이라 하겠다.

강령탈춤의 '미얄'은 또 어떠한가. 재료나 만드는 법은 봉산과 같으나 얼굴 바탕이 검은데다 큰점, 붉은 입술 등 하나하나는 강렬한데도 이것들이 조화되면서 오히려 애절한 노파로 보임은 이 탈이 지니는 빼어난 표현술이다.

은율탈춤에서는 여덟 목중 중의 하나인 '팔목'과 '새맥시(황해도 방언으로 새아씨)'에 주목해 보자. 파계승들인 팔목은 큼지막한 세 개의 혹이 더욱 탐욕스러움을 나타낸다. 또한 정숙한 듯한 양반의 새맥시가 말뚝이와 놀아나는가 하면 원숭이와도 수작을 부리니 겉 다르고 속 다른 요부 중의 요부이다.

오광대

경상남도 낙동강 서쪽 연안에 폭넓게 전승된 탈놀이를 오광대 또는 오광대놀이라 한다. 낙동강 상류의 초계 밤마리에서 비롯된 탈놀이의 한 분파이다.

'오광대'란 다섯 광대의 놀이, 또는 다섯 마당으로 이루어진 놀이라는 뜻에서 지어진 이름이라 하기도 한다. 현재 '통영오광대(제6호, 1958년 지정)' '고성오광대(제7호, 1964년 지정)' '가산오광대(제73호, 1980년 지정)'가 중요 무형문화재로 지정되어 있다.

비록 지금은 없어지고만 '진주오광대'는 몇 점의 종이탈이 국립민속박물관에 보존되고 있다. 이 중 '어딩이'는 뻗어나온 송곳니가 도깨비상 같다. 그러나 탈꾼의 매무새는 반신불수이고 초라한 차림인데 양반과 노름꾼을 혼내는 것을 보면, 다른 탈놀이에서의 '영노'나 '비비'와 흡사한 데도 있다. 입 안이 빨개서 더욱 섬뜩하다. 두꺼운 종이를 오려 손쉽게 만드나 소박하면서도 토속미가 있는 것이 특징이라 하겠다.

또한 가산의 오광대의 '작은 양반'은 양반 삼형제 중의 한 사람으로 허세를 부리나 바보스럽기만 하다. 시시콜콜 말참견을 하는데 종인 말뚝이에게 조롱만 당한다. 용모만은 관도 쓰고 수염도 의젓하나 어리석기만한 양반이다.

야류(野遊)

'야류'는 우리말로 '들놀음'이라 하며 현지의 일반인들도 거의 들놀음으로 부르고 있다. 이 탈놀이를 무형문화재로 지정할 때 야류라는 명칭을 썼기 때문에 할 수 없이 야류로 통하고는 있지만 어느 땐가는 들놀음으로 바로잡아야 할 것이다.

이 탈놀이는 경상 우도에 속하는 부산의 동래, 수영, 부산진 등지에 전승되어 온 것인데 지금은 '동래'(제18호, 1967년 지정)와 '수영'(제43호, 1971년 지정)의 두 들놀음이 중요 무형문화재로 지정되어 오늘에 이르고 있다.

동래 들놀음의 '말뚝이'는 그 크기로 해서나 생긴 모양이 끔찍스럽기로 우리나라 탈 가운데 첫 손가락에 꼽힌다. 말뚝이면 역시 양반의 종에 불과한데 크기도 양반의 다섯 곱은 실하려니와 코는 열 곱도 넘는다. 너풀거릴만큼 큰 귀도 부처님 귀를 뺨칠 만하다. 이 말뚝이가 말채찍을 휘두르며 굿거리 느린 장단에 '덧백이 춤'을 추는 모습은 절굿대로 땅을 짓이기는 형상이다. 동래 들놀음에 나오는 숱한 양반 형제들이 이 말뚝이의 널푼수 있는 풍채에 눌려 아주 왜소해지고 만다.

서낭굿 탈놀이

서낭은 마을을 지키는 신이며, 서낭당은 그 서낭이 계신 곳이다. 이곳에서 제를 올리는 '서낭굿'은 마을로 들어오는 액이나 잡귀를 막고 풍요를 기원하는 굿이다. 이러한 서낭굿이기에 여기에서 함께했던 탈놀이는 민간 연극 가운데서도 가장 민중성을 띤 것임은 말할 나위가 없다.

그러면 여기서 한 고을의 큰 당굿인 강릉 지방의 '단오굿'에서 놀아지는 '강릉 관노 탈놀이(제13호, 1967년 지정)'를 예로 들어 살펴보자.

보통 다른 지방에서는 일반인들이 탈놀이를 하나 이곳에서는 관노들이 했으며 언제 시작되었는지 그 기원은 알 수는 없으나 조선조 말에 소멸되었다 한다. 탈은 피나무 또는 오동나무로 만들었다고 하며 '장자마리(포대탈)'는 천을 몸 전체에 쓰고 나와 엄밀히 말해 탈이 아닐 수도 있으나 양식화된 탈로 생각할 수도 있는 것이다.

뜬광대 탈놀이, 남사당 덧뵈기

흔히 광대를 대령광대와 뜬광대로 나누는데, 현재 유일하게 전하는 뜬광대 탈놀이인 '남사당 덧뵈기'를 살펴보기로 한다.

남사당놀이는 여섯 가지가 있는데 순서대로 풍물(농악), 버나(대접 돌리기), 살판(땅재주), 어름(줄타기), 덧뵈기(탈놀이), 덜미(인형극, 꼭 두각시놀음)로써 다섯번째 순서인 덧뵈기는 '덧(쓰고) 본다' '곱본다' 는 뜻에서 붙여진 이름이라 한다. 춤보다는 재담과 발림(연희)이 우세 하게 나타나는 풍자극으로 다분히 양반과 상놈의 갈등을 상놈의 편에 서 의식적인 저항의 형태로 나타내고 있다. 덧뵈기탈은 우선 바가지 위에 종이떡으로 요철(凹凸)을 나타내고 눈구멍과 입구멍을 뚫은 다음 칠은 아교, 백분 등을 배합하여 만든 '아교단청'으로 한다.

사자놀이-북청사자놀음

북청 사자놀음(제15호, 1967지정)은 독립된 사자놀이로서 무형문화 재로 지정된 유일 종목이다. 그러나 단편적인 사자놀이는 해서 탈춤, 들놀음 등에서도 보이므로 그 전승 지역은 가히 전국적이라 하겠다.

놀이꾼은 사자, 꺽쇠, 양반, 꼽추, 길라잡이, 애원성 춤꾼, 거사 춤꾼, 사당 춤꾼, 칼 춤꾼, 무동, 승무 춤꾼, 중, 의원, 영감 등이 있는데 이 가운데 탈을 쓰는 사람은 5명으로 양반, 꺽쇠, 꼽추, 길라잡이, 사자 (2) 등이다.

여기서 사자는 흔히 한 쌍이다. 사자탈은 머리 부분과 몸통 부분으 로 나뉜다. 본디 머리는 피나무로 파서 만들었으나 요즘은 종이로 만 든다.

소놀이굿

황해도 경기도에 널리 전승되었던 '소놀이' '소멕이놀이' 또는 '소놀이굿'은 정월 보름과 8월 한가위에 주로 놀았는데 장정 두 사람이 멍석을 뒤집어쓰고 소가 되어 여러 가지 동작과 춤을 보이며 풍물패와 함께 마을을 돌아다니며 추렴도 하고 술과 음식을 얻어먹는 놀이다.

소놀이굿 가운데 현재 중요 무형문화재로 지정된 것은 '양주(楊州) 소놀이굿(제70호, 1980년 지정)'과 '황해도 평산(平山) 소놀음굿(제90호, 1988년 지정)'이다.

춤탈-처용탈, 학탈

춤탈이란 항목을 따로 설정하기는 했지만 실상 모든 탈들이 춤을 추는 데 쓰여진다. 신앙성을 띠는 자리에 모셔두는 탈 말고는 모두 얼굴에 쓰고 춤추며 재담을 하는 것이기 때문이다. 처용무와 학무에 대한 유래는 앞에서 설명하였으므로 간략히 탈에 대해 알아본다.

'처용무(제39호, 1971년 지정)'에 사용되는 탈과 탈복은 무형문화재로 지정된 뒤 《악학궤범》의 도형을 참고하여 재현된 것인데 탈은 저포(苧布)로 만들거나 칠포(漆布)로 껍질을 만들어 채색한다. 두 귀에는 주석 고리와 납주(鑞珠)를 걸고 사모 위의 꽃은 모란꽃, 복숭아 가지는 세저포(細苧布)를 쓰고 복숭아 열매는 나무를 다듬어서 만든다. '학무(제40호, 1971년 지정)'에 쓰이는 학탈의 발단은 1935년 민속춤의 대가인 한성준이 무용발표회에서 학춤을 처음 공연한 데서 비롯되었다 하는데, 대강 학 몸의 골격은 가는 철사로 엮고 백지와 광목으로 바른 다음 그 위에 흰 닭털을 붙여 학의 모양을 나타내고 있다.

5. '오늘의 얼굴'로 되살아나는 탈의 유산들

우리의 탈 유산들은 맡은 배역의 선악을 막론하고, 있는 그대로 숨김없이 알몸을 내보이는 솔직한 몰골이어서 오히려 정겨움이 느껴진다.

남편의 외도와 가난에 쪼들리면서도 '큰마누라'로서의 체통을 지키는 '할미'와 '마누라들,' 기구한 사랑의 편린을 겪는 '소무'들, 탕녀의 화신인 '왜장녀'까지도 함께 어울리다 보면 모두가 끈끈한 이웃으로 변하고 마니, 바로 이것이 숨김없는 우리 겨레의 심성을 들어내보이는 것이 아닐까 한다.

그렇다면 우리의 탈들은 왜 이처럼 끝내 웃고만 있는 것일까.

웃음이란 속이 편한 때에 나오는 것인데 그렇다면 우리 조상들은 모두가 그렇게 속이 편했단 말인가. 그렇지 않다. 지지리도 못 사는 가운데도 그 못 사는 어려움을 이겨내는 슬기로서 웃음을 택한 것이 아닐까.

소문만복래(笑門萬福來)라 했으니 일단 웃고 보자는 속셈이었을까.

그러나 웃음이면 다 웃음이 아님을 알아야 한다. 우리 탈의 그 웃음 속에는 활짝 웃는 웃음, 씁쓸한 웃음, 찝찝한 웃음, 게슴치레한 웃음, 톡 쏘는 웃음까지 있는 것이니 그 웃음의 실체를 파악하기란 간단한 문제가 아니다.

탈놀이의 탈들을 보아도 비단 인간 만사의 사연에 그치는 것이 아니라 삼라만상 신의 영역에까지 그 표현의 세계를 확대하고 있다.

그러나 우리는 이러한 숱한 탈의 유산을 제대로 전승하고 있는가.

이제껏 많은 탈과 그 놀이가 국보나 민속자료, 무형문화재로 지정되어 있음을 살펴보았지만 이것만이 능사가 아니다. 역사 발전과 함께 가변하는 것이 무형의 문화인데 이것을 일정한 시기의 형태를 원형으로 삼아 보존 작업을 펴는 것은 어디까지나 잠정적인 조치일 수밖에 없으니 말이다.

옛 유물에만 매달릴 것이 아니라 하루라도 서둘러 지금도 자생적인 놀이판에서 만들어지고 있는 탈까지 광범하게 수합하여 그 하나하나의 생김새에서 우리 탈의 전형성(典型性)을 터득하여 헝클어진 조형문화의 기틀을 세울 수도 있지 않을까 하는 욕심이다.

간혹, 우리의 탈들이 호사스럽지 못하다는 비평을 하는 사람을 본다. 또는 투박해서 세련미가 없다고도 한다. 그런 면이 아주 없는 것은 아니다. 그러나 탈이란 지난 역사의 있는 대로의 발자취를 얼굴형상으로 빚은 것이니 그럴 수밖에 없다. 민중사의 거짓없는 거울로 보면 된다.

당연한 이야기지만 우리 탈의 모양새, 그 표정은 사회 경제적 모순과 인간적인 번뇌를 한 얼굴에 담다보니 비아냥하듯이 비꼬이고 있는 면도 없지 않다. 그러면서도 이야기 줄거리의 마무리에 가서는 세상만사에 달관한 듯한 '너름새(넉넉한 표정)'를 보여주는 데는 마음속의 주름살까지 한꺼번에 활짝 펴지는 기분이다.

두말할 것도 없이 탈이란 고착된 얼굴이다. 그 고착된 얼굴로 사랑도 해야 하고 이별도 해야 하며, 세상의 잘잘못과 맞서 부대끼기도 해야 한다.

숱한 우리 '탈유산'의 모양새들은 바로 '오늘'의 우리네 표정을 낳게 한 '어제'의 얼굴들이다. 이제 그 숨김없는 '어제'의 얼굴들을 마주하며, 더 밝고 포근한 '내일'의 얼굴을 기약해 본다.

평탄치만은 못했던 역사의 소용돌이를 헤쳐오면서 '희로애락'을 수더분한 미소로써 감싸고 있는 우리의 탈들… 그 의젓한 너그러움에 옷깃을 여미게 된다.

(1995. 중앙대 연극영화과 강의 원고)

23

탈바가지한 얼굴로
이별도 하고 사랑도 하려니

왜 멀쩡한 제 얼굴을 두고 또 다른 모습의 '탈'을 만들게 되었을까?

흔히 탈의 기원을 말할 때, 원시공동체 사회의 제의에서 찾게 된다. 그것은 인간이 스스로의 능력으로서는 해결하지 못했던 질병과 죽음과 그리고 자연의 위력 앞에서 어떤 상징적인 모습의 '탈'을 내세움으로써 신앙적 뜻을 지니며 인간과 신을 이어주는 역할로서 생겨났으리라는 발상이다.

또 다른 의견으로는 짐승을 잡거나 전쟁을 할 때에도 경우에 따라서는 '탈'이 긴요한 기능을 했을 것으로 믿어 수렵을 위한 탈, 즉 생산적 기능으로서의 기원을 주장하기도 한다. 이 의견들은 아마도 각기 따로 떼어서 생각하는 것보다는 포괄적으로 해석하는 것이 바른 방법일 것이다.

얘기는 다시 돌아가서, '탈'을 한자어로 적을 때 '가면'이란 무엇을 뜻하는 것인가? 실은 가면(假面)이란 일본(日本) 사람들의 용어이기도 하다.

그것은 물론 얼굴을 가리도록 만들어진 것이다. 그러나 그저 얼굴을 가리는 기능에 그치지 않고 본디의 얼굴과는 다른 인물이나 동물 또는 초자연적인 존재인 신 등을 표현하는 조형성과 꾸밈을 갖는 것을 의미한다. 하지만 같은 얼굴을 가리는 것이지만 복면이라든가 방독면 따위를 탈이라 하지는 않는다.

전문적으로 분류하는 경우 수렵가면, 토템 가면, 벽사 가면, 의술 가면, 영혼 가면, 그리고 예능 가면 등으로 표현되고 있다.

그러면 지금 우리나라에는 어떤 탈이 얼마만큼이나 전승되고 있는가. 가장 오랜 유물로서는 경주에서 발굴된 목심칠면(木心漆面)을 들 수 있겠고, 하회별신굿탈(河回別神祭탈)과 병산탈(屛山탈)이 있고 방상씨(方相氏)고 소중한 유산 중의 하나이다.

여기에서 각 지역마다 전승되고 있는 탈들을 살펴보면, 북쪽에서부터 북청사자놀음이 있고, 탈의 고장인 해서 지방(황해도)의 봉산탈춤, 강령탈춤, 은율탈춤 그리고 중부 지방의 산대놀이로서는 양주별산대놀이, 송파산대놀이, 경상북도의 하회별신굿탈놀이, 경상남도 고성오광대, 통영오광대, 가산오광대, 부산직할시의 수용들놀음과 동래들놀음 등이다. 이상은 모두가 중요 무형문화재로 지정되고 있는 것인데 한 놀이에 탈의 수효를 평균 15개로 잡는다해도 줄잡어 280여 개에 이른다.

오랜 유물인 하회탈의 이름들도 가지가지다. 양반, 부네, 선비, 각시, 초랭이, 할미, 이매…. 어떤 것은 생소하기도 하지만 실제 탈을 걸어놓고 이름과 견주게 되면 참으로 딱 알맞고 구수한 이름들이다.

어느 지방의 탈놀음을 놓고 보더라도 일상적인 한 가족이 있는가 하면, 한 공동체에 있었음직한 배역들이 빠짐없이 다 있기도 하다. 착하고 악하고 비겁하고 용감한 인간 사회의 면면들이 고루 갖추어져 있다.

여기에 그치질 않는다. 민족음악의 대표격이 되는 풍물(농악)에 뒤따르게 되는 양반 광대놀이는 바로 원초적 탈놀음의 흔적이자 또한 그의 발전 과정을 가장 잘 대변하고 있다. 어느 면 오늘에 이르기까지 역사 발전과 함께 아주 자유분방하게 그러면서도 직설적으로 민중의 의지를 표출하고 있는 것이 이 양반광대놀이다.

지금도 마을마다의 풍물놀이에서 옛날의 양반과 초란이와 포수가 등장하는가 하면 오늘의 타락한 인간상과 못된 권력의 독이빨들이 지극히 희화적이면서도 생생하게 표출되고 있다. 극복해야 할 오늘의 실상을 꾸밈없이 내보이면서 집단이 만들어 내는 사회극으로서 맥을 이어주고 있다.

탈 탈 탈…. 그런데 '탈' 하면 일단 께름직한 느낌부터 갖게 되는 것이 지난 시대의 통념이었음을 상기하게 된다. 탈에 신앙적 기능이 부여되고 보면 가깝다기보다는 외경스럽기가 십상이다. 끔찍하고 두려운 존재로 둔갑되어 때로는 가까이 하기가 싫어진다.

또 반드시 무서워서만이 아니라 되도록이면 이른바 '탈' 이 없는 바에야 '탈' 과 가까울 필요가 없다. 이 '탈' 이 문제이다. '큰일 났다' 가 '탈 났다' 로 통하고, 배가 아파도 '배탈 났다' 고 한다. 그러나 이제부터 얘기될 탈들은 사고도 배탈도 아닌 우리의 역사적 유산으로서의 숱한 얼굴의 모습들이다. 어쩌면 얼굴을 가리기 위해서 만든 것이 아니라 더 적극적으로 표현하기 위하여 쓴 그런 탈들의 얘기를 해보자.

탈에 얽힌 얘기라면, 하회탈을 만들었다는 허도령의 슬픈 사연을 빼놓을 수 없다.

금기(禁忌)를 지키면서 남에게 보이지 말며 신성하게 만들었어야 했는데, 여기에 사랑하는 여인이 끼어들어 그야말로 탈이 나고 만다. 끝내 미완(未完)으로 그치고 마는 허도령의 얘기는 아마도 신앙적 기능을 한 벽사탈이거나 신성탈의 예로 해석이 된다.

우리나라의 탈들은 신성물로서 부군당에 모시는 것을 빼고는 일단 그것을 쓰고 놀고 난 다음에는 완전히 태워 버리는 것이 정해진 순서였다. 그런데 허도령의 작품인 하회탈은 하회라는 마을의 부군당에 보관되면서 1년에 한 번쯤 놀이에도 쓰여졌으니 신앙성이 짙은 탈로 해석된다.

마을마다 있었던 부군당에 반드시 탈을 모셨던 것은 아니다. 부군님의 화상(畵像)을 걸거나 나무로 깎은 남자의 우람한 성기(男根), 또는 그 지역마다의 특이한 숭상물이 모셔졌다.

좀 다른 예이지만 무격(巫覡)들의 굿판에서도 탈이 보이는데 범굿이라든가 심청굿, 다시라기(死者結婚式) 등에서 보이는 여러 가지 탈이 있다. 이것들은 굿이 진행되는 동안에는 신성 내지는 영혼의 대상이 되기도 하지만 막판의 뒷풀이에서는 한 판 신명을 돋우는 연희 기능의 탈로 둔갑되면서 끝내는 굿에 쓰였던 여러 가지 지화(紙花)와 함께 깨끗이 태워 버리고 마는 것이다.

여기에서 생각되어지는 것이 있다. 그러니까 신앙적 기능의 탈이든 연희적 기능의 탈이든 간에 고정적으로 부군당에 모셔졌던 것이 아니면 모두 태워 없앴다는 사실, 이것은 하나의 의식의 순서이자 놀이의 마무리라는 점에서 일맥상통한다는 점이다.

어느 마을의 경우나 주로 당굿의 여흥으로 놀아졌던 탈놀음은 그 마을의 오랜 역사와 함께 마을 사람들의 의지가 함축·표현되는 것일진대 한 해를 결산하는 기분으로 탈놀음은 꾸며졌고 그것이 끝나게 되면 깨끗이 태워 버리고 새로운 마음으로 시작하고 싶었기 때문일 것이리라.

쓰고 놀았던 탈에 잡귀 잡신이 다닥다닥 붙어서 그것을 없애려고 놀이가 끝난 다음에는 태워 버렸다는 의견을 전적으로 부인하려는 것은 아니지만 아무래도 앞의 해석이 현대적 의미에서 주체적으로 그의 실체를 파악하는 바른 자세가 아닐까 한다.

각설하고—.

탈의 기능은 현재로서는 크게 신앙과 연희의 둘로 나눌 수 있다. 그것이 때로는 서로 상관 관계를 맺으면서 습합(習合)의 형태로 발전하기도 하지만 근세로 오면서 나누어지다가 지금은 연희적 기능이 돋보이는 탈놀음으로 전승되고 있다.

한편 탈판을 벌이기 전에 고사(告祀)를 올리는 것이 아직도 지켜지고 있지만 기원의 의미라든가 어떤 절실한 욕구에 의해서가 아니며, 오늘날 현대인의 기분 전환으로 무슨 일에 앞서 목욕을 하는 상황으로 재연되고 있다면 과언일까.

순서 없이 우리 탈놀음에 많이 나오는 이름들을 살펴보자.

샌님은 양반이다. 그러나 양반이면서 체신이 말이 아니다. 낙반(落班)한 시골 샌님은 봉건적 가족 제도하의 일부다처를 흉내냄으로써 집안꼴도 말이 아니다. 그러면서도 겉치레나마 하인 말뚝이를 부리며 위세를 지키려 한다. 끝내는 망신만 당하고 말지만, 못생기고 주책없는 샌님을 통하여 바로 우리 역사의 어둡고 비극적인 대목을 만들고 만 양반 계층의 말로를 그대로 볼 수 있는 것이다.

취발이는 힘센 상놈이다. 파계한 중이 데리고 살던 젊은 소무를 빼앗는가 하면 샌님에게도 마구 대든다. 좌충우돌 무서운 게 없다. 그런데 문제가 있다. 오늘에 전하고 있는 취발이는 들떠서 날뛰기만 하지 '자기 의지,' 다른 말로 하자면 역사 의식이 없다. 아마도 조선 왕조와 일제 36년을 거치는 동안 변질·왜곡된 데서 온 결과일 것이다.

술 잘 먹는 취발이, 분수 없이 날뛰는 취발이보다는 그의 억센 힘이 이 세상을 바로 잡는 데 한 몫을 해야 한다는 생각에서 취발이를 꼽아 본다.

말뚝이는 샌님의 종이다. 종이면서도 고분고분하지 않다. 때로는 샌님을 비난하고 욕보인다. 헌데 취발이나 마찬가지로 끝마무리가 흐지부지다. 너무도 못살다 보니 눈치만 남은 그런 면이 때때로 보인다.

파계승인 먹중은 누구에게나 조롱의 대상이다. 그러면서도 젊은 계집만 보면 기고만장이다. 끝내 취발이에 쫓기고 말지만 음흉하기가 이만저만이 아니어서 또 언젠가 다시 나타날 그런 인물이다.

단순한 외래 종교라기보다는 외세에 대한 비판과 극복의 대상으로서 먹중이 아주 옛날부터 등장하고 있음을 오늘의 우리는 어떻게 받아들여야 할 것인가, 걸리적거릴 만큼 숱한 오늘의 먹중들에게 우리는 어떤 자세로 오늘을 지키고 있는 것인가. 참으로 찔리는 자책을 금치 못하게 하는 것이 먹중의 존재이다.

영노는 제 입으로 자기는 사람도 짐승도 아니라도 한다. 그저 무엇이든 먹어 치우는 불가사리와 같다. 그러면서도 제일 식성에 맞는 것은 '양반'이라며 양반만 보면 침을 삼킨다. 양반 계층에 대한 분풀이를 영노를 통하여 잔인하게 전개하고 있는 것이다. 때로는 끔찍하기도 하지만 유별난 배역임에 분명하다. 다만 기왕이면 짐승도 사람도 아닌 영노가 아니라 당당한 사람이 적극적으로 모순을 극복했더라면 하는 아쉬움이 있다. 영노의 등장과 그의 희화적인 성격은 우리의 탈놀음 속에서 큰 비중을 차지한다.

한쪽은 붉고 한쪽은 흰 두 얼굴을 가진 사나이 홍백가는 이중인격자임을 나타낸다. 옛날에도 그런 사람이 있었던가. 홍백가가 득실거리는 오늘이고 보니 두 얼굴의 홍백가가 생소하지 않다.

'…내 한쪽 얼굴은 남양 홍색원이요, 또 한쪽은 수원 백생원일세…'

그의 말대로라면 애비가 둘이련만 그건 그렇지 않다. 다만 세상 살아가려면 이러지 않고서는 어렵다는 것이다. 홍백가의 등장은 물론 인간적 번뇌와 사회적 모순의 조합물이다. 그러나 그것은 일차적으로 자기 모순을 극복하지 못한 비극적 산물로 이해되어야 할 것이다. 그런데 그 홍백가의 두 표정마저 슬며시 웃고 있으니 왠일일까.

하회탈의 백정은 도끼로 소를 때려잡는 힘센 망나니와 같으련만 만

면에 미소가 흐르고 있다.

봉산탈춤의 취발이도 이마의 울퉁불퉁한 주름살로부터 밑턱이 툭 튀어나온 것까지 괴기스럽기만 하지만 그것이 한데 어울린 전체 얼굴에서 풍기는 느낌은 조금도 무섭지 않고 오히려 우스꽝스럽기까지 하다. 탈판이 무너져라 뛰어오르면서 양선의 한삼이 번개처럼 하늘을 가르는데, 그 힘차고 투박한 춤사위에서도 비단결보다 더 매끄러운 선율이 흐르고 있다.

동래들놀음의 말뚝이는 그 크기로 해서나 생긴 모양이 끔찍스럽기로 우리나라 탈 가운데 꼽히는 것 중의 하나이다.

말뚝이면 양반의 종에 불과한데 크기도 양반의 다섯 곱은 실하려니와 코는 열 곱도 더되리라. 너풀댈 만큼 큰 귀도 부처님 귀를 뺨칠 만하다. 이 말뚝이가 말채찍을 휘두르며 굿거리 늦은 장단에 덧배기 춤을 추는 모습은 절굿대로 땅을 짓이기는 모습이다. 그 큰 입은 축농증 환자마냥 딱 벌렸으니 침이 그냥 흘러나올 것만 같다.

그런데 이 말뚝이가 재담을 던지며 춤을 추노라면 그 기괴한 얼굴에 어느덧 한 가닥 미소가 흐르니 무섭기는커녕 정겨운 얼굴이 되고 만다. 동래들놀음에 등장하는 숱한 양반 형제들이 이 말뚝이의 널푼수 있는 풍채에 눌려 아주 초라해지고 만다.

그렇다면 우리의 탈들은 왜 이처럼 거의가 웃고만 있는 것일까?

웃음이란 속이 편할 때 나오는 것인데, 그렇다면 우리 조상들은 모두가 속이 편했단 말인가, 그렇지 않다. 지지리도 찌들리고 못사는 가운데 그 어려움을 이겨내는 슬기로서 웃음을 택한 것이 아닐까. '소문만복래(笑門萬福來)'라 했으니 일단 웃고보자는 속셈이었을까. 그러나 웃음이면 다 같은 웃음이 아니라는 것을 꼭 상기해야 한다.

더욱이 우리 탈들의 웃음이란 활짝 웃는 웃음, 씁쓸한 웃음, 찝찌름

한 웃음, 톡 쏘는 웃음까지 있는 것이니 그 웃음의 실체를 파악하기 란 참으로 간단한 문제가 아니다.

사회 경제적 모순과 인간적인 번뇌를 몸으로는 적극적으로 표현하면서 얼굴에서는 일단 그 심상(心像)을 종잡을 수 없는 다양한 웃음으로 비양하듯이 고발·비판하고 있다. 그러니까 그의 웃음은 어느면 세상만사에 달관한 여유까지를 보여주게 된다. 여기에 그치지 않고 '웃음 속에 비수'가 있으니 그 웃음이란 송곳보다 더 섬뜻하여 소름 끼치게 한다.

탈, 탈, 탈, 탈…의 웃음은 웃고 마는 그런 것이 아니라 일단 웃어 놓고 다음 얘기는 시시콜콜히 해보자는 속셈이다.

얘기머리를 돌리자. 탈이란 물론 고착된 얼굴이다. 그 고착된 얼굴로 사랑도 해야 하고 이별도 해야 하며 비리와 맞붙어 싸움도 해야한다.

희로애락이 한 얼굴 속에 오손도손한 탈이 잘 만들어진 탈이라 한다. 어쩌면 오늘의 우리네 얼굴이 바로 성공한 옛날의 탈일지도 모른다.

희비(喜悲)가 항시 함께 도사리고 있는 오늘의 표정들에서 어떻게 하면 밝고 건강한 웃음만을 남게 할 수 있을 것인가. 옛 탈의 맥락을 이어 받으며 오늘의 새로운 탈들이 주체적으로 창출되어야 함이 우리 모두의 당면한 과제이다.

(1984. 12. 학원)

24
우리 민족의 인형들

인형은 어떻게 생겨났는가

인형을 이희승의 《국어대사전》에서 찾아보면 "사람의 형상, 흙·나무·종이·헝겊 같은 것으로 사람의 모양을 흉내내어 만든 장난감"으로 적고 있다. 이밖에도 여러 가지 종류가 있다고는 되어 있으나, 실제 인형이란 무엇인가를 이해하는 데는 미흡한 설명이다. 그런데 인형의 시원(始原)은 그와 유사한 조형물인 탈과 함께 모름지기 원시 공동체 사회의 제의(祭儀)에서 찾게 되는 것이라는 생각이다.

왜 인간이 스스로의 모습을 흉내내어 우인물(偶人物)을 만들게 되었을까 하는 데는 먼저 신앙적 동기가 인용된다. 또는 원시인들의 자발적이요, 민주적 모임인 이른바 '당굿'에서 인간의 힘을 능가한다고 믿은 신에게 바치는 공양물 중에 인형이 포함되어 있을 것이라는 의견이다. 때로 그 우인물들은 인간과 신의 사이에서 전달자로서의 역할로 존재하기도 하고, 어느 때는 바로 신의 상징물로서 대치되기도 했다. 그것은 제단 위에 모셔지기도 하고, 높이 매달기도 했으며, 때로는 손으로 들고 신의 흉내, 아니면 인간의 희원을 표현코자 했다. 신성물로서의 우인물들은 처음에는 정적이었던 것이 점차 동적인 것으로 바뀌어 간 것을 짐작할 수도 있다.

인간에게 재앙을 가져다주는 나쁜 귀신을 쫓기 위한 무서운 우인물과, 그와는 반대로 안녕과 풍요를 가져다준다고 믿은 이로운 귀신들의 출현이 아마도 인류가 창출한 가장 오랜 단계의 인형이 아닌가 한다. 이와는 달리 옛 무덤에서 출토되고 있는 부장품으로서의 우인물들도 그 연원이 오래여서 우인물의 역사를 살피는 데 빼놓을 수 없는 대상이 된다.

이와 같은 신성물로서의 우인물들이 어떠한 연유로 해서 연희인형으로 발전했는가를 알아내기에는 증거될 만한 자료가 드물다. 다만 원초적인 '제의의 연희성'에서 그 실마리를 풀어나갈 수가 있다. 생산적 연희는 그 바탕이 제의와 함께 하는 것이라는 인류학적 성과가 그를 뒷받침해 주는 것이리라. 비단 신앙적 효용에서뿐만 아니라, 모든 정적 우인물에 점차 움직임이 가미되면서 하나의 연희물로 발전하는 흐름을 발견하는 것이다.

이를 뒷받침하는 한 예로서 우리의 전승 인형극인 '꼭두각시놀음'을 들어 보자. 특히 주인공격인 박첨지와 꼭두각시는 아직도 신성시되고 있다. 놀이판을 벌이기 전 모든 인형들을 고사상 앞에 모시고 간단한 굿도 올린다. 놀이가 없을 때에도 덜미궤짝(인형통)을 함부로 하지 않고 소중하게 모신다. 한편 주로 해안 지방에 전승되는 무격(巫覡)의 굿에 등장하는 제웅(짚 인형), 넋전(창호지 인형) 등도 신앙적 기능과 함께 소박한 연희성을 보이고 있다. 아직도 주변을 찾아보면 적지 않게 전하고 있으니, 오히려 옛 인형의 형태가 많이 남아 있는 것으로 우리나라를 꼽게 되리라는 생각이다.

여기에 빼놓을 수 없는 우인물의 하나로 전국적인 분포를 지닌 장승이 있다. 신앙적 숭상물로만 존재하는 것이 아니라 마을과 마을 사이의 이정표로서의 구실을 했으며, 나아가서는 그의 우직하고도 푸근한 표정으로 삼천리를 이웃으로 감싸 준 장본이다. 그리고 비바람 속에서도 논 가운데 우뚝 서 있는 허수아비는 생산적 기능을 도운 한 예이다. 인형이 무엇인가를 설명하기에는 이처럼 오랜 연원과 종류가 있고보니 간단치가 않다.

오늘날에는 그저 인형극 인형과 장난감 인형, 그리고 크고 작은 마네킹들을 연상하지만, 아직도 우리의 주변에는 그 뿌리가 되는 옛 유산들이 엄존하고 있음을 알아야 한다. 가깝게는 통과의례의 기물(상여, 무덤의 목각물, 석조물, 토기물, 도기물 등)은 물론이요, 일상적인 생활기기에 이르기까지 인형의 모습을 수없이 발견하게 된다. 그러니까 처음은 신성물로서의 인형들이 점차 연희·애완물로도 발전하는 한편, 실생활 속에 깊숙이 잠재하게 된 것이다.

그러니까 신성물로서의 정적 인형에 움직임과 재담(대사)·노래 등이 가미되면서 연희 인형으로 된 흐름이 있고, 장난감 내지는 조형물로서의 별도의 발전을 하고 있는데, 이 모든 것의 시작은 스스로를 지키며 보다 풍요한 생산을 기리는 우인물로부터 시작된 것이라 하겠다.

끝으로 이름은 인형이지만 사람의 형색이 아닌 짐승의 조형들을 역시 인형(또는 동물인형)이라 부르고 있음에 한마디 하지 않을 수 없다. 원초적 우인물이 사람이 아닌 신의 표현이었다면, 오늘의 동물 모습들도 인간의 의지를 거친 인간 속의 동물이라는 데서 이런 이름을 거리낌 없이 붙이게 된 것이 아닐까?

인형이란 무엇인가를 깨닫게 해주는 단서가 어렴풋이나마 '동물인형'이란 명칭에서 풀어지는 것은 아닐까? 귀신과 사람·동물, 그리고 삼라만상에 이르기까지 인간의 형상적 사유를 거쳐 창출되는 조형물이 이른바 인형이 아니겠는가 하는 광의의 해석을 붙여본다.

우리 민족의 인형은 존재하는가

우리 민족의 인형이 존재하는가 하는 문제는, 우리 민족이 따로 존재하였는지의 물음과 일치하는 것이다. 이와 같은 질문이 쉽게 대두됨은 우리 문화의 오늘이 다분히 주체적이지 못했음에서 연유되는 것이리라. 비단 인형만이 아니다. 일상적 의식주에 따르는 생활집기는 물론이요, 전통 공예에 이르기까지 남의 것 흉내내기로 지난 1세기를 보냈다.

심지어 예로부터 전하는 것이라면 되도록 말끔히 청산하는 것이 근대화하는 길이라는 착각에서 의도적인 자기 비하를 거듭해 온 지난 1세기가 아닌가.

이제 뒤늦게나마 자기 인식의 바람이 불고 있음은 천만다행이다. 찢기우고 빼앗긴 끝에 민족의 분단을 맞은 지 반세기를 넘기면서 민족적 차원의 존립을 위한 변혁기에 접어든 것이다. 스스로를 찾는 이 작업은 한낱 회고취향이 아니다. 옛을 거쳐 오늘에 창출되고 있는 모든 것이 그 대상이 된다. 한편 외래의 것이라 하더라도 오늘의 우리 사회에서 어떤 구실을 하고 있는 것이라면 한 범주에 넣어야 한다. 다만 그것들이 지닌 표현의지가 주체적인 것인가에 문제가 있을 뿐이다.

그러면 간략히 우리 인형의 발자취를 알아보자. 우선 신앙성을 띤 신성물로서의 정적 인형의 자취가 거의 사라져 가고 있다. 간혹 남아 있다 해도 그것은 관광지의 한 장식품으로 잔존할 뿐, 본래의 기능으로 전승되지는 못하고 있다. 시대 변천에 따른 귀결이라고도 하겠으나, 이것들이 한 역사 유물로서는 보존되지 못하고 골동상인을 거쳐 거의가 외국으로 팔려 갔다는 데 경악하게 된다. 소수 남아 있는 것도 일반과 관심자가 그것을 보고 깨달을 기회를 주지 못하고 있다.

이들 신성 인형의 생김새를 보면 아주 간결·소박하지만, 역사적 산물로서의 가치를 발견한다. 전문가에 의한 예술품이 아니면서도 당위성과 필연성에 의한 창조물이라는 데 그 특성이 있다. 그 종류를 보면 당집 인형과 굿청 인형 등으로 구분되며, 나무·종이·짚·흙 등을 중요 재료로 삼고 있다.

무덤에서 나오고 있는 부장품으로서의 인형도 나무·토기·도기 등 다양하며, 사람의 형상뿐만 아니라 여러 형태의 동물도 보이고 있다. 장승의 경우도 거의 자생적 전승력은 단절된 상태라 하겠는데, 아직도 몇 군데 마을에서는 철에 맞춰 장승제도 지내고 새 장승도 깎아 세우고 있다. 그러나 다양했던 장승의 유산물은 이제는 낡은 사진을 통해서나 접할 수 있을 뿐이다.

연희인형의 경우도, 옛 유물은 전하지 않고 있다. 1964년 중요 무형문화재 제3호로 지정한 '꼭두각시놀음'의 인형들과 1983년 중요 무형문화재 제79호로 지정한 '발탈,' 충청남도 '무형문화재' 제26호 '박첨지놀이' 그리고 무형문화재의 지정은 받지 않았지만 유일한 그림자극 '만석중놀이'의 인형들이 있다.

꼭두각시놀음에 나오는 인형은 40여 점이며, 절(조립식 법당) 등과 4종의 동물이 있다. 재료는 주로 오동나무나 버드나무이며, 배역에 걸맞은 얼굴과 머리치장을 한다. 옷은 무명으로 입히는 것이 보통이다. 얼굴 등을 칠하는 물감은 '아교단청'이라 하며 흰 돌가루와 아교를 녹인(끓여서) 물에 광물성분말 물감을 첨가하여 원하는 빛을 낸다. 이 아교단청은 뜨거울 때와 바른 후 식었을 때의 빛이 달라서 오랜 경험이 필요하다. 빛깔 자체로나, 그것이 인형의 얼굴과 머리를 보호하는 데 효율적이고 조명효과도 탁월한 것인데 이제는 그 만드는 방법마저 잊혀져 가고 있다.

발탈에는 조기장수라는 단 하나의 배역이 나오는데, 연희자의 발바닥에 탈을 씌워 몸뚱이가 되는 동체 위에 올려놓고 주로 양팔을 움직여 굿거리 춤사위를 보여준다. 그 구조가 특이하여 새로운 인형극의 구상에 유일한 단서가 됨직하다.

박첨지놀이는 인형이 30여 점인데 주로 바가지를 만들며 상여, 절

등과 5종의 새와 동물이 있다.

만석중놀이의 인형들은 두꺼운 장판지를 오린 심장생과 용·잉어·목어 등의 그림자 인형이다. 각 배역의 특징을 나타내기 위하여 용이면 용의 몸에 비늘구멍을 뚫고 물들인 창호지를 붙이니 그 빛깔도 아름다워 흡사 잘된 민화를 연상케 한다. 새로운 그림자극과 그림자 인형을 만들어 내는 데 소중한 자료가 된다.

이밖에도 어린이들이 놀았던 '풀각시놀이'나 '수수깡 인형놀이'도, 흙으로 빚는 인형들도 거의 없어져 가고 있다.

이른바 현대 인형극이란 명목으로 이 땅에 유입된 서구 형식의 인형극들은 1930년대 초 이후 기독교 선교사들에 의하여 처음으로 보여지면서, 반세기를 지난 오늘에 이르기까지 수용의 차원이 아닌 흉내의 단계를 넘지 못하고 있다.

하나의 연구 과제로 남은 것은, 1930년대 중반이후 1945년 제2차 세계대전이 끝나는 사이 주로 중국을 무대로 활약했던 독립군 문예대가 보여준 인형극들이다. 서구적인 인형극 양식을 받아들이면서도 당시의 의지와 애환을 '박첨지놀이'(꼭두각시놀음)를 기본을 삼으면서 엮어냈다는 참여자(1930-40년대 남사당패 연희자 고 丁廣珍 옹)의 증언이 있다.

우리나라에도 예부터 애완인형이 있었느냐는 물음에는 흔히 그 답변이 궁색해진다. 왜냐하면 인형 하면 파랗고 노란 눈빛의 서양 봉제인형이나, 화려한 옷으로 감싼 값비싼 것을 연상케 되기 때문이다.

어렸을 때의 기억을 되살려 보자. 우리는 베개를 아기 인형으로 알고 잠재우며 업고 다녔다. 수수깡으로는 직접 사람이나 동물, 또는 방아 찧는 일꾼의 모습과 해와 달까지도 만들어냈다. 누구나 흙으로 사람이나 동물을 빚어 보지 않은 사람이 없을 것이다. 우리에게 상품으로서의 인형은 없었다 하더라도 우리 민족도 인형 문화를 충분히 누려

왔음에는 틀림이 없다.

그렇다면 오늘날 과연 "민족적 인형이 전하고 있는가?" 하는 물음에 선뜻 "예" 하고 나설 용기가 있겠는가. 솔직히 과거에는 전하던 것이 지금은 그 명맥을 잇기에도 위험한 상태임을 고백하지 않을 수 없다. 이는 인형에 국한되는 문제가 아니다.

민족적 인형, 독창적 전형을 갖춘 인형이 만약에 있다면 우리 문화 전반이 지금처럼 병들어 있을 리 만무하다.

우리 인형의 전형(典型)에 대한 제언

상식론이지만 '우리적'이란 하나의 개별성을 뜻한다. 그러나 그 개별성은 일반성과의 통일에서 비로소 한몫의 성립을 이룬다.

이러한 개별성과 일반성의 통일 과정을 통하여 우리는 전형성을 얻게 되는 것이다. 한 문화가 이 전형성을 얻지 못했을 때 그의 독창성 역시 없는 것이다.

하나의 전형성을 획득하는 데는 먼저 역사적 유산이 밑거름이 되어야 한다. 그리고 그것이 실생활 속에 어떤 기능을 가지고 전승되고 있는가를 분석하면서 오늘의 사회와 연관지어 그 가치가 판단되어야 한다. 물론 외래적인 사조와 양식도 전혀 배제될 근거는 없다. 이것들을 주체적 입장에서 수용하고 있느냐만이 문제이다.

위의 상황을 다른 말로 설명하자면, 개성을 전제로 한 통일만이 전형성을 획득하는 길이라는 이야기이다. 애매하게 고유문화를 되뇌임은 봉건적 잔재에 빠져들기 십상이다. 또한 회고취향에 머물러 생명력을 무디게 하는 죄과를 저지르게 된다. 한 예로 우리 인형의 한 전형을 찾는다며 조선 왕조의 허리 가는 기생을 1백만 개 만들어 보았자,

그것은 역사의 한 편린이나 찌꺼기를 답습하는 데 불과하다.

때로는 그러한 것도 필요하기는 하지만, 끝내는 역사의 주인인 보편적 민중의 모습들이 본보기가 되어야 한다.

오늘의 우리 인형들이 뒤늦게 서구 귀족사회의 퇴폐적 유물을 재현하는데 급급하다면 이는 전혀 창조적 작업일 수 없다. 인형이란 특이하고 예쁘기만한 속 빈 사람의 껍질이 아니다. 고민도 하고 일도 할 줄 아는, 그리고 꾸밈 없는 슬픔과 기쁨을 머금은 그런 우리의 표정이어야 한다.

세 살 어린이의 품에 안긴 인형의 거의가 파란 눈에 노랑 머리이다. 이 아기가 자라서 무엇이 되라는 말인가. 다섯 살 어린이의 손에 든 장난감은 해괴망측한 화학무기의 모형들이다. 값이 비싸고 보면 불을 뿜기도 한다. 근년에 와서 장난감에 대한 각성이 어른들간에 전혀 없는 것은 아니다. 그러나 현실은 이런 것들의 홍수이다.

어린이 인형극을 보면 뜻 모를 서양귀신 이야기로 정의감보다 사행심을 일으키기 십상인 것이 판을 치고, 장난감도 한 수 더 떠 어린 마음을 병들게 하고 있다. 어쩌다 생각 있는 인사들이 그렇지 않은 것을 만들고 보면 전혀 수요자가 없다 하니, 이것도 그 책임은 어린이가 아닌 어른이 저야 할 일이다.

비관적인 이야기로 끝맺을 생각은 전혀 없다. 이른바 과도기요 시작이고 보니, 어려운 여건임에도 뼈대있는 작품을 만들기 위하여 고생하고 있는 분들이 있다. 그런데 아직은 그저 옛 모습을 재현하는 데 그치고 있다는 아쉬움이 남는다.

모든 인형들이 다 그런 것은 아니지만, 꼭두각시놀음의 인형처럼 생략적이요 집중적인 표현 방식으로 이목구비를 그리고 수더분한 옷을 걸친 모습이 그립다. 도끼로 찍어 만든 장승의 얼굴에서 풍기는 위엄과 미소가 오늘의 인형들에서는 전혀 보이지 않음은 나 혼자만의 생각일까? 곡식을 축내는 새들을 쫓아 주던 허수아비의 모습에서 비바람 속을 꿋꿋이 살아온 우리들 농경민족의 소박한 삶의 모습을 연상케 되는 것은 무엇 때문일까. 이제는 허수아비의 효용가치가 없어져 갈망정 새로운 안목으로 재창조됨직도 하다.

끝으로 재론코자 함은 어린이의 장난감이다. 장난감, 그것은 엄연한 어린이의 생활 기구이다. 또한 그것은 어린이의 발육을 도와 몸과 마음을 함께 풍요롭게 해주는 것이어야 한다. 행여나 이 장난감이 상인적 안목에서 어른들에 의하여 엉뚱하게 변질될 때 그 결과는 큰 비극을 초래한다. 쉽게 씻어지지도 않을 고질이다.

지금까지 살펴본 것을 종합할 때, 인형의 존재는 단순한 장식품이나 노리개가 아니라 절실한 생활의 반영이요, 슬기라는 데까지 이르게 된다.

또한 우리의 인형이 나름의 전형성을 지닐 때 '민족적 인형'도 존재하는 것임은 물론이다.

그렇다면 어떤 방법으로 이 전형성을 획득할 것인가 하는 문제가 남는다. 그 방법은 오직 인형 창작자들의 투철한 역사의식이 전제된다. 그리고 인형이란 조형물 속에 우리 겨레가 당면한 개별적·구체적·생동적인 예술 형상을 담아야 한다. 흔한 말로 가장 독창적인 것이 가장 민족적이요, 나아가 국제적이라 하겠다. 조금도 남의 눈치를 볼 까닭이 없다. 전통적인 것을 충실히 지닌 바탕 위에서 오늘의 생활 속에 잠재한 전형화의 응어리들을 찾아내 빚어내는 일이 있을 뿐이다. 이러한 작업을 수없이 지속하는 가운데 '우리 인형의 전형'에 대한 일차적 가능성이 보이게 되는 것이리라.

무덤 속 부장품의 복사품을 만들어 내는 것이 아니라, 오늘의 생활 속에 살고 있는 새로운 인간상을 창출해 내어야 한다.

끝으로 우리 민족은 못된 열강의 잔꾀에 의하여 분단의 아픈 세월을 살고 있음을 말하고자 한다.

이 분단의 아픔을 쫓기 위하여 해야할 일이 있다.

남과 북에서 그리고 해외 여러 나라에서 우리 민족이 만든 '오늘의 우리 인형'도 함께 담은 《우리나라 인형》이란 한 권의 책을 펴내야 하겠다.

(1998. 한국예술종합학교 전통예술원 강연 자료)

25

애환(哀歡)을 미소로써 감싼
탈의 조형성(造形性)

탈의 시원에 대하여

어찌하여 멀쩡한 제 얼굴을 두고 또 다른 모습의 '탈'을 만들게 되었을까? 흔히 탈의 시원을 말할 때 원시공동체 사회의 제의(祭儀)에서 찾고 있다. 그것은 인간이 스스로의 능력으로서는 해결하지 못했던 질병과 죽음, 그리고 자연의 위력 앞에서 어떤 상징적인 모습의 '탈'을 내세움으로써 신앙적 기능을 부여하고 인간과 신의 사이를 이어주는 역할로써 생겨났으리라는 생각에서이다.

또 다른 의견으로는 짐승을 잡거나 전쟁을 할 때에도 경우에 따라서는 '탈'이 긴요한 기능을 했을 것으로 믿어 수렵을 위한 '탈,' 즉 생산적 기능으로서의 시원을 주장하기도 한다.

이 의견들은 아마도 각기 따로 떼어서 생각하는 것보다는 포괄적으로 해석하는 것이 옳을 것이다.

다양한 우리의 탈 유산들

'탈'을 한자로 적을 때, 그리고 이웃나라 일본에서는 '가면(假面)'이라 하는데, 이것은 또 무엇을 뜻하는 것일까?

'거짓 가(假)' '낯 면(面)'이니 가짜 얼굴이란 뜻인데, 그 글자 풀이 만으로는 속뜻을 가늠키 어렵다.

'탈'이란 물론 제 얼굴과 다른 형상의 '얼굴 가리개'라고도 할 수 있 겠지만 그저 얼굴을 가리는 데 그치는 것이 아니다. 어떤 탈을 씀으로 써, 본디 얼굴과는 다른 인물이나 동물, 또는 초자연적인 존재인 '신 (神)'에 이르기까지, 나름대로의 '인격' 내지는 '신격'을 이루어 낸다.

학자들에 의한 탈의 분류는 다음과 같다. 또한 이 방면의 전문가들 은 탈을 다음과 같이 분류하고 있다. 제의(祭儀)에 모셔졌던 신앙성을 띤 탈로는 '신성탈(Holy Mask)' '벽사탈(Demon Mask)' '의술탈 (Medicine Mask)' '영혼탈(Spiritual Mask)' 등이 있다.

이밖에도 죽은 사람들을 본떠서 만든 '추억탈(Memorial Mask)'이 있 는가 하면 '토템' 숭배에서 나타나는 토템 동물로 분장하기 위한 '토 템탈(Totem Mask),' 또 비가 내려 주기를 기원하는 '기우탈(Rain Making Mask)' 등도 있다.

생산적 효용성에서 쓰였던 것으로는 '수렵탈(Hunting Mask)'이 있 고, 이와는 성격이 다른 '전쟁탈(War Mask)'도 있는데 이것들은 확연 히 다른 것이라기보다는 상호 보환·조화 관계를 지니고 있다.

그 뒤를 잇는 '예능가면(藝能假面)'으로는 크게 '무용탈(Dance Mask)'과 '연극탈(Drama Mask)'로 분류한다. 이처럼 다양한 탈들이 우리나라에도 지방마다 고루 전승되고 있어 풍부한 '탈 유산'을 지니 고 있다고 할 수 있다.

그러면 지금 우리나라에는 어떤 탈들이 얼마나 전승되고 있는가. 가 장 오래된 유물로는 경주에서 발굴된 '목심칠면(木心漆面)'을 들 수 있겠고, 그 뒤로 '하회(河回)와 '병산(屛山)'의 '별신(別神)굿탈'과 '방 상씨(方相氏)탈' 등이 있다.

지금도 전국에 분포, 전승되고 있는 것을 보면 다음과 같다. 북쪽으

로는 '북청 사자놀음'이 있고, 탈의 고장인 해서(海西) 지방(황해도)의
'봉산탈춤' '강령탈춤' '은율탈춤,' 그리고 중부 지방의 산대(山臺)놀
이로써는 '양주 별산대놀이'와 '송파 산대놀이'가 있다.

경상북도의 '하회 별신굿 탈놀이' 경상남도의 '고성오광대' '통영
오광대' '가산오광대,' 부산의 '수양 들놀음'과 '동래 들놀음'…. 이
밖에도 강원도 강릉의 '관노 탈놀이'를 비롯해서 '남사당패'의 '덧뵈
기'가 있고 굿판에서 쓰고 있는 '범탈'을 비롯한 '열두띠(十二支)탈,'
풍물패가 쓰고 노는 '양반광대탈' 들까지 합친다면 줄잡아 300여 종
의 '탈 유산'이 오늘에 전하고 있다.

이러한 탈들은 나무, 바가지, 종이를 주 재료로 하고 '아교단청'이
라 하여 전통적인 염료로 칠을 했었는데 지금은 아쉽게도 잊혀져 가고
있다.

샌님, 취발이, 말뚝이, 먹중, 영노, 홍백가

그러면 여기서 우리 '탈놀음'에 나오는 대표적인 '배역'들을 순서
없이 살펴보기로 하자.

'샌님'은 양반이다. 그러나 양반이면서 체신이 말이 아니다. 낙반(落
班)한 시골 샌님은 봉건적 가족제도에서 있었던 일부다처(一夫多妻)를
흉내냄으로써 집안 꼴이 말이 아니다. 그러면서도 겉치레나마 하인
'말뚝이'를 부리며 위세를 지키려 한다. 그러나 끝내는 망신만 당하
고 만다. 못생기고 주책없는 샌님을 통하여 바로 우리 생활사의 어두
운 면을 고발하고 극복하려는 의지를 보이는 데 우리는 주목하게 된다.

'취발이'는 힘센 상놈이다. 파계한 중이 데리고 살던 젊은 여자(소
무)를 빼앗는가 하면 샌님에게도 마구 대든다. 좌충우돌 무서운 게 없

다. 그런데 문제가 있다. 들떠서 날뛰는가 했지 자기 분수를 모른다. 오늘의 우리 주변에도 '신판 취발이'는 얼마든지 있다. 아마도 그런 허황된 짓을 깨우치려는 뜻으로 '취발이'가 등장했을 것이다.

'말뚝이'는 샌님의 종이다. 종이면서도 고분고분하지를 않다. 때로는 샌님을 비난하고 욕까지 보인다. 헌데 취발이와 마찬가지로 끝마무리가 흐지부지이다. 너무도 못나다 보니 눈치만 남은 그런 면이 때때로 보인다.

'먹중'은 파계승이다. 누구에게나 조롱의 대상이다. 그러면서도 젊은 계집만 보면 기고만장하다. 끝내는 취발이에 쫓기고 말지만 음흉하기가 이만저만이 아니어서 또 언젠가 다시 음탕하게 나타날 그런 인물이다.

'파계승'의 성격을 세심히 살펴보면, 단순히 퇴폐한 행실에 대한 비판에 그치는 것이 아니라 마구잡이로 받아들였던 외세(外勢)를 응징하고 있음을 발견하게 된다.

'영노'란 놈은 제 입으로는 자기는 사람도 짐승도 아니라 한다. 그저 무엇이든지 먹어치우는 불가사리다. 그런데 제일 식성에 맞는 것은 옳지 못한 양반이어서 못된 양반만 보면 침을 삼킨다.

옛 상민계층들이 '영노'를 통하여 양반에 대한 분풀이를 적극적으로 시도하고 있다. 때로는 끔찍하기도 하지만 해학스럽기도 한 여하튼 유별난 배역이다.

영노의 등장과 함께 그의 적극적이면서도 희화적인 이중성격은 우리 탈놀음 속에서 큰 비중을 차지한다.

'홍백가'는 얼굴이 한쪽은 붉고 그 반대편은 흰, 한 얼굴에 두 개의 표정을 가진 이중인격자다. 아버지가 둘이라고도 하고, 제 스스로 '간'에 붙었다 '쓸개'에 붙었다 한단다. 홍백가가 들실거리는 오늘이고 보니 두 얼굴의 홍백가가 전혀 생소하지 않다.

"…내 한쪽 얼굴은 남양 홍생원이요, 또 한쪽은 수원 백생원일세…"

그의 말대로라면 애비가 둘이련만 그건 그렇지 않단다. 그러나 그것은 일차적으로 자기 모순을 극복하지 못한 비극적 산물로 이해해야 할 것이다. 그런데 그 홍백가의 표정마저 끝내는 슬며시 웃고 있으니 이게 웬일 일까.

걸쭉한 재담, 투박한 춤사위에 미소까지 머금은 서민의 얼굴

국보 제121호로 지정되어 있는 '하회별신굿 탈놀이'의 '백정'은 도끼로 소를 때려 잡는 힘센 망나니와 같으련만 얼굴 가득히 미소가 흐르고 있다. 상식적인 표정이 아닌 마음속을 그리려 한 깊은 계산이다.

'봉산탈춤'의 '취발이'도 이마의 울퉁불퉁한 주름살로부터 밑턱이 툭 튀어나온 것까지 괴기스럽지만 그것들이 한데 어울린 전체 얼굴에서 풍기는 느낌은 조금도 무섭지 않고 오히려 우스꽝스럽기까지 하다. '탈판'이 무너져라 뛰어오르면서 양 손의 긴 한삼이 번개마냥 하늘을 가르는데, 그 힘차고 투박한 춤사위에서도 비단결보다 더 매끄러운 선율이 흐르고 있다.

'동래 들놀음'의 '말뚝이'는 그 크기로 해서나 생긴 모양이 끔찍스럽기로 우리나라 탈 가운데 첫 손가락에 꼽힌다.

말뚝이면 역시 양반의 종에 불과한데 크기로 양반의 다섯 곱은 실하려니와 코는 열 곱도 더 된다. 너풀거릴 만큼 큰 귀도 부처님 귀를 뺨칠 만하다.

이 말뚝이가 말채찍을 휘두르며 굿거리 늦은 장단에 '덧백이 춤'을 추는 모습은 절굿대로 땅을 짓이기는 형상이다.

그 큰 입은 바람이 횡횡 통할 만큼 떡벌렸으니 아무 것이나 그저 삼켜 버릴 것만 같다.

그런데 이 말뚝이가 재담을 던지며 춤을 추노라면 그 기괴한 얼굴에 어느덧 한가닥 미소가 흐르니 무섭기는 커녕 정겨운 얼굴이 되고 만다.

'동래 들놀음'에 나오는 숱한 양반 형제들이 이 말뚝이의 널푼수 있는 풍채에 눌려 아주 왜소해지고 만다.

희로애락을 미소로써 감싼 조형성

그렇다면 우리의 탈들은 왜 이처럼 끝내는 웃고만 있는 것일까? 남편의 외도와 가난에 쪼들리면서도 '큰마누라'로서의 체통을 지키는 '할미'와 '마누라'들, 탕녀의 화신인 '왜장녀'까지도 함께 어울리다 보면 모두가 끈끈한 이웃으로 변하고 마니, 이것이 바로 우리 겨레의 숨김없는 심성(心性)을 드러내 보이는 것이 아닐까 한다.

어떤 사람은 우리 탈이 너무 웃음이 헤프다고 한다. 웃음이란 속이 편할 때 나오는 것인데 그렇다면 우리 조상들은 모두가 그처럼 속이 편했단 말인가. 그렇지 않다. 지지리도 못사는 가운데도 그 못사는 서러움을 이겨내는 슬기로써 웃음을 택한 것이 아닐까.

'소문만복래(笑門萬福來)'라 했으니 일단 웃고 보자는 속셈이었을까. 그러나 웃음이면 다같은 웃음이 아님을 알아야 한다.

우리 탈의 그 웃음 속에는 활짝 웃는 웃음, 씁쓸한 웃음, 찜찜한 웃음, 거슴츠레한 웃음, 톡 쏘는 웃음까지 있는 것이니 그 웃음의 실체를 파악하기란 간단한 문제가 아니다.

사회 경제적 모순과 인간적인 번뇌를 종잡을 수 없이 다양한 표정으로 비아냥 하듯이 비꼬며 웃고 있는 것은 아닌지?

그러면서도 때로는 세상만사 달관한 여유를 보여줄 때는 마음속의 주름살까지 한꺼번에 활짝 펴버리는 기분이다.

'탈' 이란 어디까지나 고착된 얼굴이다. 그 고착된 얼굴로 사랑도 해야하고 이별도 해야하며 세상의 잘잘못과 부대끼기도 해야 한다.

숱한 우리 '탈 유산'의 표정들은 바로 '오늘'의 우리네 표정을 낳게 한 '어제'의 얼굴이다.

이제 그 숨김없는 '어제'의 얼굴들을 마주하며, 더 밝고 포근한 '내일'의 얼굴을 기약해야 한다.

'희로애락(喜怒哀樂)'을 수더분한 미소로써 감싼 그 너그러움에 옷깃을 여미게 되는 것이다.

(1999. 한국예술종합학교 전통예술원 강연 자료)

26
민중(民衆)은 민속(民俗)의 주인

민속의 뜻

근년에 들어 '민속'이란 말이 부쩍 다양하게 쓰여지고 있다. 막연하나마 민족문화의 바탕 또는 뿌리라고도 한다. 소중한 것인데 오늘에 소관된 것이 아니라, 조금은 고리타분한 지난 시대의 유물 내지는 유속으로 인식되고 있는 경향도 있다. 막연하게 그저 옛날이 좋았다는 식의 회고취향으로 쓰여지기도 한다.

그렇다면 '민속'의 참뜻은 무엇일까? 민속을 말할 때, 별 분별없이 혼용되고 있는 말 가운데 '고전'과 '전통'이 있다. 이 문제부터 살펴보자.

민속이란 '민중의 습속'의 준말로써 스스로를 이룩해 내는 자기 생성력에 의하여 오늘에 전승되고 있는 것이라면, 고전은 그러한 자생적 전승력은 지난 어느 시기에 단절 되었지만 단절된 당시의 것을 그대로 오늘에 재현하고 있는 것이라 해석할 수가 있겠다.

이해를 돕기 위하여 춤을 예로 들어 보자.

'살풀이'라는 춤은 처음에는 신앙적 성격을 띠고 무당들에 의하여 전승되던 것인데 지금도 무당들도 추고 있지만, 일반인 또는 전문적 춤꾼에 이르기까지 이 춤은 새로운 표현의지로 발전, 전승되고 있는 바, 이러한 춤을 '민속춤'이라 한다.

이와는 달리 '처용무'라는 춤은 조선왕조의 궁중에서 나쁜 귀신을 쫓는 '나례무'로 추어졌던 것으로, 조선왕조가 끝남과 함께 그의 자생력은 없어지고 오늘날에는 '국립국악원'에 의하여 옛 모습대로 재현, 보존되고 있는 바, 이러한 춤을 '고전춤'이라 한다.

기왕 설명하는 김에 '전통'도 알아보자. 전통이란 앞의 민속과 고전을 통틀어 지칭할 때 전통이라 하는 것이다. 그러니까 살풀이는 민속춤 또는 전통춤이라 할 수 있지만 고전춤이라 하면 걸맞지 않는다. 처용무의 경우도 고전춤 또는 전통춤이라 해야지 민속춤이라 하면 올바른 표현이 아니다.

지금까지의 설명을 통하여 민속이란 생동하는 민중의식의 현장에 피어나는 풍속이요, 생활의 슬기요, 바로 '문화'라는데 인식을 같이해 주었으면 하는 바람이다.

거듭되는 이야기지만 오늘날 민속에 대한 관심이 커지고 있음은 민속이 과거에 속하는 유물이기 때문이 아니다. 민중이 있는 한 민속은 옛부터 있어왔고, 역사의 겉모양(外皮)이 어떻게 변하든 민속은 역사의 밑바탕을 끊임없이 흘러왔고 또 흘러갈 것이다.

그런데도 불구하고 민속에 대한 오늘의 관심이 지극히 역설적임을 발견하게 된다. 민속하면 곧 지난 시대의 고속(古俗)으로써 미신적인 것, 쌍놈의 옛스런짓 쯤으로 오해하는 입장이 보다 보편적이라 하겠다. 이러한 현상은 잘 몰라서 오는 경우도 있지만 역사의 주체인 민중의 존재를 왜곡, 변질시키려 하는 반역사적인 세력의 계획된 조작임을 직시해야 한다.

이러한 견해가 마치 정당한 것처럼 인식되고 있는 것은 대체로 보아 다음 세 가지 이유에서이다.

첫째, 봉건적 기층질서 속의 지배 계층들이 그들을 위하여 내세운 실천강령 즉 예법(禮法)이나 향약(鄕約)을 강제하기 위하여 예컨대, 민중의 신앙적 통로이자 공동체의 의지를 모으는 장소였던 '당굿' 등을 못하게 하거나, 민중의지와는 전혀 이질적인 삼강오륜 등의 유교적 덕목을 접합시키려고 획책함으로써 부단히 변질시키려 했다.

둘째, 일제 강점 시기 침략자의 민족문화 말살정책에 따른 파괴, 변질, 왜곡작업, 한 예로써 새해를 맞아 한 마을의 태평과 풍요와 민중의 공동의 관심사를 토의하고 또 그것을 실천하는 '마을굿'을 미신이라 하여 절대로 못하게 하면서 '병굿' '재수굿' 또는 '점쟁이' 등 본격적인 '무꾸리' '판수' 등은 골라서 저들이 조작했던 조선총독부 산하의 법인체로서 숭신인조합(崇神人組合), 경신교회(敬神敎會), 황조경신숭신교회(皇祖敬神崇神敎會) 등 허황한 조직을 만들어 민중의식을 분열시키고 미혹에 빠트리려는 간교한 술책을 썼던 것이다. 당시 일제 총독이었던 사이또라는 자의 한마디가 걸작이다.

"…조선 사람의 고유문화를 발전시키고 재래의 풍습에 관해서는 미풍을 장려한다…"

참으로 독 이빨이 보이는 간교한 망언이라 하겠다. 이 점은 오늘에 있어서도 냉혹히 자성해 보아야 할 일이다.

농어촌의 '서낭당'과 '부군당'과 '당굿'은 간 곳이 없고, 도회지에는 큰길에까지 점쟁이들의 간판이 네온사인으로 번쩍이고 있으니 말이다.

셋째, 두 동강 난 삼천리 금수강산의 통일을 원치 않거나 방해하는, 외세와 내부 모순 세력에 의하여 독창적 민족문화가 훼손되고 이간질당하고 있다는 점이다. 하긴 오늘의 산업사회에서 독창적 민족문화만을 고집하거나 존재할 수 없는 것은 사실이다. 외래문화의 유입에 따라 본디의 '민족문화'와 오늘의 '한국문화'가 일치할 수는 없게 되었다. 민족문화도 역사적인 전개 과정에 따라서 상당한 변모를 겪어야 하는 것이기도 하기 때문이다. 그렇지만 배달민족의 삶과 역사를 개성 있게 조양해 주는 모태라는 점에서는 한결같을 수밖에 없다. 더욱이 피 흘림이 없는 통일을 이루는 데는 독창적 민족문화를 되새기는 가운데 동질성을 확인하는 것이 그 무엇보다도 긴요하다는 생각이고 보면 다른 어느 나라, 어느 민족과 달리 민족문화에 대한 소중함을 깨닫게 되는 것이다.

민중의 역사의식과 슬기로 창출된 민속문화가 봉건 시기로부터 일제 강점기를 거쳐 오늘에 이르기까지, 박해와 그에 따른 분열과 변질을 강제 당하고 보니 만신창이 상처투성이가 되었는데도 불구하고 소중하기 그지없다.

한편 민속이란 지난 날의 이야기가 아니라 오늘을 살고 있는 민중의 생활문화인데도 그것이 옛스럽게 느껴지거나 또 그렇게 된 데는 그럴만한 분명한 이유가 있음을 지적해야 하겠다.

민속이 옛스러워 보일 때, 그 민족이 지난 역사 가운데에 스스로 주인 노릇을 못한 시기가 있기 때문이라는 사실이다. 또는 외래 문화를 수용하는데 있어 주체적이지 못했다는 산 증거가 되는 것이기도 하다.

'민속'의 뜻을 간단하게 규정지으려 함은 처음부터 무리라는 생각도 든다. 왜냐하면 역사니 철학이니 예술이니 하는 모든 분야의 궁극적 '물음'은 결국 그것이 '무엇인가?' 하는 의문을 부단히 풀어 나가는데 있지 않은가.

민속이란 역사의 주체인 민중의 생활문화이면서 그것을 무한한 진보의지와 비판의식을 바탕으로 역사를 발전시켜 나가고자 하는 민중의식의 소산이라는 생각이다.

민중은 민속문화의 주인

10년 전만 해도 '민중'이란 말을 함부로 썼다가는 공연한 의심을 받았다. 민중이란 말은 북녘 사람들이 자주 쓰는 '인민대중'의 준말이니 안 된다 했다. 그러나 훨씬 앞선 시기인 100년 전 녹두장군 전봉준의 '격문'에서도 민중이 보이는가 하면, 1940년대 민족주의 사관을 주도한 손진태도 민중이란 말을 즐겨 쓰고 있다.

어떤 사람은 민중은 그러저러한 시비가 있으니 '서민' 또는 '민간'으로 대신하고 있다. 그런데 여기에서의 서민이란 '비교적 가난한 사람'이겠고, 민간은 공무원이나 군인이 아닌 지배층 조직에 속하지 않는 모든 사람을 뜻하는 말이다. 즉 서민은 부유층, 민간인은 군인이나 공무원과 상대적인 말이다. 그렇다면 서민 가운데 공무원이나 군인이 포함될 수도 있고, 민간인 가운데 재벌 총수가 들 수도 있다. 이런 점에서 민속문화의 전승 주체로 내세우기에는 그의 개념이 오히려 더 혼돈스럽다.

민중이란 지배당하는 사람, 옛날로 치면 농사꾼, 뱃꾼, 온갖 일꾼, 이른바 무산대중의 쌍놈들이었으니, 오늘날의 농민, 노동자, 날품팔이들에 해당된다 하겠다. 일단 지배 계층은 제외되는 개념이다.

옛날에도 그랬고, 지금도 마찬가지로 바로 이 민중의 민속문화를 창출, 전승해 왔으니 그 예를 들어 본다.

우리 민족의 3대 명절 하면 '설' '단오' '한가위'를 꼽는데 이러한 명절이면 으레 마을 회의를 겸한 '당굿'을 올렸다. 앞에서도 잠시 설명한 바 있듯이 설에 치러지는 당굿에는 반드시 마을회의가 있었다. 함께 모여 풍요를 기리면서 공동의 관심사를 격의 없이 토의, 결정, 실천하는 계기로 삼았던 것이다.

이 당굿이 양반 지배층에게는 겁나며 눈꼴신 모임이 아닐 수 없었다. 자신들의 기득권을 지키기 위해서는 어떻게든지 못하게 해야 하는 불손한 집회였다. 당굿이 끝나게 되면 풍물패를 앞세워 집집을 돌면서 '지신밟기'라는 것을 하는데, 우람한 장정들이 안마당까지 들어와 허튼춤을 추노라면 슬며시 식은 땀이 났다. 옛날의 농민이란 거의 소농들이니 일방적 착취만을 일삼은 지주로서는 겁에 질릴 수밖에 없었다.

오늘날 노동조합과 농민회의 연두 집회에 비유되는 것이고 보면 옛날이나 지금이나 다를 것이 없으리라는 생각이다.

단오에는 바쁜 일손을 하루 쉬면서 일꾼들이 씨름도 하고 그네도 뛰며 힘자랑을 한다. 책상다리를 꼬고 '공자왈, 맹자왈'만 찾았던 서생이나 인방 구석에 움츠려 있던 사대부집 아녀자들에게는 해당없는 놀이였다.

한가위를 흔히 '추석'이라 한자로 적고 있지만 '꽉 찬 한가운데'라는 뜻의 한가위가 본디 우리말이다. 이 한가위에도 설에 못지않게 모임과 놀이판이 벌어진다. 풍요한 수확에 감사하는 역시 당굿을 먼저 올리고 집집에서는 조상께 드리는 차례도 지냈다. 그런데 요즘은 한 공동체의 의식은 없어지고 사사로운 집안 차례만 지내고 있으니 잘못된 일이다.

주로 농군들이 한가위에 놀았던 '양반광대놀이'(지방에 따라서는 '비비새놀이' '초란이굿' '사또놀이'라고도 한다)에서는 양반과 쌍놈의 탈들을 다양하게 만들어 한 바탕의 저항적 사회극을 펼쳤다. 지난해 전국농민회총연맹의 '우루과이라운드' 반대 집회에서 보인 '외국농산물 장례식'이나 '풍물놀이'와 '탈놀이판'들이 모두 같은 맥락의 살아 숨쉬는 민속들이라 하겠다.

이제껏 살펴본 바와 같이 민속은 오늘을 살아가고 있는 민중이 창출해 내는 것이니 그의 주인이 민중임은 말할 나위도 없는 일이다.

(1995. 3. 사람과 일터)

27

민속문화(民俗文化)와
민중의식(民衆意識)
- 신앙 · 놀이 · 민요를 중심으로 -

1. 민속(民俗)은 민중의식(民衆意識)의 현장(現場)

'민속문화(民俗文化)'에 대한 관심이 커지고 있음은 민속이 과거에 속하는 귀물(貴物)이기 때문이 아니다.

민중(民衆)이 있는 한 민속은 예부터 있어 왔고, 역사의 외피(外皮)가 어떻게 변하든 민속은 역사의 내온(內溫) 속에서 끊임없이 흘러가는 것이다.

오늘날 민속에 관한 관심이 다분히 역설적임을 발견하게 된다. 즉 민속이란 곧 미신적 무교적(巫敎的, 샤머니즘)인 어떤 것, 혹세무민(惑世誣民)하는 것, 쌍놈의 옛스러운 것 등으로 오해하는 입장이 보편적으로 저질러지고 있는 형편이다.

이러한 견해가 마치 정당한 것처럼 인식되고 있는 것은 대체로 보아 두 가지 입장에서 연유되고 있다.

이조(李朝) 기층질서(基層秩序) 속의 사대부 계급들이 그들이 내세운 실천강령(實踐綱領), 즉 예법(禮法)이나 향약(鄕約)을 강제하기 위해서 민중의 것, 민중의 정신적 지주(支柱)이며 민중 자신이 창조하고 즐기는 그들의 의식을 분열 내지 파괴시키고자 하는 의도가 영향을 준 것이 그 하나이며, 또한 일제하에 일본 총독정치(總督政治)의 민족문화 말살정책에 따른 민족적·저항적 정신과 통일된 의식을 파괴·분열시키려는 고의적인 의도가 36년간이나 계속되어 왔다는 것이 그 둘째이다.

따라서 역사의 발전과 더불어 민족적 전통의 이어짐이 민중 스스로가 아닌 타율적인 힘, 외세나 양반 세력, 지배층 등에 의해서 차단당했고 왜곡되어 왔다는 역사의식이 이 문제를 제기시키고 있는 것이다.

그러나 때로는 문제의 계기가 전혀 엉뚱하게 나타남을 볼 수도 있다. 즉 '민속문화가 소멸되어 가니 안타깝다'라든가 민속을 골동시(骨董視)하거나 박제시(剝製視)해서 이른바 '고유적(固有的)'이라 하여 문화매매(文化賣買)의 제재로써 가치가 있다는 식의 문제 제기가 그것이다. 이러한 경향은 노동의 신성함과 그 역동성, 그에 따른 기쁨을 농사의 현장에서 구가하는 대신에 예쁜 여자로 구성한 '농악대'로 하여금 무대에 춤추게 해서 그 근로악적 전통을 계승한다고 떠드는 경우와 같은 것이다.

이러한 문제 제기 방식은 어떤 의미로 민속 자체의 파괴를 꾀할 뿐만 아니라 실제 민중과는 아무런 관계도 없는 상업주의의 외적 표현의 하나로 간주될 수밖에 없다. 이러한 의식은 항상 '민속문화가 단절되게 되었다'는 묘한 견해를 애써 내세우고 있다.

그러나 민속이란 그것이 비록 찢기거나 변화를 강요당하거나 변질되거나 간에 어디까지나 민속일 수밖에 없다. 민속의 주체는 민중이며 민중이 생활하고 생존하는 한 민중의 의식은 부단히 발전하는 것이다.

다시 말해서 민속은 역사 발전 과정에 나타나는 다른 모든 부문과 마찬가지로 객관적 상황과 주관적 의지의 접합점(接合點)에서 자기 발전을 거듭하는 것이다. 그것은 단번에 끊어지거나 엉뚱한 변괴를 가져오는 것이 아니라 시대를 반영하는 끈질긴 전승의 과정인 것이다.

민속은 시대에 조응하는 민중의식의 현장인 까닭에, 질적 변화를 동

반하는 까닭에 멈춰질 수밖에 없는 것이다. 그 변화 과정은 그대로 민
중의식의 변화 과정으로써 민중이 있고 그에 대응하는 불합리한 지배
질서가 있는 한, 민속은 민중의 것으로 존재하게 된다. 민속이란 과거
에 속하는 유물이 아니라 항상 현재를 포괄하는 민중의식의 현장이다.

2. 민간신앙(民間信仰)의 바탕

근래에 활발히 논의되고 있듯이 '당굿'은 결코 '미신'과는 구별되
어야 한다.

그것은 토착적 민간신앙이다. 마을을 굽어보는 고개 마루 '서낭당'
에 동네 사람들이 모여든 가운데 '무당'의 한차례 사설이 시작된다.

"…제석삼불(帝釋三佛) 여시는 길에 은하수로 다리놋소 바람과 구름
간데 안개 순풍에 나리시오…"(帝釋 노랫가락 중에서).

이와 같이 당굿의 서두인 '신(神) 맞이굿'을 벌이는 것이다. 이것은
부군당이면 부군님을, 산신당이면 산신님을 모셔드리는 단계에 해당
된다. 그리고 다시 이렇게 계속된다.

"…구능아방 왕장군이 홀아비 나무꾼으로 지내고 있는데 하루는 동
해 용왕의 아들이 서해 용왕과의 싸움에서 불리하다고 구원을 청해왔
다. 왕장군은 응낙하고 가서 서해 용왕을 사살하고 사례로 벼루 상자를
받아왔는데 그 속에서 나타난 미인과 같이 살면서 세 아들을 낳고…"(군
웅본푸리 중에서).

이와 같은 '본풀이'가 시작된다. 제주도 속담에 '귀신은 본(本)을 풀면 신나락 만나락하고 생인(生人)은 본을 풀면 칼선다리가 된다'라 하였듯이 신은 그 내력을 밝혀 주면 더욱 좋아해서 서낭당이나 산신 당에 '고부레 가는(스며 들어가는)' 것이다.

부군님과 산신님은 마을 사람들과 똑같은 평범한 인간이었는데 민중의 적과 결투하면서 온갖 고생을 겪고 드디어는 초인적인 힘을 갖게 되는 것이 '본풀이'의 공통된 내용이다.

평범한 인간이 신통한 힘을 발휘하게 되는 과정을 일일이 밝혀내는 것은 마을 사람들로하여금 신나게 하는 대목이 아닐 수 없다.

마을 사람들은 그들의 적과 싸우는 부군님, 산신님의 내력을 들으면서 하나의 공동체의식을 갖게 된다. 그들의 희원(希願)을 일체화시키고 있을 때, 자신들의 안전과 행복을 지키는 부군님, 산신님의 신통력과 자신을 합치시키고 있을 때, 당굿은 '하정굿'의 단계로 넘어간다.

제물과 공대(供待)를 바치는 이들의 마음속을 관류(貫流)하는 의식은 자기 인식과 결심의 계기로 변하고 자신들의 미래에 대한 뿌듯한 자부심을 갖게 되는 것이다.

당굿의 마지막 단계에 속하는 '매듬굿'은 이 모든 과정을 통틀어 절정에 오르는 여흥 부분을 같이하고 있다. 춤과 노래를 드높이고, 마련한 음식을 먹으며 기세를 올린다. 이 여흥은 단순한 즐김이 아니라 내일을 위한 재창조이며 어제의 질곡을 파괴하는 무한한 가능성의 몸부림인 것이다.

우리나라의 민간신앙은 크게 두 가지로 분류되고 있다. 지금도 그 편린을 찾을 수 있는 것으로 방금 살펴본 '당굿' '장승(장승을 세워 마을의 수호신으로 삼는 것)' '수구막이(마을의 길사(吉事)가 흘러 나가지 못하게 길목에 큰 돌을 세우고 굿을 하는 것)' '솟대굿(솟대를 세우고 마을의 수호나 풍요, 질병의 퇴치 등을 기원하는 것)' 등의 마을 공동신앙이 그 하나이고, '재수굿' '성주굿' '병굿' '진오기' '오구굿' '시왕굿' '사자굿' '망자굿' 등으로 나타나는 개인 또는 가족의 문제와 연결되는 사적 개인신앙이 또 하나이다.

이러한 민간신앙의 기원을 말할 때, '그것은 먼저 정령이나 영혼을 인정하고 인간과 그들의 관계를 주술로써 연결시키기 위해 여러 가지의 금기를 갖는 원시신앙에서 출발하고 있다'고 풀이되고 있는 것이다. 여기에서 생활과 밀접한 관계를 맺고 있는 각종 '질병' 및 농경사회의 기본인 '토지-사신(社神)' '곡식-직신(稷神)' 하늘·바람·산천·별과 각종 영험한 동물의 신격화 과정이 어울려져 발전하게 된다.

이러한 원시신앙이 시대적·역사적 제조건 속에서 발전해 온 과정은 민중의식의 발전 형태를 보여주고 있는 것이기도 하다.

이들 민간신앙의 형태가 발전한 과정은 대체로 공동의식이 개인의식화하는 경향을 띠고 있음을 발견하게 된다.

원시사회에서는 제의(祭儀)가 개인적으로 진행된 것이 아니라 거대한 집단의 행사로 실시되었던 것이 점차로 왕권 강화와 함께 국가적 행사로 발전함으로써 정례화(定例化)되어 이에 따라서 민중들의 신앙형태와는 개별화되도록 되었던 것이다. 도우(禱雨)·기우(祈雨)는 이미 삼국시대부터 왕실의 행사로 되어 민간에게는 금지되기까지 했었다. 추측컨대 '당굿'이나 '장승굿' 등 마을 공동신앙은 이러한 경향에 대한 반동으로 성행된 것으로 이해되어지며 '서낭당' '산신당'에 관련된 기록이 고려 중기로부터 많이 눈에 띄는 것도 이것을 뒷받침하는 것으로 본다.

민간 신앙과 외래종교(불교·도교)의 관계가 항상 병존(併存)의 관계로 나타나는 것을 볼 수 있다. 외래종교가 왕권이나 귀족의 이해와 밀접한 관련을 갖고 수입되었고, 따라서 민중적 일치는 적었으므로 왕권·귀족의 강화와 함께 민간에게 그 영향은 끼칠 수 있었으나 지배적인 것으로는 미치지 못하고 있다.

'팔관회(八關會)' '연등회(燃燈會)' 등은 오히려 어떤 의미로 이들 민간신앙이 승화 작용을 한 예로서도 지적되고 있는 것으로 보다 이 병존 관계는 지배층의 자기 보호 의도와 은밀한 연관을 맺고 있다고 보게 되는 것이다.

특히 고려 후기로부터 시작하여 이조에 걸쳐 왕실 및 지배 계층의 이들 민간신앙에 대한 태도는 금압(禁壓)으로 나타나지만 한편으로는 이를 제도적으로 수용 내지 고정화하려는 움직임도 있었다.

무격(巫覡)을 개인 자격으로 조정의 각종 행사에 동원시키는 제도로부터 시작하여 '무청(巫廳)' '성숙청(星宿廳)' '활인서(活人署)'를 설치하는 과정에서 우리는 매우 재미있는 사실을 발견할 수 있다. 즉 개인신앙의 부분 중에서도 '무술(巫術)'에 관한 부분을 지배 계층이 수용하고 있다는 점이다. 무술이 '의술(醫術)'과 '점복(占卜)'으로 통하는 것인 까닭에 그러한 결과로 되었으리라 추측된다. 그러나 공동신앙의 여러 의식은 국가적 행사로 통합하여 통치 형식의 한 방편으로 수용함으로써 오히려 민중과는 이간하려 했던 것으로 이해된다.

그러나 민간신앙은 기층질서의 보호하에 있는 개인신앙과 병행되면서도 민중다수를 수호하는 공동신앙을 더욱 발전시켜 나옴을 보게 된다. 외세의 침략과 항정(抗戰)의 경험은 이러한 경향을 더욱 촉진시키는 것이 되었으며 '당굿'은 단순한 의식이 아니라 민중 스스로가 그들의 오늘과 내일을 토의하고 행동 원칙을 결의하며 단행하는 자리를 겸한 신앙적 통로로써, 민중의 자기 발전과 투쟁의 터전으로 구실하였던 것이다.

일제가 모든 형태의 '대동제(大同祭)'는 물론이려니와 그와 함께 진행되는 전투적 행사(줄다리기, 편싸움, 동채싸움, 나무쇠싸움)를 강제로 못하게 한 것은 이 땅을 강점함에 있어 이러한 민간신앙이 무엇보다도 방해가 된다고 생각했기 때문인 것이다.

이와 관련해서 이른바 일제 총독이었던 '제등실(齊藤實)'의 다음과 같은 소행이 있다. '조선 사람의 고유문화를 발전시키고 재래의 풍습에 관해서는 미풍을 장려한다'는 허울 좋은 미명 아래 그것도 '무꾸리' '미신' '판수' 등을 골라서 비호한 것(황조교신숭신교회(皇祖敎神崇神敎會), 숭신인조합(崇神人組合), 교신교회(敎神敎會), 교정회(橋正會), 영신회(靈神會) 등)은 이러한 허황한 조직을 통하여 민중의식을 분열시키고 미혹에 빠뜨리려는 간교한 술책임이 명백한 것이며, 이 점 오늘에 있어도 자성해 볼 여지가 있는 것이다.

민속문화의 연구에 있어 가장 중요시되는 것은 전승의 문제를 살펴보는 일이다.

이제 지난날 일제에 의한 민간신앙의 박해와 그에 따른 분열과 변질로, 그 보편적인 형태와 그 속에 투영된 민중의식의 바탕을 찾는 일은 어려운만큼 시급한 것으로 되고 있다. 더욱이 다시 뒤를 이은 기독교·천주교와의 대결 과정 및 그 사회 경제적 배경이 충분히 밝혀지지 못한 현단계에서는 더욱 그러하다.

민중의식의 꾸밈없는 맥락을 보이는 것이 민간신앙인만큼 그것은 가장 집중적인 밖으로부터의 저해를 받아온 것만은 사실이다.

한마디로 민간신앙은 그 뿌리를 대다수 민중에 두고 있다는 데서 이러한 외세의 핍박을 받아온 것이라면, 그 바탕이 무엇인지 해답은 저절로 얻어지는 것이다.

3. 표현 형식의 발전

"하늘에는 별도 많다
쾌지나 칭칭 나네
강변에는 잔돌도 많다
쾌지나 칭칭 나네
솔밭에는 옹이도 많다
쾌지나 칭칭 나네."

　이것은 아직도 영남 지방의 곳곳에서 널리 불려지는 '쾌지나 칭칭 나네'의 몇 구절이다. 이것을 바로 옛부터 전해오는 우리 노래의 본보기로 볼 수는 없는 것이지만 이러한 구절들에서 선인들의 한 의식을 대변하는 자료를 볼 수는 있을 것으로 생각된다. 우선 이 노래의 소재는 하늘·별·강변·잔돌·솔밭·옹이 등 인간사회를 에워싼 자연물 중에서도 가장 비인공적 자연물, 즉 원초적인 자연물들을 동원하여 '풍성(豊盛)'을 노래하고 있다. 이렇게 원초적인 자연환경 속에서 풍성한 생활감정을 소박한 표현 기교로 노래함으로써 당시의 자연신앙과 더불어 민중의식을 표현하고 있는 것이다. 그러나 생을 영위하는 과정에서 자연의 위력(폭풍, 홍수, 한해재해, 병충해)과의 대결이 뒤따르게 되자 이것들을 해결할 수 없던 그들에게는 초인간적·초현실적 힘을 필요로 하게 된다.

　"…명월각시와 궁산이가 결혼하여 살고 있는데 궁산이가 게을러서 나무를 하지 않았다. 명월각시는 자기를 못잊어 하는 궁산이에게 자기의 화상을 그려 주고 나무를 해오라고 했다. 그런데 궁산이가 나무하는 사이에 그 화상이 날아가서 배선비네 집에가 떨어졌다. (중략) 명월각시는 쇠고기 넣은 옷과 바늘 실을 궁산이에게 주고 궁산이를 데리고 배선비를 따라 배에 오른다. 가는 도중 궁산이를 섬에 버리니 궁산이는 옷에 든 고기를 먹다가 바늘과 실로 낚시질을 하여 연명한다. 그러다가 학의 새끼를 살려주고 그 학의 등을 타고 섬을 벗어나 빌어 먹는다. 명월각시는 배선비를 졸라 걸인잔치를 열고 잔치석상에서 궁산이를 만난다. 이에 명월각시는 구슬날개 옷을 내어 놓고 깃을 찾아 입을 줄 아는 사람이 자기 낭군이라고 하니 궁산이가 구슬옷의 깃을 찾아 입고 공중에 올라갔다 내려온다. 배선비도 구슬옷을 입고 공중에 올라갔으나 내려올 줄을 몰라 솔개가 되고 궁산이와 명월각시는 다시 모여 일월(日月)의 신이 되었다…"(일월 노리 푸념 중에서).

이와 같이 그들은 결코 초인적·초월적 힘을 전혀 외적인 것만에 의존하고 있지는 않다. 물론 이러한 식의 서사무가(敍事巫歌)의 주인공들은 비현실적이고 비과학적인 출생을 하고 기적적인 생애를 갖고 있으나 일반인과 조금도 다를바 없는 평범한 인격의 신으로 화하고 있는 것을 볼 수 있다. 무가(巫歌)가 치병(治病) 축사(逐邪) 소복(召福)의 내용도 포함하고 있는 까닭에 신비적인 표현이 많음은 사실이나 결코 황당무괴한 것만은 아닌 것이다.

〈창세가〉〈초감제〉〈시루말〉 등의 설화에 나타나는 자연관, 〈바리공주 설화〉 등에서 보여주는 태생의 신비와 〈군웅본푸리〉〈문전본푸리〉 등에 나타나는 기적 등 그 모든 것이 민중의 소박한 염원을 담고 있는 것이다. 이러한 무가(巫歌)를 전하는 사람은 무군(巫群)들로서 그들은 무가의 소재를 전해 내려오는 신화, 민담, 전설 등에 두었으니 이러한 것들이야말로 민중 속에서 탄생 성장했기 때문에 그 효용에 편승하지 않을 없었다고 이해되어진다. 이러한 여러 무가는 민중의식의 발전과정을 보여주는 좋은 본보기라 하겠다.

신비적·초월적·초인간적·절대적 존재에 대한 민중의 갈망은 시대가 지남에 따라 점차적으로 인간적이고 범인적(凡人的)인 것으로 관심을 이행시키고 있다. 이러한 과정은 필경 인지(人智)의 발달과 역사적 체험과 결부되며 인간의 주체적 노력이 자연을 변개시킬 수 있다는 소박한 자신을 포함시키고 있는 것이다.

이와 같은 경향은 또한 점점 탈인간화해 가는 지배질서의 위선을 기본으로 하는 제도에 대한 반항을 의미하기도 한다. 사실 민중은 한자를 몰랐으므로 경기체가(景幾體歌)와 같은 창작 시가나 다른 문학적 형식에 참가하지 못하고 전래의 설화나 민요 등에 즉흥적인 변화를 주는 가운데 보다 인간다운, 보다 감정적인 차원에서 그들의 의지를 전개해 온 것이다.

이러한 경향과 더불어 주목할 만한 새로운 내용이 서민의 입을 통해서 형성되고 있으니, 즉 귀족정치제도 내지 봉건제도하의 학정을 표현하는 것이 바로 그것이다. 고려시대에 나타난 〈사리화가(沙里花歌)〉는 비록 민중 속에서 불리워진 것 그대로는 아니고 한자로 번역 기술되어 있기는 하나 당시의 서민의식의 일단을 엿보게 해준다. 그 내용은 고독한 가운데 홀로 농사를 지은 홀아비가 논밭을 갈았건만 아무 소용이 없게 되니 원망만이 나온다는 것이다(黃鳥何方來去飛 一年歲事不曾知 鰥翁獨自耕藝了 耕盡田中禾黍爲).

또한 인간다운 생활을 노래한 〈후전진작(後殿眞勺)〉 등 고려시대의 민요 49편이 〈사리부재(詞俚不載)〉란 고루한 지배 계층의 관념 때문에 전해지지 않은 것은 유감스러운 일이다.

이밖에도 당굿의 여흥으로 많이 놀아온 '탈놀음'의 재담(臺詞)이나 수많은 민요들이 민중의식을 표현한 가장 직설적이고 실감 있는 표현 의지를 보여주는 것으로 그때그때의 시대상을 민감하게 포함하면서 발전하고 있는 바 이것은 뒤에서 따로 다루기로 한다.

4. 민속연희(民俗演戱)의 내용

우리의 민속연희는 주로 세시풍속과 밀접한 관계를 맺고 있다.

'설' '대보름' '입춘' '사월 초파일' '단오' '백중' '한가위' 등과 관련된 놀이의 수는 참으로 많다. 이들 민속연희는 앞에서 살펴본 제반 민중의식과 밀접하게 결합되어 있음은 물론이다.

정월 대보름과 팔월 한가위가 무척 대조적인데, 한가위의 연원은 신라시대의 길쌈장려와 무술장려라는 정치 경제적 의도와 결부되어 있으나, 정월 대보름은 궁중행사에서 기록이 드문 것으로 보아 진정 민중의 명절이었음을 알 수 있다. 이날의 대표적인 민속연희로는 줄다리기와 편싸움(石戰)을 들 수 있는데 주로 대처(大處)(都市)에서는 편싸움이 성했고 시골에서는 줄다리기가 광범위하게 놀아졌다. 그리고 지역적으로 한강 이북에 편싸움, 이남은 줄다리기의 분포를 보여주고 있다.

한강 양 연안과 대동강 연안, 그밖에 대소 마을이 편을 갈라 이 용맹스러운 '겨룸'은 장관을 이루었는데 이날 '이마에서 피가 흐르지 않는 아들을 둔 어머니는 부끄러워 하였다' 하니 그 정황이 가히 짐작되는 것이다. 이와 같은 겨룸을 통하여 오랜 옛날부터 이 땅을 넘나본 외적의 침입에 대비하는 민중의지의 상징으로 이 놀이는 전해온 것이다.

시골에서의 줄다리기 역시 큰 규모의 집단연희이다.

경기도 일원에서는 '줄다리기,' 충청도에서 '강다리,' 전라도에서 '줄땡기'로도 불리는 대동놀음이다.

놀이가 시작되기 며칠 전부터 집집에서 짚을 모아 큰 줄을 만들고 음식을 장만하는 등 상당한 준비 기간을 갖는다. 보름이 되면 암(雌)줄과 숫(雄)줄을 비녀목(두 줄을 잇는 큰 막대)으로 결합시킨 다음 두 패로 나뉘어 힘을 다하여 서로 당기게 되는데 이 놀이는 경우에 따라서는 며칠씩이나 계속되는 것이다. 막상 승부를 가리는 데 그치는 것이라면 간단히 끝낼 수도 있는 것이겠으나 이 줄다리기의 묘미는 누가 이기고 지는 문제를 초월하여 양편이 서로 힘을 다하여 당겼을 때, 서로 다른 두 개의 큰 힘이 어느 쪽으로 쏠리지 않는 팽팽한 협화(協和)의 팽배감을 만끽하는 것이다. 즉 승부의 관념보다는 양편이 서로의 막강한 힘으로 균형을 이룰 때 민중은 힘을 통한 의지의 승화를 즐기는 것이다. 근자에 '전국민속예술경연대회'에서 이러한 놀이 정신과는 상관없이 왜줄(일본식 줄다리기)식으로 변작하여 승부에만 급급한 기형의 놀이를 창출하고 있는 것은 어처구니 없는 짓이라 하겠다.

단오를 전후한 그네와 씨름, 백중의 풍물(農樂) 그밖의 10월 상달에 열리는 당굿에서 갖는 여러 놀이와 탈놀음 등 모든 연희는 대체로 두 가지 면에서 민중의식의 반영을 보여주고 있다.

하나는, 모든 행사에 민중 전체가 참여하도록 되어 있다는 점이다. 참여하는 민중의 일체감을 목적으로 하고 있는 것이다. 전체의 일체감, 의지의 통일, 공동이익의 기원을 목표로 진행되는 것이다.

또 하나, 모든 민중연희에는 외세의 침입과 그것에 대비하는 민중의식이 담겨져 있는 점이다. 편싸움을 비롯한 모든 전투적 집단연희는 진취적 민중의지의 발현으로 이 땅을 지켜온 힘의 원천이 되어 온 것이다. 그것은 물론 막판에는 승부가 나게 마련이다. 그러나 그 궁극의 목적은 승패에 있는 것이 아니었다. 이웃끼리 패를 나누어 함께 겨루는데서 자신들의 큰 힘을 형성해 보는 것이다. 개인이 아니라 집단 전체가 모두 참여하여 모든 사람이 함께 즐기려는 민중의식의 산물인 것이다.

러일 전쟁 이후 일제가 이와 같은 행사를 적극 탄압하고 원천적인 소멸을 시도했던 것은 바로 이런 연유에서였다.

그후 민중연희는 이러한 일제의 직접적 탄압과 생활 양식 및 경제 구조가 농경사회를 벗어나게 되었다는 사실 등에서 쇠퇴한 듯하지만 그러나 그 민중연희의 기본적 흐름은 오늘에도 미래에도 이어지는 것이다.

거듭하거니와 민중연희는 단순히 과거의 것이 아니라 항상 현재진 행형의 형태로 흐르고 있는 것이다.

멈추어 폐쇄된 것이 아니라 역사적 전개 과정에 자연스럽게 형성되어진 민중의식의 표현인 것이다.

5. 자기 실현의 줄기

민중은 자신들의 역사의식을 나타낼 수 있는 표현수단으로서 행동을 가졌을 뿐 기록은 갖지 못했다. 그러나 16세기에 이르러 나타난 서민문학과 일부 양반에 의해서 쓰여진 해학·풍자소설은 양반에 의한 민중의지의 표현이자 이들 양자간의 합의의 일단으로 풀이된다.

한편 민중의식의 행동적 표현인 당굿에 있어서도 자연과 인간의 갈등을 해소시키고자 하는 주술 행위에서 점차 사회적인 갈등을 표현하는 형식으로 발전하기에 이른다.

제의 형식이 중요시되던 과거와는 달리 실제 서민들의 공동의 관심사를 토의하고 결행하는 문제와 울분의 돌파구이기도 했던 놀이 부분에 관심이 집중되는 과정을 보여주게 된다.

양반들의 제사에서처럼 조용히 몰래 축문을 읽고 절을 하는 형식과는 달리, 민중의 그것은 애초부터 그러했거니와 모든 것을 공개하는 가운데, 어떤 특정한 개인이 아닌 마을 전체의 이익을 위하여 토의 기원하는 '대동회(大同會)'의 성격을 갖는 것이었다. 이러한 과정에서 가장 두드러지게 나타나는 자기 실현을 위한 민중의식의 표현 양태는 반 봉건으로 집약된다.

1년에 한 번씩 열리는 당굿을 통해서 또는 그밖의 대소 명절에 가졌던 마을 사람들의 모임을 통해서 이러한 의식은 더욱 발전할 수 있었던 것이다.

여기서 남사당패 놀이 중에서 탈놀음인 '덧뵈기'를 예로 들어 그 일단을 살펴보는 것이 그 줄기를 이해하는데 도움이 되리라 생각한다.

'덧뵈기' 4마당의 내용을 순서대로 보면 다음과 같다.

첫째 마당 '마당씻이' – 놀이판을 정하고 판을 정지함.
둘째 마당 '옴탈잡이' – 옴탈(외세)과의 싸움에서 이겨 쫓아냄.
셋째 마당 '샌님잡이' – 샌님(封建 支配者)을 매도함.
넷째 마당 '먹중잡이' – 먹중(외래문화 또는 종교)을 몰아냄.

이상이 노는 순서이자 그 줄거리이다.
다시 '마당씻이' 장면에 있는 '고사문(告祀文)'의 일부를 소개한다.

"…강남은 뙤뙤국 우리나라는 대한국 십이지국에 열두나라 조공을 받치러 넘나들던 호구별성 손님 마마 쉰삼분이 나오신다. 어떤 손이 나오셨나 말을 잘하면 귀변이요. (중략) 배를 잡았더냐 나무 배는 쌀을 실코 독에 돌배는 명을 실코 명과 쌀을 가득 실코 (중략) 북을 둥둥 뚜다리니 강남서 떠났구나 서축을 바며 저어라 일일 경내 앞바다 서해 바다 건너오니 조선땅의 초입이라 의주 용천 가산 철산 안주 박천 순안 순천을 얼른 지나 평양 같은 대목안 인물 추심을 하옵시고 하룻날을 뚝 떠나 대동강을 얼른 지나 황주 봉산 서흥 신막 남천리를 얼른 지나 개성 같은 대목안 인물 추심하옵시고 이튿날 내달아서 파주 장단을 얼른 건너 작은 녹번리 큰 녹번리 무악재를 훨훨 넘으니 모화문 거므러지고 독립문이 우뚝 섰다 억만 장안에 팔만가구 인물 추심을 다니실제.” (후략)

이것은 바로 실제로는 빼앗기기만 했던 민중이 뙤국(中國)으로부터 공물을 받아들여오는 대목을 그리고 있는 것으로 절실한 염원의 표적이라 하겠다.

호구별성(마마귀신)으로 표현되는 외세를 쫓아내고, 봉건질서의 내적 모순인 샌님(지배 계층)을 매도하며, 옴(가려운 병) 중인 외래종교를 비판함으로써 가차 없는 민중의지를 발현하고 있는 것이다.

'봉산탈춤'에서 말뚝이와 양반 삼형제가 어울려 노는 '양반춤 마당'을 보면,

> **말뚝이** (한복판에 나와서) 쉬이 (장단과 춤 멈춘다) 양반 나오신다아! 양반이라고 하니까 노론(老論) 소론(少論) 호조(戶曹) 병조(兵曹) 옥당(玉堂)을 다 지내고 삼정승(三政丞) 육판서(六判書)를 다 지낸 퇴로재상(退老宰相)으로 계신 양반인 줄 아지 마시오. 개잘량이란 양자에 개다리 소반이라는 반자쓰는 양반이 나오신단 말이요.
>
> **양반들** 야아, 이놈 뭐야아!
>
> **말뚝이** 아, 이 양반들 어찌 듣는지 모르갔오. 노론 소론 호조 병조 옥당을 다 지내고 삼정승 육판서를 다 지내고 퇴로재상으로 계신 이생원네 삼형제 분이 나오신다고 그리하였오.
>
> **양반들** (합창) '이생원이라네!' (굿거리장단으로 모두 춤춘다. 도령은

때때로 형들의 면상을 치며 논다. 끝까지 그런 행동을 한다.)

　말뚝이는 양반 삼형제의 종이다. 그럼에도 불구하고 말뚝이는 양반을 기량껏 조롱하여 무능한 인물로 만들어 버린다. 이러한 내용은 놀이판에 참여한 모든 민중으로부터 갈채를 받는다. 이들 민중은 신분의 기층질서하에 찌들린 인간이하가 아니라 양반을 풍자하며 그들과 대응한 입장에 서는 것이다.
　여기서 다시 '강령탈춤'의 '노장마당'을 예로 든다.

말뚝이 저어 서쪽이 껌껌하니 웬일이냐?

일 동 (말뚝이가 가리키는 쪽을 보며) 자아 이거 뭐일까? 한번 가보자.

말뚝이 그럼 가서 자세히들 보자.

일 동 (노장이 업드려 있는 곳으로 엉금엉금 가서 들여다보고 놀랜다)
　　　야아 이거 뭐냐?

말뚝이 자아 이게 뭔가 한번 물어 보자. 네가 사람이냐?

노 장 (무언)

말뚝이 짐승이냐?

노 장 (무언)

말뚝이 귀신이냐?

노 장 (무언)
　　　(중략)

말뚝이 그럼 네가 뭐란 말이냐?

노 장 (무언)

말뚝이 아무리 생각해도 장삼(長衫)을 입은 것을 보니 네가 중놈이
　　　아니냐?

노 장 (업드린채로 고개만 끄덕끄덕한다)

말뚝이 네가 중놈 같고 볼작시면 절깐에서 불도나 숭상헐 것이지 이런 사가에럴 무슨 뜻으로 왔단 말이냐?

이렇게 득도의 상징인 노장은 민중 앞에 그 정체가 드러나며 비판의 대상이 된다. 무릇 모든 민중 취향의 '탈놀음'에서 그들은 관념의 세계를 질타하고 현실의 세계를 구가하며 인간다운 삶의 진수를 풀이하는 것이다.

이러한 반봉건, 반외세의식의 전개는 민속연희에서뿐만 아니라 다양한 방향으로 진행되고 있음을 본다. 민요 동요에서는 물론 일상적 담화에서도 철저히 구사되고 있다.

그럼에도 불구하고 이조의 지배 계층이 이것을 금압(禁壓)할 수 없었던 것은 이들 모든 행위가 탄탄한 민중의식에 뿌리박고 있었기 때문이기도 하지만 기층사회의 무능에도 큰 원인이 있었을 것이다. '사대문 열고 나비잠만 잔다'는 동요가 보여주듯이 이미 봉건질서는 무기력의 대명사가 되었고 민중의 놀림감으로 떨어지고 만다.

다시 말하자면 가혹한 자연과 대결해야 했던 원시사회의 민중의식은 이제 자신의 터전을 가다듬기 위하여, 사회적 혼돈과 그 첨예화된 질곡과 대결을 시도하게 된다. 이러한 대결은 외세, 특히 일본 세력의 한국 침략과 더불어 자각된 또 하나의 대결이 포함되고 있는 것이다.

따라서 민중의식은 이제 자연과 사회질서와, 외세와의 삼중 대결을 벌이게 된다.

'포곡은 운다마는 논 있어야 농사하제 대승아나지마라 누에쳐야 뽕 따것다 배가 저리 고프거든 이것 먹고 쑥국새 목이저리 갈하거든 술을 줄까 제호조 먹을 것이 없어거니 거견을 기르겄다.'

이렇게 기층질서의 희생물이 된 농민의 원망은 또 한편 '새타령'에서도 나타난다. 자기 한탄과 회오, 그리고 갈등이 더욱 구체화되는 과정에서도 때로는 깊은 역사적 행위는 준비되고 있는 것이다. 그러한 역사속의 민중적 실천은 항상 좌절되어 왔지만 이 좌절을 단순한 패배로 돌리지 않는 현명함을 지니기도 한다.

　패배와 승리의 갈림길은 이미 민중에게 있어서는 숙명이 아니라 역사의식 바로 그것으로 나타나고 있는 것이다.

　　"새야 새야 파랑새야 / 너 어이 나왔느냐

　　솔잎 댓잎 푸릇키로 / 봄철인가 나왔더니

　　백설이 펄펄 헛날린다 / 저건너 저 청송녹죽(靑松綠竹)이 날 속였네."

　여기에서 '새'는 민중의 상징이요, 민중 그 자체이다. 민중의 구체적 반항이며 새시대의 서막인 동학혁명에 대한 치밀하고 정확한 역사적 평가는 바로 민중 자신 속에서 일어나고 있는 것이다.

　'사대문 열고 나비잠만 잔다'는 상태에서 봉건적 지배질서의 무능은 끝내 나라를 일본에게 송두리째 빼앗기고 말았다. 이제 반봉건의식은 다시 반외세의식과 합쳐져서 차원 높은 저항의 형태를 만들었으며 이들의 표현도 구체적이고 직접적으로 된다.

　　"이씨의 사촌이 되지말고 / 민씨의 팔촌이 되려므나

　　남산밑에다 장충단 짓고 / 군악대 장단에 받들어 총만 한다

　　아리랑 고개다 정거장 짓고 / 전기차 오기만 기다린다

　　문전의 옥토는 어찌되고 / 쪽박의 신세가 윈말인가

　　밭은 헐려서 신작로 되고 / 집은 헐려서 정거장 되네

　　말깨나 하는 놈 재판소 가고 / 일깨나 하는 놈 공동산 간다

　　아깨나 나을 년 갈보질 하고 / 목도깨나 메는 놈 부역을 간다

　　신작로 가상사리 아까시 낡은 / 자동차 바람에 춤을 춘다

먼동이 트네 먼동이 트네 / 미친놈 꿈에서 깨어 났네."

마음과 마음으로 불리워지던 이러한 민요는 그 어떠한 수식이나 표현기법보다 민중의 의식을 분명하게 나타낼 수 있었으며 역사의식 또한 정확하고 명쾌한 것이다. 사실 이 민요가 보여주는 역사에 대한 정확한 인식은 민중의식의 요체였으며 '미친놈 꿈에서 깨어' 나게 하는 바탕인 것이다.

이러한 표현 형식과 관련된 민중의식의 형성 과정은 우리가 보아 온 바와 같이 대체로 네 개의 단계를 거치고 있다.

1. 자연과 인간과의 갈등을 해소시키려는 주술 중심의 단계.
2. 점차로 인간의 능력과 창조성을 인식하여 인간의 신격화가 이루어지는 인간화의 단계.
3. 다시 인간과 사회적 제도와의 모순이 인지되는 단계.
4. 민중의식이 반체제의 의지를 표현하고 외세와의 교접 과정에서 반외세의 의지로 집약되는 단계이다.

이러한 변화속에서도 민속문화는 과거의 것과 전연 다른 어떤 새로운 창조의 연속이 아니라, 과거에서부터 있어온 것을 시대 상황에 조응시켜 가면서 내적 연속성을 이룩하는 것으로 나타나고 있는 것이다.

이 자기 실현의 과정은 쉼이 없었고, 과거에도 그러했듯이 현재에도 끊임없이 진행되고 있는 것이다.

6. 맺는말

이제까지 우리는 민속문화 특히 민간신앙, 연희 민요 등에 나타난 민중의식을 살펴보았다.

거꾸로 민중의식은 바로 앞에서 제시한 여러 형식들을 통해서 나타나는 것이다. 그러므로 민중의식과 이러한 형식들은 표리 관계에 있는 것이다.

민중의식을 그 내용으로 하고있는 민족적(독창적) 형식이 곧 민속인 것이다. 역사 발전에 따라 민중의식의 내용은 당연히 발전적인 변화를 이룩하는 것이다. 민족적 형식에 기초된 민중의식의 발현, 그것은 정지되어 있는 것이 아니요, 틀 지워져 있는 것이 아니다. 그것은 부단히 발전하며 그 양적인 발전은 또 역사적 조건과 결부되어 질적인 발전으로 전환되어진다.

우리는 앞에서 민중의식의 발현 과정이 조국의 역사적·외피적 조건 속에서 어떻게 흘러왔는가를 살펴보았다.

역사적 상황을 몸으로 체득한 결과가 민속의 모든 형식을 통하여 발현될 때, 그리고 그러한 민중의식을 감당할 만한 지배층의 능력이 없을 때, 민중의식은 지배층으로부터 부단히 도전받으며 때로는 심한 압박을 받아왔다.

이때 민중의식은 일차적으로 저항의 형태로 나타난다. 민속문화가 반봉건, 반외세의 성격을 띠었다 함은 그 단적인 예이다.

이러한 역사적 사실에서 우리는 우리의 민속이 어떠한 현실 조건에도 막힘 없이 흘러가는 당연한 도정을 알게 된다. 신앙 연희 민요 등등 모든 형식을 통하여 나타난 민중의식이 그 시대가 갖고 있는 모순의 해결을 그 내용으로 하고 있다는 사실에서 그것은 더욱 명백한 것으로 된다.

즉 역사 속에는 항상 무명의 집단으로 흘러 오면서도 실제로는 역사와 생활과 생활의식을 형성해 온 민중이야말로 가장 주체적인 단위이다.

이것이 우리의 민중사에 표백되어져야 할 민중의식이다.

우리는 역사 속에서 지배층의, 또는 이민족의 악랄한 탄압과 질시 속에서도 스스로 자기 발전을 충분히 보아왔다. 우리는 그 속에서 진정한 민중의 힘을 확인하고 역사에 대한 확신을 가져야 한다.

어설픈 복고 취향의 민속 애호론자나 왜곡되게 민속을 끌어가려는 일체의 움직임도 민속이 그 내용으로 갖고 있는 도도히 흐르는 민중의식의 흐름은 막을 수가 없는 것이다. 다만 그들은 역사에 대한 잘못 인식으로 하여 비민중세에 유리한 짓을 저지르다가 곧 쓰러져 갈, 자기 무덤을 파는 결과일 뿐이다.

우리의 민속을 올바로 이해하기 위하여는 우리가 바로 민중임을 확인할 수 있을 때 가능한 것이다.

민속에 대한 올바른 이해는 그 이상도 그 이하도 아니다.

(1973. 6. 세대)

28
해학과 풍자의 마당 '민속연희'

민속극 개관

'민속(民俗)'이란 민중의 습속(習俗)의 준말로써 그것은 민중의 역사와 함께 부단한 변화 발전 과정을 거치면서 오늘에 전승되는 것임을 먼저 말해두고자 한다.

그런데 우리의 역사가 근대 시기에 이르면서 외세 및 외래문화의 일방적 유입으로 주체적 발전의 길을 저해당하면서 지금처럼 상당 부분 옛스런 것으로 박제되기에 이르렀음을 자인하지 않을 수 없다.

이 글은 오늘에 전하고 있는 민속극의 지난 자취와 오늘의 실상을 잔략하나마 통시하는 가운데 앞으로 이루어야 할 자생적 발전을 꾀하는데 기초 자료가 되기를 소망하며 조심스럽게 살펴보고자 한다.

민속극, 그것은 천재적 어느 작가 또는 배우에 의하여 창출되는 것이 아니라 역사의 주인인 공동체의식의 소산이다.

공동체의식이란 역사 발전과 함께 가변(可變)하는 것이니 구비(口碑)전승의 하나로 '관'이 아닌 '민간'의 애환을 피로하는 연극이어서 '민간극'으로도 일컫는다.

구비전승하는 연희본(演戲本)이 일단 기둥이 되면서 연희하는 '때'와 '곳'의 현장의지가 최대한 수용되는 가운데 악가무(樂歌舞)가 조화로운 종합예술적 성격을 띠는 것이라 하겠다.

어떤 사람은 이처럼 '악가무'가 함께 하는 것은 분화되어야 할 것이 아직 분화되지 못한 미분화 상태의 뒤떨어진 것이라 하지만 전혀 그렇지 않다. 음악과 춤과 연극이 어울리는 가운데 이루어 내는 독창적 연희춤을 발견해야 한다.

현재 전승되고 있는 민속극을 대별하면 크게 다음 4부류를 들 수 있겠다.

'탈놀이(假面劇)' '인형놀이(人形劇),' 소리극(판소리, 창극), 굿놀이 (놀이굿, 판놀이) 등인데 이밖에도 다양한 놀이가 전했던 것으로 증언되고 있으나 당장 재구 · 재현하기에는 어려운 형편인가 싶다.

그리고 이 글에서는 그동안 소중하다고 인정되어 국가로부터 무형문화재로 지정된 종목을 중심으로 한다. 예컨대 '소리극' '굿놀이' 등도 포함되어야 하나 다른 분야와 중복될 것이기도 하여 제외했다.

우리 민속극의 원류를 논할 때, 흔히 원시 공동체사회에서의 제천의식을 들어 신앙적 동기를 주장하는가 하면, 당시의 제천의식이란 바로 생활 그 자체로써 풍요한 생산을 기원, 촉진한 생산적 동기를 내세우기도 한다. 이 두 의견은 그 어느 한 족에서 타당성을 찾기보다 양자의 통일에서 실마리를 품게 되리라는 생각이다.

시원적 이야기로 다시 돌아가면 뭇예술의 발생을 모방이나 유희 본능에서 설명하고 있는 본능설은 실생활과는 연관 없음을 주장하지만, 그와는 달리 인류학적 방법을 원용한 발생학적 기원설에서는 생산이 전제가 되는 실생활과의 직관을 밝히려 하고 있다.

각설하고—. 원시인의 제의(祭儀)가 연극적임은 문화권에 관계없이 세계 공통의 현상일진대, 원시 연극과 신앙의식은 동질의 것이거나 상호 보완 관계의 것으로 보아 무리가 없겠다.

한편 아직도 미분화의 상태라는 오해를 받을 만큼 민속극을 비롯한 우리의 전통연희가 고집스럽게 독창적 성격을 유지하면서 오늘로 발전한 그의 내력을 일단 문헌 자료를 통하여 찾아 본다.

중국의 역사책 《삼국지(三國志)·위지동이전(魏志東夷傳)》에 보면, 이미 3세기경 한반도의 여러 부족들은 1년에 한두 차례의 국중대회를 열어 제천의식과 함께 공동체의식을 돈독히 하는 가무백희(歌舞百戲)를 즐겼음을 기록하고 있다.

부여(扶餘)의 영고(迎鼓) / 고구려(高句麗)의 동맹(東盟) / 예(濊)의 무천(舞天) / 마한(馬韓)의 5, 10월제 / 가락(駕洛)의 계욕(禊浴)

위에서 우리는 지금도 각 고장에서 전승되고 있는 '당굿'의 습속과 그에 따르는 가무오신(歌舞誤神)의 각종 예능의 '본디 꼴'을 유추하게 된다. 또 다른 기록 《삼국유사(三國遺事) 가락국기(駕洛國記)》 가운데 건국신화인 수로왕(首露王)의 전설이 춤과 노래로, 엮는 제전연희(祭典演戲)를 통해서 보이고 있다.

이처럼 아득한 옛날의 제전기록들에서 원시 제의가 원초적 근원연극(根源演劇)으로 구실했을 것이 미루어 짐작하게 하는 것이다.

뒤이어 고구려, 백제, 신라에서는 고유(固有)의 예능(藝能)들을 더욱 발전시키면서 중국을 비롯한 동·남 아시아와 서역계에 이르기까지 교류하기에 이른다.

《고려사(高麗史) 악지(樂志)》에 보이는 고구려의 가악(歌樂)으로 내원성(來遠城), 연양(延陽), 명주(溟洲)가 있는가 하면, 《수서(隨書) 음악지(音樂志)》에 보이는 지서가(芝栖歌)와 가지서무(歌芝西舞)의 설명은 능히 연극성을 띤 극희(劇戲)를 짐작케 한다.

《문헌통고(文獻通考)》에서는 괴뢰희(인형극)가 고구려악(高句麗樂)에 있었음을 말하고 《구당서(舊唐書)·악지(樂志)》에서는 고구려 무용

총의 벽화를 연상케 하는 광수무(廣袖舞)의 자태, 오늘에 전하는 처용무, 탈춤 등의 생생한 모습을 설명하고 있다.

《고려사·악지》에는 백제의 다섯 가지 가악 '선운산(禪雲山)' '무등산(無等山)' '방등산(方等山)' '정읍(井邑)' '지리산(智異山)'을 전하고 있다. 《수서 동이전》에는 백제기(百濟伎)로써 오늘에도 전하는 '극희'와 '놀이'로 투호(投壺), 위기(圍基), 저포(樗蒲), 악삭(握槊), 농주지희(弄珠之戲)를 기록하고 있다.

한편 《일본서기(日本書紀)》는 '백제 무왕 13년(612) 백제 사람 미마지(味摩之)가 기악(伎樂)을 일본에 전했음'을 기록하고 있는 바 이 기악은 우리의 탈놀이 가운데 '산대계열'의 시원형임을 주장하는 의견이 있다. 일본에는 다행히도 7,8세기 기악탈이 200여 점 전하고 있는데 노(能)를 비롯한 저들의 전통예능의 시원으로 기악을 꼽고 있다.

《고려사·악지》〈삼국속악조(三國俗樂條)〉에 6종의 '신라악,' 《무헌비고·속악부》에는 이보다 훨씬 많은 30여 종을 들고 있으니 7세기 후반에 이르러 3국을 통일한 신라가 가야·백제·고구려악을 집대성했음을 확인하게 하는 대목이다.

《삼국사기》〈권1·가배조(嘉俳條)〉에서 가무백희(歌舞百戲)라는 용어가 처음으로 나타나고, 《문헌비고》〈권107·속악부 2〉에는 진흥왕 12년(551)에 처음으로 설치했다는 팔관회(八關會)가 기록되고 있다. '팔관회' 등에서 놀아졌을 '가무백희' 가운데 특히 신라의 연극 유산을 살필 수 있는 연희로는 다음과 같은 종목이 있다.

검 무(劍舞) 신라의 소년 황창이 검무를 빙자하며 백제 왕을
            죽이고 목숨을 잃으니 이를 슬퍼하여 후세까지 전

한다는 이 춤은 단순히 검기무에 그치는 것이 아
니라 탈을 쓰고 연희하는 희곡성이 짙은 무용극
이었다.

무애무(無㝵舞) 원효대사가 실계(失戒)한 후 만든 것이라는 이 작품
은 포교성이 짙은 무용극으로 짐작이 간다.

처용무(處容舞) 처용설화는 널리 알려진 바이고, 이 춤은 요사로움
을 쫓고 경사로움을 맞겠다는 벽사진경(辟邪進境)
의 뜻을 담은 가무극(歌舞劇)이다.

오　기(五伎) 신라 말의 명상 최치원(崔致遠)의 절구시(絶句詩) 향
악잡영오수(鄕樂雜詠五首)에 금환(金丸), 월전(月
顚), 대면(大面), 속독(束毒), 산예(狻猊)의 다섯 연
희가 읊어지고 있다.

'금환'이란 금칠한 공(방울)을 공중에 던졌다 받는 묘기이며, '월전'
은 탈놀이로 해석하는 의견이 있고, '대면'도 탈놀이로써 구나무(驅
儺舞)인 처용무와 연관시켜 고찰되어야 한다는 의견이 있다. '속독'은
중앙 아시아에서 유입된 활달한 춤의 일종으로 역시 탈을 쓴 무극(舞
劇)으로 해석하고 있다. 끝으로 '산예'는 사자춤으로 서역으로부터 들
어온 내력까지 설명하고 있다.

본디 사자가 없는 우리나라에 사자춤의 역사는 오래이니, 신라 지증
왕(智證王) 13년(512) 이사부(異斯夫)란 장군이 우산국(于山國, 울릉
도)을 정복할 때, 목우사자(木偶獅子)를 썼음이 나타나는가 하면, 백제
의 '기악'에도 사자놀이가 있으며 이밖에도 옛 풍속화에서 보이는 다
양한 사자놀이 장면 그리고 오늘에 전하는 '북청사자놀음'을 비롯하
여 '봉산탈춤' '강령탈춤' '은율탈춤' '수영들놀음' 등의 수많은 사
자춤들은 바로 '산예'로부터 비롯된 것이 아닌가 한다.

통일신라와 조선왕조를 이어 준 고려는 북방민족의 극심한 침탈을 받으면서도 독창적 문화를 성장시키는 데 상당 부분 이바지하고 있다. 그러나 봉건적 지배질서의 확립과 국교로서의 불교의 극대한 영향은 끝내 왕실·귀족·승려 사회의 지나친 세력 팽창으로 민중의 생활은 도탄에 빠지는 비극을 초래하기에 이른다. 이러한 가운데 국가의 명절과 불교행사는 크고 잦았으니 그 가운데서도 연등회(煙燈會)의 '팔관회'가 있다.

'악기무백희'로서 부처님과 천지신명을 즐겁게 하고, 나라와 왕실의 평안을 기원하는 행사 가운데 간혹 일반 백성들도 함께 즐길 수 있는 기회가 있었을 것이며, 이처럼 잦은 놀이판의 개설은 전문적인 '놀음놀이꾼' 즉 '예능인'의 수요가 급증하므로써 전문적인 '광대'의 출현을 요가하기에 이른다.

여기에 대륙전래의 산악백희(散樂百戱)까지 적극적으로 수용하는 규모 큰 놀이판이 펼쳐지면서 채붕(綵棚)을 세우게 되는데 채붕이란 5책 비단으로 장식한 다락, 즉 장식 무대를 말한다.

《고려사》에 이미 산대악인(山臺樂人)과 산대색(山臺色)이란 용어가 나타나고 있으며 백희의 연희자를 '산대악인'이라 칭하고 있다. 그러니까 14세기 후반에 나타나는 산대잡극(山臺雜劇)이란 채붕을 치고 가악무와 기기곡예(奇技曲藝)로서 꾸며냈던 숙련된 큰 놀이판 내지는 놀이를 말하는 것인가 한다.

《고려사·열전(列傳)》〈권49·창우조(倡優條)〉에서는 직업적 광대의 수요가 꽤 많았음을 암시하고 있으며, 이러한 광대들은 10세기 이전의 단순한 가무백희에서 한 걸음 더 나아가 자신들의 의지가 담긴 세상일에 대한 풍자극(笑虐之戱曲)으로 발전시키면서 조선왕조로 이어지는 산대탈놀이·산대도감(山臺都監) 계통극(系統劇)의 형성에 선행적 역할을 하고 있다.

불교를 배척하고 유교를 숭상한 조선 왕조로 바뀌면서도 고려조에서와 같은 규모는 아니지만 연등회와 팔관회 등의 의식이 완전히 없어지지는 않았다. 서서히 종교적 의미가 약화되면서 산대잡극(山臺雜劇)과 나례(儺禮)쪽으로 흡수되는 과정을 겪는다.

광해군(光海君)대에 들어와 '나례도감' 또는 '산대도감'이 관장하며 주로 중국 사신을 영접할 때 벌인 '산대희'는 산대잡희·산대나례·나희 등으로 명칭이 혼용되고 있다. 그런데 그 내용면에서 보면 고려의 산대잡극 또는 나례와 큰 차이는 발견되지 않는다.

성종 19년(1488) 3월, 명나라 사신으로 왔던 동월의 '조선부(朝鮮賦)'에서 그가 평양·황주·서울에서 본 산대잡희의 내용은 다음과 같다.

토화(吐火) / 어룡지희(魚龍之戲) / 무동(舞童) / 땅재주
곰놀이 / 줄타기 / 죽광대 / 사상(獅像)

이밖에 탈놀이와 인형놀이에 관한 기록들도 성현(成俔)·관나시(觀儺詩), 유득공(柳得恭), 경도잡지(京都雜誌) 등에 보인다.

이제껏 살펴본 바와 같이 모든 기록들이 주로 지배 계층이 주관하는 행사의 소개에 치중하고 있다. 탈놀이 하나를 보아도 중국 사신의 영접에 구실했던 '산대도감극' 말고도 전국적으로 자생·발전한 고장마다의 민중극으로서의 탈놀이는 소외되고 있다. 민중사의 흐름과 함께한 민중예술이 이처럼 홀대를 받는 가운데 20세기 초 일제의 강압에 조선왕저가 끝장나면서 그나마 어렵사리 명맥을 잇던 민중 취향의 연희들, 특히나 집단 연희들은 아주 자생력을 거세당하기에 이른다.

공동체 의식이 피어나는 민중의 놀이마당이 곱게 보이지 않았을 것은 당연한 일이기도 하다. 그렇게 40년의 묶여 사는 세상을 지내다가

1945년 8·15 해방을 맞으면서 꽹과리 소리, 징소리만 들어도 눈물이 났는데, 다시 남과 북으로 민족과 강토가 잘리면서 1950년 6·25는 세계사에 드문 동족상잔의 지옥이었다.

남과 북은 제 몰골 그려라 볼 겨를도 없이 열강의 틈바구니에서 목숨 유지하기 위한 눈치 보기가 급급했으니 전통연희 따위는 생각도 없이 거의 한세기 동안 남의 장단에 산 셈이 되었다.

그러나 역사란 참으로 경외(敬畏)로운 것인가 싶다. 6·25 난리를 겪은 10년 후 1960년대 초부터 젊은 계층으로부터 민족문화, 민중예술에 대한 경각심이 싹트이기 시작했음은 역사만족으로서의 당위요, 긍지가 아닐 수 없다.

1964년 남녘(북의 실상은 잘 알 수가 없다)에서는 세계에 드문 무형문화재의 보호정책이 시행되기에 이른다. 사라져 가는 소중한 무형문화 유산을 선별하여 나라가 '중요 무형문화재'로 지정하기 시작하니 그것은 '기능 분야'와 '예능 분야'로 분류되었다. 지금 우리가 논하고 있는 민속극은 예능 분야에 속함은 물론이다.

여기서 한 가지 꼭 알아두어야 할 일이 있다. 이처럼 '전승문화'의 인멸을 걱정하여 나라가 보호조치를 취하고 있는 곳은 일본·대만·한국(지정 순서)밖에 없다는 사실이다.

자생력을 잃고 인멸될 우려가 있어 긴급조치를 취한 것이다. 자생력을 지니며 부단히 재창조하는 가운데 발전했으면 좋았으련만 한 세기를 넘는 외세의 침탈과 주체의식의 결여가 가져다준 자업자득이라 하겠다. 돌이켜 보면 지지리도 어려운 난관을 용케 견뎌 왔다는 생각도 든다.

사라져가는 무형의 유산들을 선별 지정하기 시작한지 38년, 이제 민속극 분야에서도 꽤 많은 종목이 무형문화재로 지정되었으니 그를 중심으로 살펴보고자 한다.

탈놀이

현재 중요 무형문화재로 지정되어 있는 탈놀이는 14종에 이른다. 그 가운데 '남사당 덧뵈기'는 민속놀이로 분류되고 있으나 민속극에 포함되어야 한다. 이밖에 무형문화재로 지정되어 있지는 않지만 해당 지역에서 재현되고 있는 '진주오광대' '퇴계원 산대놀이' '예천 청단놀음' 등도 언젠가는 추가 되어야 할 주목받는 대상이다.

그러면 지정 순서에 따라 14종의 탈놀이를 소개한다.

① 양주 별산대놀이(楊州別山臺)

경기도 양주군 주내면 유양리에 전승되고 있는 이 탈놀이는 서울의 아현, 녹번, 등지에서 논 '본산대(本山臺)'의 한 분파이다. 지금은 작은 마을이지만 유양리는 양주목(楊州牧)이 있던 곳으로 1920년 경원선 개통과 함께 군청이 의정부로 옮겨지기 전까지는 한강 이북에서 가장 큰 고을이었다.

4월 초파일, 5월 단오, 8월 한가위 등 대소 명절에 길놀이로부터 시작하여 고사를 지내고 다음 8마당을 논다.

1. 상좌마당 2. 옴중마당 3. 먹중마당 4. 연잎·눈꿈적이 마당
5. 팔먹중 마당 6. 노장 마당 7. 샌님 마당
8. 신할아비·미얄할미 마당

배역은 모두 32명이나 겸용하는 탈(바가지)이 있어 실제 수효는 22점이다.

지정번호: 제2호, 1964. 12. 7. 지정

전수회관: 경기도 양주군 주내면 유양리 262

② 남사당 덧뵈기

유랑예인 남사당패 여섯 가지 놀이(풍물·버나·땅재주·줄타기·덧뵈기·꼭두각시놀음) 중 다섯번째 노는 탈놀이로 지역성이 없고, 민중취향이 짙다. 한겨울과 한여름은 잠시 쉬나 되도록이면 8도를 떠돌던 유랑예인 집단이다. 남사당 탈꾼들은 이 탈놀이 순서를 말할 때 "…마당 씻고, …옴탄 잡고, …샌님 잡고, …먹중 잡는다"고 한다.

배역은 모두 12이나 겸용하고 있는 탈(바가지)이 있어 실제는 11점이다.

지정번호: 제3호, 1988. 8. 1. 지정

전수회관: 서울시 강남구 삼성동 112-2

③ 통영오광대(統營五廣大)

낙동강을 분계로 하며 서편에 전승되고 있는 오광대놀이 계열 중의 하나이다. 흔히 영남형 탈놀이의 시원지로 잡는 '초계 밤마리'에서 비롯되었다는 설이 있다. 봄 가을에 탈판을 벌였는데, 봄에는 앞놀이로 '사또놀이'가 있었다 한다. 사물반주와 활발한 덧배기 춤사위가 특이하다.

5행설에 따른 5방색을 쓰는다 하면 5마당을 논다.

1. 문둥이 마당 2. 말뚝이 마당 3. 영노탈 마당
4. 제자각시탈 마당 5. 포수탈 마당

배역은 모두 31이나 1겸용, 4불착용으로 실제 탈(바가지 종이) 수효

는 26점이다.

  지정번호: 제6호, 1964. 12. 24. 지정

  전수회관: 경남 통용시 중앙동 87-1

④ 고성오광대(固城五廣大)

  통영오광대와 마찬가지로 낙동강 서편의 오광대놀이 중의 하나이다. 비교적 늦은 시기인 19세기 말에 정착한 것으로 보이며, 할량과 탈꾼들이 일심계(一心契)를 조작하여 주로 음력 정월 대보름, 장터에 장작불을 피우고 탈판을 벌였었다. 본디는 나무탈이었던 것을 근년에 종이탈로 바꿨다가 다시 나무탈을 쓰고 있다.

  1. 승무 마당　2. 북춤 마당　3. 오광대 마당
  4. 비비(영노) 마당　5. 제밀지 마당

배역은 모두 23이나 1겸용 7불착용으로 실제 탈의 수요는 15점이다.

  지정번호: 제7호, 1964. 12. 24 지정

  전수회관: 경남 고성군 고성읍 동외리 542

⑤ 강릉 관노탈놀이(江陵 官奴假面劇)

  이 탈놀이는 '강릉 단오제'에서 관노들이 맡아서 논 발림굿(無言劇)이다. 실제 놀이가 없어진 지는 오래이나 촌로들의 증언을 받아 현지의 놀이꾼들이 열심히 재구·재현하여 지금은 '강릉 단오제'의 한 종목으로 정착되어 가고 있다.

  1. 양반광대 마당　2. 소매각시 마당　3. 장자마리 마당

배역은 20여 명이 되나 불착용이 많다.

양반광대, 소매각시, 시시딱딱이 2점, 장자마리 2점 총 6점의 탈이 있다.

지정번호: 제13호 1967. 1. 16 지정

전수회관: 강원도 강릉시 교1동 1785 강릉문화원 내

⑥ 북청 사자놀음(北靑獅子)

이 탈놀이는 지금은 갈 수 없는 함경도 북청군 일원에서 세시 풍속으로 놀아온 것인데, 6 · 25 전후 월남한 탈꾼들에 의하여 주로 서울에서 재구성 전승되고 있다.

사자가 없는 우리나라에 사자놀이는 여럿이 있으나 짜임새 있고 독립된 놀이로서의 사자놀이로는 '북청 사자놀음'을 꼽는다. 벽사진경(辟邪進慶)을 기리며 흡사 지신밟기 형식으로 진행되는데, 음력 정월 14-15일에 고을이 떠들썩하게 놀이판을 펼쳤다. 크게 다음 3마당으로 나뉜다.

1. 길놀이 2. 마당놀이 3. 사자놀이

탈은 사자탈(2점), 양반, 꼭쇠, 꼽추 등이다.

지정번호: 제15호, 1967. 3. 31 지정

전수회관: 서울 강남구 삼성동 112-2

⑦ 봉산(鳳山)탈춤

봉산탈춤의 본 전승지인 황해도는 탈놀이를 비롯하여 가무(歌舞)가 성한 곳인데, 탈놀이가 고장마다 전승되고 있어 이를 묶어 '해서(海西) 탈춤'이라고 한다. 6 · 25 전후 월남한 봉산의 탈꾼에 의하여 주로 서울에서 재구성 전승되고 있다.

순서는 마당씻이에 해당하는 '상좌춤'으로 시작하여 벽사의식의 굿
으로 마무리하면서 썼던 탈들을 태움으로써 부정을 없애고 태평과 풍
요를 기렸다 하나 지금은 탈을 태우지는 않는다.

요철이 확실한 탈, 힘 있는 춤사위가 돋보인다.

1. 사상좌춤 마당 2. 팔먹중춤 마당 3. 사당춤 마당
4. 노장춤 마당(파계승 놀이, 신장수 놀이, 취발이 놀이)
5. 사자춤 마당 6. 양반춤 마당 7. 미얄춤 마당

배역은 모두 36이나 겸용하는 탈(종이)이 있어 실제 탈의 수요는 26
점이다.

지정번호: 제17호, 1967. 6. 16 지정

전수회관: 서울 강남구 삼성동 112-2

⑧ 동래야류(東萊野遊)

전승지의 주민들은 '들놀이' 또는 '들놀음'이라 하는데 탈놀이에 앞
서 화려한 길놀이와 줄땡기(줄다리기)를 함께 노는 동래 고을의 규모
큰 축제였다.

정월(음력)초에 벌였던 이 놀이는 기영회(耆英會)와 같은 향리집단
(鄕吏集團)에 의하여 전승되면서 오늘에 전하고 있다.

1. 문둥이춤 마당 2. 양반 말뚝이 마당 3. 영노 마당
4. 할미 · 영감 마당

배역은 20여 명인데 겸용과 불착용이 있어 실제 탈의 수요는 11점
이다.

지정번호: 제18호, 1967. 12. 21 지정

전수회관: 부산 동래구 온천동 산 13-3

⑨ 강령(康翎)탈춤

황해도 강령 지방에서 전승되는 '해서탈춤'의 하나로 역시 6·25 전후 월남한 황해도 옹진군 출신의 탈꾼들에 의하여 서울과 인천시를 중심으로 재구성 전승되고 있다.

앞에서 설명한 봉산탈춤과 내용은 유사하며 주로 5월 단오에 크게 놀았다. 봉산탈춤이 평야지대형이라면 강령탈춤은 해안지대형으로 비교하기도 한다.

1. 길놀이(사자춤) 2. 말뚝이춤 마당 3. 목중춤 마당
4. 상좌춤 마당 5. 양반춤 마당 6. 영감·할미광대춤 마당
7. 노승춤 마당(팔목중춤 놀이, 취발이춤 놀이)

배역은 23인데 취발이 아이는 인형이고, 겸용도 있어 실제 탈(종이)의 수효는 19점이다.

지정번호: 제34호 1970. 7. 22 지정

전수회관: 서울 강남구 삼성동 112-2

⑩ 수영야류(水營野遊)

동래야류와 마찬가지로 낙동강 동쪽에 전승되는데 탈놀이에 앞서 산신제와 길놀이를 함께하는 규모 큰 수영 고을의 정월(음력) 축제였다. 지금은 탈놀이만이 전승되고 있으나 현지의 탈꾼들은 화려했던 길놀이의 재현을 기획하고 있다.

1. 양반놀이 마당 2. 영노 마당 3. 할미 · 영감 마당
4. 사자춤 마당

배역은 20여 명인데 불착용이 있어 실제 탈(바가지) 수효는 12점이
다.
지정번호: 제43호, 1971. 2. 24 지정
전수회관: 부산 수영구 수영동 229-1(전화 051-752-2947)

⑪ 송파 산대(松波山臺)놀이

양주 별산놀이와 같은 본산대의 한 분파이다. 지금은 서울특별시 강
동구가 되었지만 본디 경기도 광주땅으로 한강변 큰 나루 오강(五江:
송파, 한강, 서빙고, 용산, 마포)의 하나여서 물역의 중심이었던 곳이다.
역시 '길놀이'와 '고사' 후에 다음 6마당을 논다.

1. 상좌춤 마당 2. 옴중 마당 3. 연잎 · 눈끔적이 마당
4. 팔먹중 마당 5. 노장 마당 6. 샌님 마당

배역이 많아 33점의 탈(바가지)이 있다.
지정번호: 제49호, 1973. 11. 11 지정
전수회관: 서울 송파구 잠실동 47 서울놀이 마당

⑫ 은율(殷栗)탈춤

봉산, 강령의 탈춤과 함께 해서탈춤의 하나이다. 은율은 구월산 아
래 비옥한 농경 지역이어서 농산물의 집산지로 비교적 번창한 고장이
었다.
역시 6 · 25 전후 월남한 탈꾼들에 의하여 재구성되면서 주로 인천

에서 전승되고 있다. 4월 초파일, 5월 단오, 7월 백중에 노는데 길놀이에 이어 다음 6마당으로 짜여져 있다.

  1. 사자춤 마당 2. 헛목(상좌)춤 마당 3. 팔목중춤 마당
  4. 양반춤 마당 5. 노승춤 마당 6. 영감 · 할미광대춤 마당

배역은 23이나 겸용이 있어 실제 탈(종이) 수효는 21점이다.
지정번호: 제61호, 1978. 2. 23 지정
전수회관: 인천시 남구 숭의 4동 7-6

⑬ 하회별신(河回別神)굿 탈놀이

  마을의 서낭굿에서 놀아졌던 탈놀이인데 지금은 서낭굿은 없어지고 탈놀이만이 전승되고 있다. 예로부터 썼던 고려 중엽의 작품으로 추정되는 11점(2점은 병산탈)의 탈은 1964년 국보 제121호로 지정되어 있다. 지금은 옛 탈의 모제품을 만들어 하회동 입구에 세워진 '하회별신굿탈놀이 전수 교육관'에서 수시로 연희 하고 있다.

  1. 무동 마당 2. 주지 마당 3. 백정 마당 4. 할미광대 마당
  5. 파계승 마당 6. 양반 · 선비 마당

배역 11에 11점의 탈(오동나무)이 있다.
지정번호: 제69호, 1980. 11. 17 지정
전수회관: 경북 안동시 삼산동 52-16 하회별신굿탈놀이 전수교육관

⑭ 가산오광대(駕山五廣大)

  낙동강 서쪽에 전승되고 있는 오광대놀이 계열의 하나로 일명 '조창

(漕倉)오광대'라고도 한다. 조창이란 강이나 바닷가에 세운 창고를 일컫는다. 그 옛날에는 가산리가 인근 고을의 조세(租稅)를 관활한 도감(都監)이 있던 곳이어서 충분히 오광대를 유지할 만했을 것이다. 지금은 퇴락한 작은 마을이 되었지만 연로한 촌로들은 번창했던 옛 이야기를 자랑삼아 들려준다. 음력 정월 대보름 상원놀이로 노는 것 말고도 사천의 여러 고장을 들면서 순연했었다.

1. 오방신장춤 마당 2. 영노 마당 3. 문둥이 마당
4. 양반·말뚝이 마당 5. 파계승 마당

탈은 종이, 바가지, 소쿠리, 키 등으로 소박하게 만드는 데 20여 점이 있다.
지정번호: 제73호 1980. 11. 17 지정
전수회관: 경남 사천시 축동면 가산리 830

인형놀이(人形劇)

오늘에 전하는 민속인형극은 4종이 있다. 그 가운데 중요 무형문화재로 지정된 것은 남사당놀이 여섯 가지의 끝 순서인 '꼭두각시놀음'과 포장굿패 놀이의 하나였던 '발탈'이 있다.
이밖에 지방문화재로 지정되어 있는 '서산 박첨지놀이'와 아직 문화재로 지정되지는 않았지만 그림자극으로 하나뿐인 '만석중놀이'가 있어 4종을 모두 소개하기로 한다.

① 꼭두각시놀이

남사당놀이 여섯 가지 가운데 끝 순서인 이 놀이를 남사당패들이나 고로 광대 출신들은 '덜미'라 하는데 그 뜻을 물으면 목덜미를 잡고 노는 인형극이라 설명한다.

장대인형, 손인형, 줄인형 등의 여러 기능을 구사하여 40여 종에 이르는 인형과 대·소 도구로 엮어내는 꼭두각시놀음의 연희술은 놀라운 것이다.

주조종사인 '대잡이'와 인형과의 대화자인 '산받이'가 중심이 되고 잽이(악사)들의 반주로 진행하는 줄거리는 2마당 7거리이다.

1. 박첨지 마당(박첨지 유람거리, 피조리 거리, 꼭두각시 거리, 이시미 거리)
2. 평안감사 마당(매사냥 거리, 상여 거리, 절 짓고 허는 거리)

오동나무로 깎은 대·소 인형이 40여 점, 동물 형상 4점, 절, 상여 등 대·소 도구 10여 점이 1시간 30분 남짓한 이 놀이에 등장한다.

지정번호: 제3호, 1964. 12. 7

전수회관: 서울 강남구 삼성동 112-2

② 발탈

유랑광대의 하나인 포장굿패 놀이의 하나였다는 예능보유자 고 이동안 옹의 증언에 따르면 1940년대 이전까지만 해도 전국을 순연한 포장굿패의 인기 종목의 하나였다고 한다.

'발탈꾼'은 사방이 가려진 포장안에 비스감히 누어, 포장을 짼 한 편의 구멍으로 발바닥에 탈을 씌운 조기장사 인형을 내밀고, 소리·재담·춤을 곁드리며, 포장 밖에서 대꾸하는 '어릿광대'와 어울려 극을 진행한다.

"…못가는 데 없는 행상(行商) 조기장수가 8도 유람가며 고장마다의 민요를 부르는가 하면, 굶주린 서민들의 심사를 풀어 주듯 온갖 먹거리와 좋다는 보약을 다 먹고는 고사 덕담으로 마무리 한다…."

인형은 조기장사 1점이며, 어릿광대와 삼현육각의 잽이가 따른다.
지정번호: 제79호, 1983. 6. 1 지정
예능보유자: 어릿광대・박해일, 발탈꾼・박정임

③ 서산(瑞山) 박첨지놀이

충청남도 지정 무형문화재인 이 인형극은 우리나라에서 한 마을의 마을 사람들에 의하여 전승되는 유일한 것이다.

인형을 만들고, 종종하는 모든 사람이 서산시 음암면 탑곡리 주민들이다.

농한기면 근동 사람들까지 초청하여 박첨지놀이를 하는 탑곡리 마을은 이제 전국적으로 알려져 마을회관에 인형들을 상설전시하기에 이르렀다.

남사당의 꼭두각시놀음과 줄거리는 비슷하나 농촌의 인정이 짙게 깔리면서 구수한 사투리로 초지일관한다.

1. 박첨지 마당 2. 평안감사 마당 3. 절 짓는 마당

바가지와 나무로 만드는 인형과 대・소도구는 남정네들이 만들며 옷 입히는 것은 부녀자들이 맡고 있다.
인형은 14점이며 공중사(절) 등 대・소도구 5점이 있다.
지정번호: 충청남도 지정 제26호, 2002. 1. 11 지정
전수회관: 충남 서산시 음암면 탑곡리 333

④ 만석중놀이

우리나라에 하나밖에 없는 그림자극 만석중놀이는 그의 실연이 1930년대에 끊기면서 아주 단절되는가도 했다. 그러나 비교적 그 연희법을 자세히 정리한 〈김재철·조선연극사·조선 인형극 개관, 만석중놀이 條〉와 1980년 지금은 세상을 떠나신 경봉(鏡峰) 큰 스님의 실증적 가르침을 받아 1983년 재구·발표했다.

심오한 포교극이기도 한 이 그림자극은 재담이 없이 '절사물'과 '화청'에 맞춰 등·탑·목어·십장생·용·잉어 등의 영롱한 그림자극을 연희하다가 용과 잉어가 겨루는 배경에 스님의 귀한 가르침은 이러하다.

"…종소리로 시작하여 십장생이 뛰놀고 화청은 은은히 퍼지는데 이름은 십장생이련만 그 생명이 영원치를 못하며 천년 묵은 용과 잉어가 여의주를 놓고 겨루지만 누구도 차지하지 못한다. 그 형상 앞에서 한 스님이 큰 물고기 어항 속에 노는 자태의 공허한 춤을 추고 있는 것이다…."

어느 나라에서나 그림자 인형의 재료는 가죽을 쓰고 있는데 만석중놀이의 인형은 두꺼운 장판지와 창호지 물들인 것을 쓰는 것도 불심으로 하는 짓이기 때문이라 하신다.

한국민속극연구소 부설극단 '서낭당'이 1983년 4월 24일 서울의 문예회관 소극장에서 재구·발표한 이래 20여회의 국내외 발표회를 가진 후 지금은 경상남도 거창에 있는 〈만석중놀이 보존회〉가 보존과 전승을 위하여 애쓰고 있다.

전수소: 경남 거창군 거창읍 중앙리 273-9 만석중놀이보존회

[기타] 진도(珍島) 다시래기

'진도 다시래기' 하나를 따로 '기타'로 잡은 것은 앞의 '탈놀이' '인형놀이' 어디에도 합당치 않은 것이었기 때문이다.

우리나라 장례풍속에 가무(歌舞)를 놀고 주찬(酒饌)을 함으로써 죽은 사람과 상제 그리고 이웃까지 슬픔을 거두게 하고 평안하게 하려했던 것은 오랜 풍속인가 한다.

상고시기부터 망자를 보내는 데 주악으로 장송했음은 고분벽화를 통하여 알 수가 있다. 또한 지금도 시골에서는 자주 들리는 상여소리가 있다.

장송의 노래인 상여소리의 노랫말이 슬프기만 한 것이 아니라 망자의 이승과 저승의 사연을 희로애락으로 엮고 있으니 결국 위안의 뜻인가 싶다.

옛날에는 여기에 그치지 않고 신청(神廳)에 속한 전문예인으로 하여금 갖가지 우스갯놀이(笑劇)로 상가를 떠들썩하게 했다는 데 그런 유속이 전라남도 진도에 남아 있어 연극 부문의 중요 무형문화재로 지정하기에 이른 것이다.

'신청'이란 단골무들의 자치기관이자 집합소의 구실을 한 곳인데 그의 조직이 최근세에까지 남아있던 곳이 바로 진도이기도 하다. 대개 상도꾼들이 신청으로 다시래기패를 부르는데 초청을 받게되면 '가상제' '거사' '사당' '중' 등의 놀이꾼과 잽이(악사)까지 일당이 상가로 와서 논다. 놀이는 대개 5마당으로 짜여진다.

1. 가상제놀이 2. 거사와 사당놀이 3. 상여놀이
4. 가래소리 5. 뒤풀이

다시래기 소리' '개타령' '경문소리' '자장가' 그리고 상여소리로 는 '애(哀)소리' '하적(하직)소리' '아미타불소리' '천근소리' 그리고 '가래소리' 등을 부르며 놀이가 진행된다.

지정번호: 제81호, 1985. 2. 1 지정

전수회관: 전남 진도군 진도읍 성내리 진도 무형문화재전수회관

　

-참고 문헌-

李杜鉉 〈韓國의 假面劇〉 1979, 一志社.

李杜鉉 〈註釋本 韓國假面劇選〉 1997, 敎文社.

沈雨晟 〈韓國의 民俗劇〉 1975, 創作과 批評社.

沈雨晟 〈民俗文化論序說〉 1998, 東文選.

徐淵昊 〈한국 전승연희의 현장연구〉 1997. 集文堂.

(1997. 한국예술종합학교 강의 원고)

29
이 땅의 축제문화,
어떻게 발전해야 하는가

문제 제기

동물 세계에도 축제가 있는 것일까? 기록영화에서 보거나 탐험가들의 얘기를 들으면 물소떼나 사자·호랑이·사슴·얼룩말 등등 길짐승은 물론이요, 온갖 날짐승들도 떼를 지어 어울리거나 이리저리 밀려다니는 장면이 그들 나름으로는 먹이를 찾거나 자기 방어의 의미 외에 또 어떤 의미가 있다고 한다. 그런데 혹시 이 짐승들의 어울림에도 이른바 인간들이 말하는 축제로서의 어떤 성격은 전연 없는 것인지…. 이런 엉뚱한 생각을 하면서 이 글을 풀어나가려 한다.

흔히 인간과 짐승을 구분하는 데(물론 인간이 하는 얘기지만), '지혜를 가진 동물(?), 도구를 사용하는, 신앙이 있는 등'을 내세우고 있다. 여기에 하나가 더 붙는다면 '놀 줄 아는…'이 있다 그런데 이 '논다'는 말이 갖는 본디는 건설적이면서도 밝은 기능이 근세로 접어들면서 급격히 약화되니 '일하다'의 반대말로 못박히고 만 감이 있다.

흔히 놀이의 시원을 찾는 데는 원시 공동체 사회에서의 제의를 기론케 된다. 그런데 이 단계의 제의란 놀이와 불가분의 관계로 함께하고 있음을 본다. 신(神)에 드리는 공연(供演)으로서, 자기 의지의 표현으로서, 그리고 새로 시작할 일에 대한 예행(豫行)과 다짐이 있다. 실은 제의와 놀이가 확연히 분별되지 않는 가운데 큰 하나의 '축제'를 찾으면, 축일(祝日)과 제일(祭日)이 겹친 날이라 한다. '축일'이란 기쁘게 빌어서 마음의 안락을 가지는 날이요, '제일'은 신령에게 음식 등을 바치며 예절을 표하는 향사(享祀)를 말한다. 여기에 '…등'이란 인간이 누리는 삶의 본모습이기도 한, 춤추고 노래하고, 신화적 사건의 극적 표현으로서의 갖가지 극(劇), 또는 다른 말로 놀이를 뜻하리라. 그러니까 놀이란 인간이 창출한 어느 문화보다도 앞서는 인간의 슬기로 통한다. 그리고 그것은 집단적 행위임이 전제로 되면서 역사 발전의 기반 역할을 해왔다.

쉽게 고대인의 축제라는 것을 단순히 종교적 면에서만 해석하려는 일체의 논리는 절름발이일 수밖에 없다. 왜냐하면 여기에서의 '종교적 제의'란 현대인이 생각하고 있는 것보다 훨씬 차원이 다른 실생활과 직결된 생산적 성격의 실제와 함께 하고 있는 것이기 때문이다.

각설하고, 인간의 지혜요, 역사 발전의 기반이요, 나아가서는 인간 생활을 풍요롭게 이끌어 준 축제가 이제 없어져 가고 있음을 걱정하고 있다. 다소 남아 있다 하더라도 알맹이가 없어져 오히려 비축제적인, 자발적이 아닌 꾸며지는 '행사'로 전락하고 있음이 지적되고 있다.

오늘의 사회가 삭막하고, 인간의 심성이 건조해져 가고만 있음은 바로 축제를 이룩해 내지 못하고 있는 결과에서이리라. 이 마당에 우리가 해낼 수 있는 최선의 처방은 무엇일까? 흔히 요즘 하고 있는 것처럼 '옛'을 다시 흉내내어 꾸민다든가, 다분히 타율적인 동원에 의하여 인파가 들끓는 난장판을 재현함으로써 무슨 실마리라도 풀어질 수 있을 것인가?

자칫 '언 발에 오줌 누기'가 아니겠는가. 알맹이가 없는 껍질은 끝내 껍질일 수밖에 없다. 그의 알맹이를 확인하여 되찾는 일은 바로 오늘에 펼쳐낼 축제가 창의적 생명력을 갖게 하는 지름길이 될 것이다. 문제는 풀어야지 얼버무려서는 영 풀어지지 않는 고질이 되고 만다. '축제'의 경우도 꼭 마찬가지이다.

알맹이 찾기 위한 한 예로서의 '당굿'

'굿'이란 말이 요즘 아주 편협하게 쓰여지고 있다. 그저 무당의 푸닥거리가 '굿'으로 통하고 있다.

'굿'이란 바로 우리 축제의 본디 이름이다. 물론 '굿'에는 사사로운 기원으로서 복을 부르고, 병을 물리치고, 점을 치는 데까지의 '집안굿'이 있음은 물론이다. 오히려 이 대목은 무격(巫覡)들의 수입과도 관계가 되고, 세상이 소요하다보니 특히 도시에서 분수없이 성행하고 있다. 그러나 이것은 옛 우리 축제의 종교적 기초가 되었던 무속신앙의 한가닥 갈기이기는 하지만 부정적 요소가 다분한 것임을 알아야 한다. 한 집단·공동체 의식으로서의 굿과는 분명히 분간되어야 한다. 축제라는 뜻으로서의 '굿'을 한자로 표기할 때 '당제(堂祭)' '도당제(都堂祭)' 또는 '부락제(部落祭)'라 적고 있다. 이 가운데 '부락제'라는 명칭은 1920년대 이후 일본 사람들에 의하여 붙여졌을 가능성이 짙으므로 여기서는 '당제(堂祭)'로 통일하여 이해하는 것이 명료하리라는 생각이다. '도(都)'가 앞에 붙는 경우는 '큰'이란 뜻으로 풀이하면 된다.

당굿은 한 마을 또는 고을에서 특수한 지역과, 특별한 경우를 빼고는 1년에 한 번 갖는 것이 보통이었다. 시기는 음력 정월 초하루부터 보름 사이에 있다. 한 예로 70호(戶) 가량의 한 농촌의 당굿을 다음에 소개한다.

'우리 문화' 창출을 위한 시급한 숙제

정월 초하루 해가 뜨기 전에 시작되는 이 마을의 당굿은 벌써 그전 해 늦어도 섣달 초순부터 세심하게 준비된다. 마을에 단골(무당)이 있으면 그가 사제(司祭)가 되지만 이 마을에는 단골은 없어 마을의 원로 모임에서 '제주(祭主)'를 선출했으며, 당일에 쓰일 제물을 장만하기 위하여 추렴을 하고 사물(풍물악기)을 수리하고 보완하며, 앞마을과 겨룰 줄다리기의 줄을 만들기 위하여는 짚을 집집에서 모아 한아름이 넘는 줄을 또는 등 사전 준비가 만만치 않다. 이러한 일은 마을 사람 모두의 참여와 정성으로 되는 것이니 전연 남의 일이 아니다.

초하루 꼭두새벽 '서낭당'에는 이미 제물이 진설되었고, 삼삼오오 마을사람들은 몸을 정갈히 하고 모여든다. 막 먼동이 터오르는 동쪽 산등성이가 불그레해지면 제주는 분향을 한다. 그 뒤로 조아려 선 마을사람들, 숨소리도 죽인 채 꽉 다문 입, 감은 눈자위에 작은 경련이 인다. 따로 서 있는 '나'가 한 공동체인 '우리'로 되는 엄숙한 순간이다. 얼마가 지난 후 술을 올리고, 소지를 하는 등 비교적 간략한 절차를 마치면 비로소 잔기침도 들리고 말소리도 들린다.

새로 맞는 한해의 안과태평(安過太平)을 기리는 이 의식이 당굿의 서두이다. 그리고는 제물은 호(戶) 수대로 반기(음식 나누기)를 하고 일단 뿔뿔이 집으로 돌아간다. 자연과 천지신명께 치성을 드리고, 다음이 조상께 올리는 차례의 순서다. 다음에는 집안을 비롯하여 대소가(大小家)와 마을 어른과 스승께 세배를 한다. 대개 초하루는 세배로 바쁘고 초이틀이나 초사흘부터 지신밟기를 비롯한 민속놀이가 어린이부터 시작하여 어른들이 합세하면 원근 마을은 놀이판으로 바뀌고 만다. 이러는 가운데 마을의 원로들은 따로 시간과 장소를 정하여 마을회의를 갖게 된다. 새해에 이룩해야 할, 풀어야 할 공동관심사를 논의하게 되는 것이다. 여기에서 결정되는 사항은 다시 가가호호에 빠짐없이 전달되면서 이 마을의 밀고나가야 할 과제가 되는 것이다.

한편, 한데 어울리는 놀이도 있지만 연령과 성별에 따라 갖가지 놀이판을 벌이게 되는데, 팽이치기로부터 제기차기 · 연날리기 등은 남자아이의 놀이요, 널뛰는 여자아이의 놀이이다. 윷은 구별이 없다. 그러나 막판을 장식하는 것은 지역에 따라 동채싸움 · 고싸움 · 가마싸움 · 편싸움 · 줄다리기 등 다양한데, 이 마을에서는 줄다리기를 한다. 개울건너 아랫마을과 해마다 겨루는 줄다리기는 개울가의 넓고 긴 모래밭에서 벌인다. 먼저 암줄과 숫줄을 '비녀목'으로 잇는 결혼식에서부터실랑이는 시작된다. 그러나 두 개의 줄이 잘 연결되어 하나가 되었을때, 양편은 함께 환호한다.

제각기 자기편 줄에 까맣게 매달리면 징소리 신호로 힘껏 당긴다. 단번에 한쪽으로 확 쏠리는 수가 있다. 그러면 슬그머니 놓아 준다. 최선을 다한 대장부 겨룸을 해보자는 뜻이다. 옛날 줄다리기는 3판 2승이 아니다. 하루 종일, 아니면 며칠씩이나 계속되기도 했다.

왜 그랬을까? 물론 막판에는 승부가 있다. 그러나 줄다리기에서 맛보는 것은 승부보다도 서로 당기는 데 있다. 그냥 당시는 것이 아니라 '서로 다른 두 개의 힘이 어느 쪽으로도 쏠리지 않으며, 큰 하나의 힘으로 팽배 · 승화하는 순간,' 즉 양편 줄꾼의 발이 공중으로 붕하니뜨는 그런 팽배와 조화의 순간을 만끽하고 있는 것이다. 참으로 고귀한 순간이다. 우리의 놀이, 그 놀이들이 이룩해 놓은 축제의 깊은 뜻이여기에 있다.

체력의 단련이요, 마음의 화동이니 더할 바 없고, 이것이 하나의 힘으로 승화되니 아름다운 경지이다. 요즘 각급 학교나 이른바 축제에서벌이고 있는 줄다리기는 왜식 줄다리기임을 분명 알아야 한다.

개울가를 가득 메웠던 줄꾼과 마을사람들도 이제 대보름 마지막 한 판을 마치면 그 다음날부터는 생업으로 돌아가야 한다. 승부는 그다지 중요치 않다. 개울을 사이에 둔 마을인데 이긴 편은 논농사가 잘 되고, 진 편은 밭농사가 잘 된다니, 다 잘 되자는 뜻이다. 이겨서 한턱 져서 한턱, 보름밤을 막걸리로 적시며 '달집태우기' 또는 '쥐불놀이'와 '액연날리기'로 이 축제는 대단원의 막을 내리는 것이다.

봉건적 지배질서 속에서도 이와 같은 민중 취향의 축제는 어느 면에서는 묵과되는 가운데 맥을 이어왔다. 평상시에는 억압되었던 감정과 의지를 이날만은 적나라하게 표현할 수 있는 허용된 기회로서 구실하였다. 그런데 오늘의 우리의 경우는 어떠한가? 이처럼 고귀한 놀이정신이 까맣게 잊혀져 가고 있으니 서둘러 되찾아야 할 일이다.

자발적 참여 의지가 열쇠

일단 축제란 자발적 의지에 의해서 자연발생적으로 펼쳐져야 한다. 또 하나 중요한 것은, 그것은 실제 생활(생산이란 표현도 된다)의 연장이요, 예행(豫行)으로서 꾸며져야 한다는 사실이다. 오늘보다 나은 내일을 위한 공동체의 결속이요, 진보지향적 역사의식의 발로하는 자리이기 때문에 역사적 큰 안목에서 볼 때, 여기에서 보이는 '일상적 규범과 관습의 파괴'는 저지받지 말아야 한다.

다른 말로 하자면, 모름지기 축제란 관(官) 주도형일 수 없다는 사실이다. 관이 유도하고 조양할 수는 있으나 그것을 주관·주도하려 할 때 최소한의 의미마저 상실하고 만다. 산업사회에서 오는 세속주의를 극복하기 위한 노력과 함께 물론 관이 세워야 할 중요한 정책 중의 하나이지만, 그 구체적 방법론으로 들어갈 때 축제에서만은 '아웃사이더'가 되어야 한다는 말이다. 축제가 민의(民意)의 한 표현이라고 볼 때, 해답을 먼저 제시하거나 요구할 당위성이 없는 것이기 때문이다.

지금 우리는 어설프지만 근년에 와서 각급 학교를 비롯하여 농·어촌, 그리고 대소 도시에서 '향토문화제' '예술제' '민속제' '체전' 등 크고 작은 축전이 불어나고 있음은 일단 긍정적으로 받아들여야 한다. 다만 이러한 '대동놀이마당'은 자발적인 참여와 발전적인 역사의지에 의하여 진척되어야 함을 전제로 한다. 구태여 이미 치른 씁쓸한 예를 들추어 낼 것이 아니라 이제부터는 나름대로의 집단의 욕구에 따라 꾸며지는 축제를, 관이 그의 효율적인 운용을 위하여 단순 지원을 하는 간접적 입장에 되어야겠다는 생각이다.

1985년은 유엔이 정한 '세계 청소년의 해'이다. 아마도 곳곳에서 수많은 행사가 계획되고 있으리라 믿는다. 이 행사를 당사자인 청소년들로 하여금 창의적이고 자립적으로 창출해 내는 축제로 발전·정착시킬 수 있도록 하는 방법을 모색하고 길을 터 주어야 할 것으로 믿는다. 정해진 날짜, 정해진 레퍼토리, 일사불란한 진행에 의하여 옛날 통·반장을 동원하던 시대의 관제(官制) 인파를 아무리 만들어 보았댔자 그것이 축제일 수는 없다.

앞 항목에서 예로 든 '당굿'이 보기가 되면서, 무릇 축제라면 자기 생성적(自己生成的) 기반에 의하여 치러져야 하지 않겠는가. 우리가 아무리 소비성향적 산업시대를 살고 있고, 또 쓰라린 분단의 비극마저 겪고 있지만 불행한 만큼 더욱 독립적 '나'를 지켜야 할 역사적 단계에 서 있음을 자각할 때, 독창적인 '우리 문화의 창출'을 이룩할 수 있으리라.

'나'가 '우리'로 이룩되는 엄숙한 순간

'나'가 '우리'로 되는 축제의 내용이 '우리의 것'이 아니고 보면 오합지졸의 난장판을 면할 수 없으리라. 폐쇄주의적인 안목에서가 아니라 우리가 처한 국제사회에서의 업신여김을 극복하여 '나'를 내세우기 위하여도, 자신 없이 남의 눈치 보지 말고 우직하게 밀고 나가야 할 '오늘'이라고 본다.

얘기는 되돌아가서 '인간의 심성 속에 잔재하고 있는 놀이적 요소는 모든 문화창조의 시원'이 된다는 것이다. 그러니까 놀이는 모든 문화에 앞서는 것이라는 말이다. 또 한 가지 분명한 것은, '생활'과 '문화'는 바로 하나의 개념으로 인식되어야 한다. 문화란 생활을 순탄하게 또는 효율적으로 살아가는 데 효용되는 윤활유에 비유되는 것이기 때문이다.

축제문화, 그것은 공동체의 의지에 의하여 토의·결정된 실천강령을 실행하며 이웃이 하나가 되어 환희하는 인간의 슬기 중의 슬기이다. 역사발전에 유익하고 밝은 '축제'가 되살아나기 위한 노력은 바로 우리가 곧고 밝은 세상을 이룩하는 일과 직관되는 것임도 당연한 귀결이다. 어리석은 만큼 당연한 논리이지만 '축제'란 뛰놀고 퍼마시면서 괴로움을 잠시 잊는 순간적 몰아의 판이 아니라 불만과 혼돈, 여기에 환희까지가 대립된 가운데 다원적 세계가 하나로 극복되면서 해결되는 큰마당인 것이다.

축제문화의 발전적 방향은 바로 축제 당사자의 자발적 참여에 따라 치러질 때, 그 본디의 가장 소중한 목표인 대립적 다원의 세계가 하나로 조화되는 열매를 얻게 되리라 믿는다.

(1985. 한양대 연극영화과 강의 원고)

30

향토축제 활성화 방안

우리 축제의 발자취

우리 민족은 다른 어느 민족·국가에 비하여 뿌리 깊은 축제 문화를 지녀왔다.

5천 년 기나긴 역사 동안 외세의 침략이 끊이질 않았건만 거족적인 규모 또는 마을 단위의 정기적인 축제가 세시풍속인 양 펼쳐져 왔다.

그것은 한 공동체의 존립과 그로부터 비롯되는 독창적 문화를 발전시켜 준 결정적 역할을 했다.

때로는 외압·회유에 휘말려 변질의 수렁에 빠지면서도 그나마 오늘의 우리를 있게 해준 마지막 보루였다.

여기서 그 발자취를 더듬어 보자.

가장 오랜 문헌 기록은 《삼국지(三國志)·위지동이전(魏志東夷傳)》〈부여조(夫餘條)〉에 보인다,

"…은력(殷曆) 정월에 하늘굿(祭天)을 올리는 데 나라 사람들이 모두 모여 며칠을 먹고 마시고 노래하며 춤추었다…."

해마다 일정한 시기에 나라 사람들이 모여 제천 의식을 가진 것은 고구려의 동맹(東盟), 예(濊)의 무천(舞天)도 마찬가지이다. 고구려와 예

에서는 그 시기가 10월이었을 뿐이다.

이와 같은 우리 고대 사회의 축제가 중국의 사서(史書)에 기록되고 있음은 그들에게 특징적인 모습으로 비쳤음이 분명하다.

그것은 또한 한민족의 전통신앙 내지 기층신앙으로 일컬어지는 무교(巫敎)의 의례이자 축제였을 것으로 짐작된다.

이 전통은 천신(天神)신앙과 직결되고 있으니 우리 고대국가의 왕들이 한결같이 천신의 아들인 천자임을 내세우고 있다. 우리 축제가 지녀온 또 하나의 특징은 농사굿(農耕祭)과 풍년굿(秋收感謝祭)의 성격이다.

마한에서 있었던 5월 파종 후의 '하늘굿'과 부여의 추수가 끝나는 '시월상달'의 '하늘굿' 등으로 미루어 우리의 축제는 봄·가을 전통으로 지켜져 온 듯하다.

이미 고대사회로부터 비롯된 천신신앙에 따라 천손(天孫)이라는 인식으로 봄·가을의 계절에 따른 소생과 결실의 기쁨을 하느님께 기리기 위하여 기원과 감사와 신명의 잔치가 펼쳐졌던 것이다.

이 시기까지는 제정일치(祭政一致)한 시대여서 나라가 주관하는 축제였지만 백성의 자발적 참여로 이루어졌다. 그런데 삼국시대로 들어서면서부터는 사정이 조금씩 달라지기 시작한다.

신라의 '화랑도' 내지는 '풍류도'와 고려의 '연등회' '팔관회' 등과 습합하면서 불교 의례적 성격이 강해지지만 바탕은 그런대로 유지하는가 했는데, 조선조에 이르러 성리학을 정치이념으로 내세우면서 전통신앙인 '무(巫)'를 천대·억압하니 전통적 축제 역시 살아 남을 수 없이 된다.

금무령(禁巫令)과 함께 전래의 마을축제인 마을굿이 유례화(流例化)되기에 이른다. 여기에 지방 수령이 마을굿을 주관하게 되면서 축제판은 위축된다. 마을굿의 주인인 마을 사람들이 뒷전으로 물러 서게 되는 것이다.

여기에 더 큰 변화가 뒤따르니, 조선조에 들어와서 '하늘굿'의 전통이 끊어지는 것이다. 예로부터 전하는 천제(天祭)를 지내고자 하는 임금의 뜻을 모화사상에 찌든양반관료층이 이를 꺾기에 이른다.

"…중국의 천자(天子)만이 천제를 지낼 수 있을 뿐, 제후국인 조선의 왕은 오직 종묘와 사직에 제사할 수 있다…"며 외세와 한 통속이 되어 훼방을 놓으니 급기야 '하늘굿'의 전통이 끊기고 만다.

이러한 배경 속에서 이 시기 우리의 전통적 축제는 약화·별질될 수밖에 없었다.

그러나 지역에 따라서는 그의 맥을 이으려는 민중의 몸부림이 있었고 그의 저항은 일방 해학성을 띠면서 풍자적 연희와 노래로 표현되기도 했다.

조선왕조가 끝나기에 이르기까지 계속된 '금무령'은 공동체의 통일된 의지를 이루어 내는 마을굿을 억압하려는 의도가 한 구석 도사려 있었음을 간과해서는 아니 된다.

그 뒤를 이은 일제(日帝)는 더욱 악랄한 수법으로 공동체의 결속을 저해하는 수단으로 '당굿'을 비롯한 마을의 자생적 축제들을 미신이란 굴레를 씌어 못하게 했다. 무꾸리집단을 모아 조선숭신인조합(朝鮮崇神人組合)이란 법인체까지 만들어 민심을 이간하는가 하면 어쩌다 공동체의 안과태평(安過太平)과 결속을 기리는 '별신굿'을 하면 불손선인(不遜鮮人)들이라며 마구잡아 가두었다.

일제가 쫓겨간 후 해방공간에도 두 이데올로기 대립의 등쌀과 외래문화의 홍수로 전통적 축제는 살아나지를 못했다. 어쩌다 살아났는가 하면 거의가 정상배(政商輩)들이 꾸며낸 관제 '억지 축제'였다

물론 이 무렵에도 보이지 않는 곳에서 자생적 축제를 잇기 위하여

땀흘린 인사들이 없지는 않았다. 그러나 1960년대 들어 우리 사회에 일기 시작한 전통문화에 대한 자각의 시기를 맞으면서 축제도 어렵사리 재기의 기지개를 펴기 시작한다.

그리고 30년이 흐른 이제, 한 통계를 보면 크고 작은 축제가 500여종에 이른다고 한다.

어제도 오늘도 무수한 축제가 새로 태어났다가 없어지기를 거듭하니 어쩌면 축제의 전성기인가도 싶다.

마을마다 고을마다, 시·군마다 나름마다의 축제가 이어지니 축제천국인 듯싶다. 여기에 당국에서는 깊은 사려없이 관광입국을 위한 다양한 축제를 부추키니 뿌리없고 방향없는 축제가 꼬리를 잇고 있다.

바로 이러한 때에 축제에 대한 원초적 개념을 되새기고자 함은 당연한 일이라 생각된다.

개념의 정리는 옷의 첫 단추를 꿰는 일과 같은 것이겠기에 말이다.

향토축제의 개념

주어진 논제가 '향토축제 활성화 방안'이기에 향토축제를 주로 살핀다.

일반적인 개념의 '축제'와 '향토축제'는 그 성격이 다르다. 국가 또는 지방정부 등 관주도형(官主導形) 축제와 전통적이요 토속적인 '향토축제'는 분명히 분간되어야 한다.

하긴 앞서가는 나라일수록 국가적 규모의 행사성 짙은 축제는 점차 줄어들고, 전승성을 지닌 향토축제가 발전하고 있는 추세이다.

그러나 모든 축제가 향토축제의 성격으로 획일화되어 간다는 의견은 아니다. 새로운 산업의 발달에 따라 예컨대, '자동차축제'도 있고,

'우주선축제'도 있을 수 있는가 하면, 동서양의 독창적 민요들을 한 자리에 모아 범인류의 '노래잔치'를 벌일 수도 있다. 부단히 변화·발전하고 있는 과학문명은 온통 가치관을 바뀌게 하면서 새롭고도 낯선 축제들을 연이어 창출케 하고 있다.

그러나 이러한 신종 축제들도 세심히 분석하면 해당 지역의 풍토·생산·인심·사회환경과 연계성을 지닐 때, 쉽게 뿌리내리게 됨을 발견한다. 이 문제는 별도의 기회로 미루고 본론인 '향토축제'로 돌아가자.

돌이켜 보건대, 향토축제에 대한 구체적 관심은 지방자치시대를 맞으면서 비롯되었다고 본다. 지역문화란 중앙문화에 대비되는 말인데, 그것을 중앙문화에 예속된 것으로 인식함은 잘못이다. 개성있는 지역문화의 총합체가 중앙문화이지 중앙문화의 예속문화가 아니다. 이것은 민주주의 이념의 기본이기도 하다.

이런 입장에서 지역문화의 개념을 정리해 보자. 거기에는 해당 지역의 지리·역사적 배경에서 형성되어 온 전통문화가 바탕을 이루고 거기에 다시 사회 변동에 따라 들어온 당대문화가 공존하고 있다.

그런데 여기서 '전통'의 개념을 재음미할 필요가 있다.

전통이란 '과거'와 '오늘'과 '내일'을 하나의 흐름으로 꿰뚫는 전승개념으로 인식해야 한다. 전통의 해석을 거지향적인 것에 그칠 때 그 민족이나 국가의 미래는 보장되지 않는다.

(우리 나라가 왜 세계에서 셋밖에 없는 중요 무형문화재 지정국가 중 하나가 되었는가를 되새기면 그 답은 명료해진다.)

어제, 오늘, 고장마다 되살아나고 있는 향토축제들은 과연 해당 지역의 전통문화, 예컨대 역사·신앙·생업·관혼상제·세시풍속·예술·의식주·놀이 등의 향토문화와 어떤 연관을 가지며 오늘에 되살아 나고 있는가를 자성해 볼 필요가 있다. 향토축제하면 일방적으로 옛 것을 돌이켜 꾸며내는 '회고 취향판'이 되고 있기에 말이다.

다시금 개념을 정리하자. 향토축제란 한 고장의 역사적 소산으로 오늘을 살고 있는 해당 지역민의 격의 없는 만남의 장소로서 신명과 화합과 미래지향적인 재창조의 의욕을 북돋아 주는 정겨운 마당이어야 한다.

그러기에 향토축제란 한 지역문화의 부분이면서 전부이기도 하다. 아니 그것은 우리 민족문화의 노른자위들인 것이다.

활성화를 위한 제언

향토축제 성패의 1차적 요건은 지역민의 자발적 참여 여부에 달려 있다. 그를 유도하기 위하여는 첫째로 역사성·향토성이 전제되면서 지역민의 정서에 부합되어야한다.

역사성과 향토성은 동전의 양면과 같은 것으로 향토축제의 기초가 된다. 그러한 기초 위에 지역민이 참여하는 가운데 축제가 활성화되면서 지역문화도 발전한다. 지역문화와 향토축제 역시 동전의 양면 관계이다.

또 한가지, 여기에서 지역문화란 반드시 그 지역의 전통과 한 맥이어야 한다는 사실이다. 그렇지 못할 때 그것은 주체성을 획득치 못한다. 지역문화란 전통문화에 바탕을 두고 지역민에 의하여 재창출되면서 향수될 때, 주민들은 사람답게 살아가는 맛과 멋을 만끽하게 된다.

전통문화가 취약한 곳에서의 향토축제의 활성화는 더디고 어렵다. 반면 전통문화가 잘 전승되고 있는 곳에서는 향토축제의 뿌리를 내리기 쉽다.

그러니까 먼저 전통문화를 찾아 다듬는 것이 향토축제를 살리기 위한 선행 조건이다. 그럼에도 오늘의 많은 향토축제들이 향토성에 근거하기 보다 신판 축제전문가들의 '시나리오'에 의하여 난삽한 국적불명의 난장으로 만들고 있는 것은 지극히 잘못된 일이다.

당장은 늦더라도 지역민의 화합과 의지가 조화되면서 향토축제는 짜여져야 한다.

둘째, 앞의 과정을 거쳐 펼쳐지는 향토축제는 오늘의 주민생활과 연관되는 것이어야 한다. '당굿'이니, '산신제'니, '수신제'니 하는 것이 미신적 행위로 매도되는 경우가 있는데, 그것은 유서 깊은 공동체적 '제의문화'로 받아들여져야 한다.

향토축제에서 토착적 의식을 제거할 때, 아무것도 남을 것이 없다.

그 곳에서 우리는 겨레의 면면한 공동체 사랑을 배워야 하고, 토착신앙의 발자취를 더듬으며 '구비문학' '춤' '음악' '연극' 그리고 '의식주'에 이르기까지 전통문화 전반에 걸친 원형적 단서들을 확인해야 한다. 확인에 그치는 것이 아니라 그 가운데 오늘에 수용함직한 유산들은 재창조의 과정을 거쳐 내일로 뻗어 나갈 길목을 열어 주어야 한다.

이 과정에서 깨우침과 화합과 신명이 함께하는 오늘의 축제판이 펼쳐지게 되는 것이니 이른바 관광자원으로서도 더없이 적합한 대상이다.

가장 독창적인 것이 가장 세계적인 것이라는 유행스런 화두를 연상할 필요도 없다. 향토축제란 전통문화를 바탕삼아 대다수 향토 주민의 의지에 따라 재창출되는 전승문화의 꽃이다.

다시 다짐하거니와 전통성 없이 꾸며진 향토축제도 어쩌다 구경꾼을 끌기도 하겠지만 잠시의 허황한 유행일 뿐 전승력을 지니지 못함을 수없이 보아 오고 있지 않은가.

끝으로 향토축제는 향토민의 생업에 도움이 되는 것이어야 한다. 향토의 산물이 집산하는 장터로서 기능해야 한다.

땀흘려 얻은 농산물과 수산물 그리고 의식주에 관련된 전통공예 전반의 자랑스런 물품들이 축제를 장식하며 소득을 올려야 한다.

아름다운 우리 삶의 터 고장마당에서 앞의 세 조건이 충족되며 향토축제가 펼쳐질 때, '주민의 화합' '자기 문화와 자기 고장에 대한 자긍심' '풍요한 향토물산의 개척'이란 막중한 소득이 따를 것이다.

세계화 시대의 한 주역이 되고자 한다면 서둘러 독창적 문화와 그에 따른 향토축제를 되살려야 한다.

정신만 차리면 불가능한 일도 아니다. 자동차도 중요하고 반도체도 중요하지만, 자기 문화를 자랑하며 관광객을 끌어 들이는 일도 그에 못지 않을 것이다.

동방의 유서 깊은 아침의 나라. 이 땅에 전승되는 의젓하면서도 독창적인 향토축제에 참여하기 위하여 5대양 6대주에서 줄을 서 들어오게 됨을 상상해 보는 것은 부질없는 꿈일까?

우리 나라는 '원료 생산국'이 아니라 '가공 생산국'이다. 앞이 밝지만은 않다. 이를 극복하기 위한 한 방편으로 온 세계가 주목할 향토축제의 개발을 제의하는 바이다.

(1998. 한국예술종합학교 전통예술원 강의 자료)

31

한국의 무형문화재(無形文化財)

무형문화재 지정의 경위

한국의 '문화재보존법 시행규칙'에는 중요 무형문화재의 지정 기준이 명시되어 있다. 역사상, 학술상, 예술상으로 가치가 크고, 향토색이 현저한 것이어야 한다는 기준 아래 다음과 같은 종목을 그 대상으로 잡았다.

1) 演劇: 人形劇, 假面劇
2) 音樂: 祭禮樂, 宴禮樂, 大吹打, 歌曲, 歌詞 또는 時調의 鷺唱, 散調, 풍물(農樂), 雜歌, 民謠, 巫樂, 梵唄.
3) 舞踊: 儀式舞, 呈才舞, 假面舞, 民俗舞.
4) 工藝技術: 陶磁工藝, 毛皮工藝, 金屬工藝, 骨角工藝, 螺鈿漆器, 製紙工藝, 木工藝, 建築工藝, 紙物工藝, 織物工藝, 染色工藝, 玉石工藝, 매듭工藝, 服飾工藝, 樂器工藝, 草藁工藝, 竹工藝, 武具工藝.
5) 其他 儀式, 놀이, 武藝, 飮食創造 등
6) 演劇, 音樂, 舞踊에 규정한 藝能의 성립 또는 構成上 중요한 要素를 이루는 技法이나 그 用具 등의 製作·修理 技術

이상 각 분야, 각 종목의 보존과 전승을 목적으로 정부에서 선별·

지정한 것을 '중요 무형문화재'라 한다.

이는 1962년 '문화재보존법'이 제정·공포되면서 이 법에 의하여 중요 무형문화재를 지정·보호하는 규정이 처음으로 마련되었던 것이다.

문화재보존법 시행규칙 제2조에는 중요 무형문화재 보유자 등의 인정 기준 및 절차를 다음과 같이 규정하고 있다.

1) 法 第5條 第2項 및 令 第1條의 規定에 의한 重要 無形文化財의 保有者 또는 保有團體의 認定基準은 다음과 같다(改正 1996. 7.10).

   가. 保有者: 중요 무형문화재의 藝能 또는 技能을 원형대로 체득·보존하고 이를 그대로 실현할 수 있는 자.

   나. 保有團體: 중요 무형문화재의 藝能 또는 技能을 원형대로 보존하고 이를 그대로 실현할 수 있는 團體. 다만 當該 중요 무형문화재의 藝能 또는 技能의 性質上 개인적으로는 실현할 수 없거나 보유자로 인정할 만한 자가 다수일 경우에 한한다.

2) 文化觀光部長官은 法 第5條 第2項의 규정에 의하여 중요 무형문화재의 보유자 또는 보유 단체를 인정하고자 할 때에는 法 第3條의 규정에 의한 文化財委員會의 해당 분야별 위원 및 전문위원과 관계전문가 등에게 조사를 하게 하여야 한다(新設 1996. 7.10).

이러한 절차에 따라 작성된 보고서에는 문화재위원회 제4차 분과위원회 심의를 거친 후 지정할 만한 가치가 있다고 인정되면 관보에 30일 이상 예고한 후 특별한 이의사항이 없으면 보유자나 단체나 인정서를 교부한 날로 효력이 발생한다.

중요 무형문화재로 종목의 보유나 보유단체가 인정서를 받게 되면

'문화재보호법'에 의하여 국가로부터 보유자는 교육보조비를, 또는 보유자와 보유단체는 당해(當該) 중요 무형문화재의 발표공연비, 제작 지원비, 전수교육비를 지급 받고 국가의 보호대상이 된다.

말할 것도 없이 무형문화재란 사람에 의하여 실현되는 것이니 그를 계승하기 위해서는 후계자를 양성해야 한다. 그에 따라 후계자를 양성하기 위하여 보유자 밑에 전수교육조교가 있어야 하고 그 밑에 이수생 (履修生) 그리고 그 밑에 전수장학생이 있어야 한다.

중요 무형문화재의 보유자가 사망하게 되면 인정이 해제되고 그의 후보자 또는 교육보조자 가운데 기량 있는 자를 문화재위원회의 심의를 거쳐 인정하므로서 맥을 이어가게 된다.

한국에 있어 무형문화재의 지정과 보호를 위한 법적 장치는 1962년 법률로 제성된 문화재보호법에 의거하고 있다.

문화재보호법에 제1조는 "이 법은 문화재를 보존하여 이를 활용하므로써 국민의 문화적 향상을 도모함과 아울러 인류문화의 발전에 기여함을 목적으로 한다"고 명시하고 있다.

그러나 실제로는 사라져 가는 무형문화의 유산 가운데 소중한 것들만이라도 보존해 보겠다는 안간힘으로 이 법은 서둘러 제정된 것이었다.

문화재보호법에 의하여 최초로 지정된 것이 1964년 12월 7일, 제1호 종묘제례악(宗廟祭禮樂), 제2호 양주별산대(楊州別山臺)놀이, 제3호 남사당(男寺黨)놀이(처음에는 '꼭두각시놀음'으로 지정되었다가 1988년 그 명칭을 변경하였다)였다. 이후 2001년 10월 현재 제115호까지 중요 무형문화재가 지정되어 있다.

분야별 지정종목 현황

중요 무형문화재는 크게 예능종목과 기능종목으로 나뉘고 또 세분하면 다음과 같이 분류된다.

〈音樂分野〉 17종목

제1호 宗廟祭禮樂(1964. 12. 7 指定)

제5호 판소리(1964. 12. 7 指定)

제11호 풍물ㆍ農樂(1966. 6. 29 指定始作)

　　　　가-진주 삼천포 농악, 나-평택농악,

　　　　다-이리농악, 라-강릉농악, 마-임실필봉농악

제16호 玄琴散調(1967. 6. 16 指定)

제19호 선소리(立唱) 山打令(1968. 4. 18 指定)

제20호 大琴正樂(1968. 12. 21 指定)

제23호 가야금 산조 및 병창(1968. 12. 21 指定)

제29호 西道소리(1969. 9. 27 指定)

제30호 歌曲(1969. 11. 10 指定)

제41호 歌詞(1971. 1. 8 指定)

제45호 대금散調(1971. 3. 16 指定)

제46호 피리正樂 및 大吹打(1971. 6. 10 指定)

제51호 南道들노래(1973. 11. 5 指定)

제57호 京畿民謠(1975. 7. 12 指定)

제83호 鄕制줄風流(1985. 9. 1 指定始作)

　　　　가-求禮鄕制줄風流, 나-裡里鄕制줄風流

제84호 農謠(1985. 12. 1 指定始作)

가-固城農謠, 나-醴泉通明農謠

제95호 濟州民謠(1989. 12. 1 指定)

〈舞踊〉 계 7종목

제12호 晋州劍舞(1967. 1. 16 指定)

제21호 勝戰舞(1968. 12. 21 指定)

제27호 僧舞(1969. 7. 4 指定)

제39호 處容舞(1971. 1. 8 指定)

제40호 鶴連花臺合設舞(1971. 1. 8 指定)

제92호 太平舞(1988. 12. 1 指定)

제97호 살풀이춤(1990. 10. 10 指定)

〈演劇〉 14종목

제2호 楊州別山臺놀이(1964. 12. 7 指定)

제6호 統營五廣大놀이(1964. 12. 24 指定)

제7호 固城五廣大놀이(1964. 12. 24 指定)

제15호 北靑獅子놀이(1967. 3. 31 指定)

제17호 鳳山탈춤(1967. 6. 16 指定)

제18호 東萊野遊(1967. 12. 21 指定)

제34호 康翎탈춤(1970. 7. 22 指定)

제43호 水營野遊(1971. 2. 24 指定)

제49호 松坡山臺놀이(1973. 11. 11 指定)

제61호 殷栗탈춤(1978. 2. 23 指定)

제69호 河回別神굿 탈놀이(1980. 11. 17 指定)

제73호 駕山五廣大(1980. 11. 17 指定)

제79호 발탈(1983. 6. 1 指定)

제81호 珍島 다시래기(1985. 2. 1 指定)

〈놀이와 儀式〉 23종목

제3호 男寺黨놀이(1964. 12. 7 指定)

제8호 강강술래(1966. 2. 15 指定)

제9호 恩山別神祭(1966. 2. 15 指定)

제13호 江陵端午祭(1967. 1. 16 指定)

제24호 安東車戰놀이(1969. 1. 7 指定)

제25호 靈山 쇠머리대기(1969. 2. 11 指定)

제26호 靈山 줄다리기(1969. 2. 11 指定)

제33호 고싸움 놀이(1970. 7. 22 指定)

제44호 韓將軍놀이(1971. 3. 16 指定)

제50호 靈山祭(1973. 11. 5 指定)

제56호 宗廟祭禮(1975. 5. 3 指定)

제58호 줄타기(1976. 6. 30 指定)

제62호 左水營漁坊놀이(1978. 5. 9 指定)

제68호 密陽百中놀이(1980. 11. 17 指定)

제70호 楊州 소놀이굿(1980. 11. 17 指定)

제71호 濟州 칠머리당굿(1980. 11. 17 指定)

제72호 珍島 씻김굿(1980. 11. 17 指定)

제75호 機池市 줄다리기(1982. 6. 1 指定)

제82호 風漁祭(1985. 2. 1 指定始作)

　　　　　가-東海岸別神굿, 나-西海岸배연신굿 및 大同굿

　　　　　다-蝟島 띠뱃놀이, 라-南海岸別神굿

제85호 釋奠大祭(1986. 11. 1 指定)

제90호 黃海道 平山 소놀음굿(1988. 8. 1 指定)

제98호 京畿道 都堂굿(1990. 10. 10 指定)

제104호 서울 새남굿(1996. 5. 1 指定)

제111호 社稷大祭(2000. 10. 19 指定)

〈武藝〉계 1종목

제76호 택견(1983. 6. 1 指定)

〈工藝技術〉43종목

제4호 갓일(1964. 12. 24 指定)

제10호 螺鈿匠(1966. 6. 29 指定)

제14호 韓山 모시짜기(1967. 1. 16 指定)

제22호 매듭匠(1968. 12. 21 指定)

제28호 羅州의 샛골나이(1969. 7. 4 指定)

제31호 烙竹匠(1969. 11. 29 指定)

제32호 谷城의 돌실나이(1970. 7. 22 指定)

제35호 彫刻匠(1970. 7. 22 指定)

제42호 樂器匠(1971. 2. 24 指定)

제47호 弓矢匠(1971. 2. 24 指定)

제48호 丹靑匠(1972. 8. 1 指定)

제53호 彩箱匠(1975. 1. 29 指定)

제55호 小木匠(1975. 1. 29 指定)

제60호 粧刀匠(1978. 2. 23 指定)

제64호 豆錫匠(1980. 11. 17 指定)

제65호 白銅煙竹匠(1980. 11. 17 指定)

제66호 網巾匠(1980. 11. 17 指定)

제67호 宕巾匠(1980. 11. 17 指定)

제74호 大木匠(1982. 6. 1 指定)

제77호 鍮器匠(1983. 6. 1 指定)

제78호 入絲匠(1983. 6. 1 指定)

제80호 刺繡匠(1984. 10. 15 指定)

제87호 명주짜기(1988. 4. 1 指定)

제88호 바디匠 · 筬匠(1988. 8. 1 指定)

제89호 針線匠(1988. 8. 1 指定)

제91호 製瓦匠(1988. 8. 1 指定)

제93호 箭筒匠(1989. 6. 15 指定)

제96호 甕器匠(1990. 5. 8 指定)

제99호 小盤匠(1992. 11. 10 指定)

제100호 玉匠(1996. 2. 1 指定)

제101호 金屬活字匠(1996. 2. 1 指定)

제102호 褙貼匠(1996. 3. 11 指定)

제103호 莞草匠(1996. 5. 1 指定)

제105호 沙器匠(1996. 7. 1 指定)

제106호 刻字匠(1996. 11. 1 指定)

제106호 누비장 · 樓緋匠(1996. 12. 10 指定)

제108호 木彫刻匠(1996. 12. 31 指定)

제109호 華角匠(1996. 12. 31 指定)

제110호 輪圖匠(1996. 12. 31 指定)

제112호 鑄鐵匠(2001. 3. 12 指定)

제113호 漆匠(2001. 3. 12 指定)

제114호 簾匠(2001. 6. 27 指定)

제115호 染色匠(2001. 9. 6 指定)

〈飮食〉계 2종목

제38호 朝鮮王朝 宮中飮食(1970. 12. 30 指定)

제86호 鄕土 술담그기(1986. 11. 1 指定始作)

　　가-문배酒, 나-沔川 杜鵑酒, 다-慶州交洞 法酒

　이상에서 보는 바와 같이 총 지정종목번호는 115종이나 제36호, 제52호, 제54호, 제59호, 제63호, 제94호 등이 지정해제, 또는 통합되므로써 실제로는 종 110종의 중요 무형문화재가 지정되어 있다.

　이 밖에도 시, 도지정 지방 문화재가 별도로 있는바 지역별 통계(2009.9.30현재)는 다음과 같다.

　서울시 24種, 釜山市 10種, 大邱市 14種, 仁川市 8種, 光州市 13種, 大田市 8種, 蔚山市 1種, 京畿道 31種, 江原道 8種, 忠淸北道 7種, 忠淸南道 30種, 全羅北道 20種, 全羅南道 24種, 慶尙北道 25種, 慶尙南道 18種, 濟州道 11種(총251종목)

　위의 지방 무형문화재들은 중요(국가지정) 무형문화재와 비교하여 특별히 우열의 차이가 있는 것이 아니라 지방자치행정으로 바뀌면서 각 지방에 전승되고 있는 향토성 짙은 무형의 문화유산을 해당 지역의 문화재위원회가 선별하여 지정하기 시작한 것이다. 그의 분류도 중요 무형문화재와 마찬가지로 음악, 무용, 놀이, 의식, 공예기술, 음식, 무예 등을 대상으로 하고 있다.

　이상 다양한 중요 무형문화재 및 지방 무형문화재 등은 제각기 해당 분야에서 가장 권위를 인정받고 있으며 그의 기능보유자와 예능보유자들은 인간문화재라는 칭호를 받을 만큼 대접을 받고 있다.

　무형문화재의 지정제도가 시작된 것이 1964년이고 보면 어언 40년에 가까운 연륜을 쌓고 있다.

그런 연유로 해서 무형문화재에 대한 일반의 이해가 보편화되어 전통문화를 소중히 여기게 되었다. 그런데 이와는 달리 전승문화가 보존이란 명분으로 하여 자칫 박제화될 염려를 하게 된 것도 사실이다.

<중요 무형문화재 연극종목>

제2호 楊州別山臺놀이(1964. 12. 7 指定)

  ▨ 김상용 1926. 11. 10(男)－藝能: 먹중, 원숭이(64. 12. 7 認定)

  ▨ 노재영 1932. 11. 30(男)－藝能: 옴중, 취발이(64. 12. 7 認定)

제3호 男寺黨놀이(1964. 12. 7 指定)

  ▨ 박계순 1934. 5. 16(女)－藝能: 꼭두각시놀음, 덧뵈기, 풍물
  (80. 11. 17 認定)

  ▨ 남기환 1941. 12. 3(男)－藝能: 꼭두각시놀음, 덧뵈기, 풍물
  (93. 8. 2 認定)

제6호 統營五廣大(1964. 12. 24 指定)

  ▨ 유동주 1917. 11. 18(男)－藝能: 꼭두각시, 작은어미, 포수
  (64. 12. 24 認定)

  ▨ 이기숙 1922. 11. 3(男)－藝能: 원양반(75. 1. 29 認定)

  ▨ 강영구 1931. 4. 5(男)－藝能: 말뚝이(75. 1. 29 認定)

  ▨ 강연호 1931. 11. 20(男)－藝能: 큰어미 꽹쇠(75. 1. 29 認定)

제7호 固城五廣大놀이(1964. 12. 24 指定)

  ▨ 이윤순 1918. 5. 23(男)－藝能: 樂士(71. 10. 6 認定)

▨ 허판세 1920. 12. 20(男)-藝能: 양반(71. 10. 6 認定)

▨ 허현도 1921. 5. 22(男)-藝能: 큰어미, 비비(71. 10. 6 認定)

제15호 北靑獅子놀음(1967. 3. 31 指定)

▨ 김수석 1907. 7. 17(男)-藝能: 獅子 앞머리(67. 3. 31 認定)

▨ 변영호 1907. 3. 6(男)-藝能: 獅子 제작, 악사(70. 7. 18 認定)

▨ 동성영 1909. 3. 29(男)-藝能: 獅子 앞채(70. 7. 18 認定)

▨ 여재성 1919. 6. 13(男)-藝能: 獅子 뒷채(70. 7. 18 認定)

▨ 李根花善 1924. 4. 23(男)-藝能: 사랑춤(70. 7. 18 認定)

▨ 전광석 1917. 5. 19(男)-藝能: 칼춤(73. 11. 11 認定)

제17호 鳳山탈춤(1967. 6. 16 指定)

▨ 양소운 1924. 7. 12(女)-藝能: 사당, 미얄, 무당(67. 6. 16 認定)

▨ 윤옥 1925. 11. 17(女)-藝能: 상좌, 덜머리집, 목중(70. 7. 18 認定)

▨ 김선봉 1924. 4. 5(女)-藝能: 상좌, 목중(71. 9. 13 認定)

▨ 김기수 1936. 8. 2(男)-藝能: 노장, 목중, 가면제작(87. 1. 5 認定)

▨ 김애선 1937. 10. 11(女)-藝能: 사소무, 상좌, 목중(89. 12. 1 認定)

제18호 東萊野遊(1967. 12. 21 指定)

▨ 문장원 1917. 8. 15(男)-藝能: 원양반, 가면 제작(67. 12. 21 認定)

▨ 양극수 1918. 2. 28(男)-藝能: 할미(70. 8. 26 認定)

▨ 천재동 1915. 1. 25(男)-藝能: 가면제작(71. 9. 13 認定)

▨ 박점실 1913. 8. 16(男)-藝能: 말뚝이(76. 6. 30 認定)

▨ 변동식 1923. 2. 28(男)-藝能: 악사(91. 5. 1 認定)

제34호 康翎탈춤(1970. 7. 22 指定)

▨ 김실자 1928. 12. 28(女)-藝能: 둘째양반, 마부(82. 6. 1 認定)

▨ 김정순 1932. 5. 4(女)-藝能: 상좌, 용산삼개집(82. 6. 1 認定)

제43호 水營野遊(1971. 2. 24 指定)

▨ 윤수만 1916. 2. 14(男)-藝能: 악사(71. 2. 24 認定)

▨ 김달봉 1917. 10. 10(男)-藝能: 영노(71. 2. 24 認定)

▨ 조복준 1920. 8. 3(男)-藝能: 악사(71. 2. 24 認定)

▨ 김용태 1922. 8. 13(男)-藝能: 말뚝이(76. 6. 30 認定)

▨ 태덕수 1929. 4. 9(男)-藝能: 수양반(89. 12. 1 認定)

제49호 松坡山臺놀이(1973. 11. 11 指定)

▨ 김학석 1940. 5. 27(男)-藝能: 무녀, 노장(95. 6. 1 認定)

제61호 殷栗탈춤(1978. 2. 23 指定)

▨ 장용수 1903. 11. 10(男)-藝能: 영감, 양반, 가면 제작(78. 2. 23 認定)

▨ 김춘신 1925. 5. 4(女)-藝能: 헛목, 상좌, 의상 제작(78. 2. 23 認定)

▨ 김영택 1921. 4. 8(男)-藝能: 악사(82. 6. 1 認定)

제69호 河回別神굿 탈놀이(1980. 11. 17 指定)

▨ 이창희 1913. 1. 22(男)-藝能: 각시(80. 11. 17 認定)

제73호 駕山五廣大(1980. 11. 17 指定)

  ▨ 김오복 1918. 8. 7(男)-藝能: 양반, 오방신장(80. 11. 17 認定)

  ▨ 한윤영 1920. 2. 15(男)-藝能: 말뚝이, 할미, 가면 제작(80. 11. 17 認定)

제79호 발탈(1983. 6. 1 指定)

  ▨ 이동안 1906. 12. 6(男)-藝能: 발탈(83. 6. 1 認定)

제81호 珍島 다시래기(1985. 2. 1 指定)

  ▨ 강준섭 1933. 5. 30(男)-藝能: 거사(85. 2. 1 認定)

  ▨ 조염환 1934. 1. 3(男)-藝能: 假喪制(85. 2. 1 認定)

(1998. 한국예술종합학교 전통예술원 강의 자료)

32
민속문화의 현황과 전망

1. 민속의 의미

'민속이란 무엇인가' 하는 문제가 애매모호한 가운데 그저 소중한 것이다, 고리타분한 것이라는 등 그 실체를 이해하는 데까지는 미치지 못하고 있는 실정이다. 또한 그것은 오늘에 연관된 것이 아니라 지난 시대의 유물인 양 인식되는 경향이 있다.

그러면 먼저 민속의 개념을 정리해 보자.

전통을 말할 때, 흔히 고전이라든가 민속이란 어휘가 분별없이 함께 쓰여지고 있는데, 여기서부터 살펴보자.

고전이란 자기 생성적 전승력이 지난 어느 시기에 단절된 채, 단절될 당시의 것을 그대로 오늘에 재현하는 것이라면, 민속이란 자기 생성적 전승력이 오늘의 생활속에까지 살아 있어 발전하고 있는 것을 지칭한다.

이해를 돕기 위하여 춤을 예로 들어 보자. '처용무' 라는 춤은 특히 조선왕조의 궁중에서 나쁜 귀신을 쫓는 '구나무' 로 전승되던 것인데, 조선왕조의 끝남과 함께 그 자생력은 없어지고 '이왕직 아악부' '국립국악원' 등에 의하여 옛 모습대로 명맥만 이어 오다가 지금은 중요무형문화재로 지정되어 있다. 이러한 춤을 고전무용이라 한다.

'살풀이' 라는 춤은 다분히 신앙적 성격을 띠고 무격집단이 주로 전승하던 것인데 오늘날에도 무당에 의하여 굿청에서 추어지는가 하면 일반인 내지는 무용가에 이르기까지 이 춤은 새로운 표현의지로 오늘날까지 발전시켜 나가고 있다. 이러한 춤을 민속무용이라 지칭한다.

위의 고전적인 것과 민속적인 것을 통틀어 전통 또는 전통적인 것이라 한다. 그 어느 쪽도 소중한 것이니 한 문화권의 독창성을 지니는 기초가 되는 것이다. 그런데 이 전통을 지난 시대의 유산 또는 유물로 해석하는 오류가 오늘 우리 사회 한구석에 있음을 지적하지 않을 수 없다.

전통이란 역사 발전과 함께 가변되는 것이지 절대로 불변하는 것이 아니다. 전통이 불변한다면 그의 문화주체가 역사의 주인노릇을 못하고 있다는 증거이다.

우리는 적잖게 전통을 운위하고 있다. 정치가, 학자 또는 우국적 인사들로부터 전통이 변질, 인멸되어 가고 있음에 대한 개탄하는 소리를 듣는다.

전통을 지켜야 한다는 호소를 듣는다. 옳은 말이다. 그런데 전통을 지키는 일이란 옛것을 본떠서 반복하는 것이 아니라 옛것을 바탕으로 하여 오늘의 것으로 부단히 발전시켜 나가는 데서 가능하다. 다른 말로 표현하면 전통이란 머물러 있는 것이 아니라 역사 발전과 한 배를 탄 가변적인 것이다.

역사민족이라면 어느 나라나 많은 문화유산을 지니고 있다. 우리도 마찬가지여서 국보 제1호인 숭례문을 비롯하여 많은 유형의 문화유산들을 보존하고 있다. 그런데 유형문화재가 아닌 무형문화재를 국가가 지정·보호하고 있는 곳은 눈을 씻고 보아도 전세계에서 일본, 대만 그리고 우리나라밖에 없다.

어떤 연유에서일까? 생각이 깊지 못한 인사들은 남은 지정하고 있지 않은 무형문화재를 우리는 100여 종이나 지정하고 있음을 자랑하고 있다. 참으로 어처구니 없는 일이다. 왜냐하면 무형문화재를 따로 지정·보호할 수밖에 없다는 사실은 바로 지난 역사 가운데 스스로 그 주인노릇을 못한 상당한 기간이 있다는 증거가 되기 때문이다.

또한 위에서도 언급했지만 문화가 역사 발전과 함께하지 못한 데서 온 결과이기 때문이다. 한 예를 들어 보자. 영국의 군악대는 지금도 다소 낯선 의복에 불편할 듯한 양동이 비슷한 모자를 쓰고 그들 대영제국의 군대를 앞장서 이끌고 있다. 그 의상은 영국의 섬유기술의 발전에 따라 바뀌어 가며 빛깔도 영국 국민의 선호도의 변천에 따라 조금씩 바뀌어 간다. '템포'도 마찬가지다. 구태여 무형문화재로 지정하지 않으면서도 자기 발전적으로 전승되고 있다. 여기에 비해서 우리의 경우는 행진악인 '대취타'가 중요 무형문화재로 지정되어 있지만 국군의 날 대한민국의 국군을 이끌지 못하고 있다.

이것이 무형문화재를 지정하지 않고 있는 나라와 지정하고 있는 나라의 차이다. 그대로 두었다가는 생명력을 잃을 것 같을 때 하는 수 없이 취하는 조치가 무형문화재의 지정이다. 사람으로 치자면 중병환자에게 '링거'를 꽂는 것에 비유된다. 보존을 하겠다는 단심은 충분히 이해가 간다. 하지만 살아 있는 인간이 창출해 내는 문화를 고착시켜 생명력을 잃게 하는 기간을 길게 할 수는 없다. 잠정적이요 과도적인 조치이다. 우리는 이 동안에 서둘러 그것을 경험하여 다시 생명력을 갖게하는 작업으로 이어져야 한다.

무형문화재에 대한 인식이 모호함은 주도적이어야 할 지식인들의 무지이거나 책임 회피라는 결론이 된다. 전통성을 지닌다는 것은 옛 것의 답습이 아닌 주체적 발전임을 인식해야 한다.

다시 여기에서 '우리적'의 쓰임에 대하여 말하고자 한다. 일단 우리적이란 앞에서 거론한 전통적인 것에 외래적인 것까지를 포함하게 된다. 다만 외래적인 것을 주체적으로 수용하고 있느냐가 문제이다. 문화예술계 전반에서도 '우리적'이란 말이 평상적으로 쓰여지면서 그 실속은 의식적 수사적인 한계를 넘지 못하고 있다.

각설하고-. 우리적이란 뜻이 '우리나라 사람의 주체성'으로도 풀이될 수 있다면 우리나라는 주체성에 대해서도 생각이 머물게 된다. 왜냐하면 우리나라 사람이 없는 한 우리나라를 생각할 수 없듯이 주체성이 결여된 우리도 존립될 수 없기 때문이다. 이 양자는 서로 불가분의 연관성을 갖는 동일속성이다.

그런데 주체성은 주로 정체성이 없는 상태를 응징하는 과정에서 형용사적으로 사용되어 왔다. 이러한 응징과정에서 주체성이 갖는 구체적인 가치의 내용이 제시됨 없이 주체성이 그저 높이 평가되어야 하는 것으로 믿어졌다. 일반적으로 자주성, 자기 주장이 결여된 상태를 지칭하거나 기술하는 문맥에서 관념적으로 모호하게 사용되어 왔다.

전통의 개념을 확인하는 데는 이 항목의 살핌이 있어야 한다는 생각에서 다소 중복되더라도 논리를 펴나가고자 한다.

'나' 또는 '우리'가 남으로부터 구별되는 것은 내가 하나의 자기적 실체로 존재함으로써이다. 이것을 '자체'와 '타체'로 부르기로 하자.

여기서 자체의 단위도 여러 가지로 구분될 수 있다. '개인' '집단' '민족' '국가' 등 물론 이것들은 집단 속의 개인이며, 나라 속의 집단이고 무수한 민족 중의 민족이며, 세계 100여 개국 중의 한 국가이다. 요컨대 자체란 서로 다른 단위를 갖는 동시에 서로 다른 존재차원을 갖는다. 자체의 단위와 존재차원을 거론함은 '주체'가 성립함에 있어 '자체'가 바로 기본 요소로 되기 때문이다. 그리고 또 자체의 단위와 존재차원을 인식함에 있어 자칫 범하기 쉬운 논리적 오류를 피하기 위해서이다.

이제부터 논하려는 그 단위와 존재차원을 '민족'으로 한다.

민족이란 '언어, 영토, 경제생활 및 문화의 공통성에서 비롯된 전통적 심리 등의 동질성에 의하여 통일된 영속성이 있는 인간 집합체'를 뜻한다. 이는 근대국가 성립의 기초가 된 것으로 서구에 있어서는 교회지배체제가 붕괴되면서 각국의 군주들이 제창하기에 이른 것이다.

19세기에 들어서면서는 제국주의 국가들의 침략이 전세계적으로 횡행한 뒤로 식민지들의 독립 쟁취 구호로 널리 쓰여 오고 있다. 한편 이 민족이란 이름으로 많은 역사적인 범죄가 저질러져 온 것도 사실이다. 민족이 살고 있는 땅이 국가의 자연적 한계로 이해되었던 것이 급기야 세계시장의 독점을 위해서 자민족의 우월을 강조하는 이론으로 둔갑하여 '우수 민족은 열등 민족을 지배할 권리가 있고, 나아가서는 전 세계를 지배할 선천적인 권리가 있는 것'처럼 주장하기에 이른다.

이와는 반대로 피압박 민족에 있어서는 이러한 식민주의자들에 반대하여 자유와 주권을 얻기 위한 절실한 권리로 주장되어 온 것이다.

우리가 자체의 존재 차원으로 내세운 민족이란 바로 후자의 경우라 하겠다.

이제까지의 이야기를 종합한다면 전통을 확보하기 위한 '주체성'이란 '자체가 존재할 수 있는 존재 차원에서 실존적 거점의 소유체로서 존재하는 상태'로 요약할 수 있겠다. 다시 말하면 밖으로부터의 작용에만 따라가는 것이 아니라 스스로 작용을 하는 편을 뜻한다.

여기에서 대두되는 문제가 밖으로부터의 작용에 대한 수용의 방법이다. 흔히 이 경우 '접목'이란 말을 잘 쓰고 있는데 접목이란 접붙임을 뜻하는 것으로 이때에도 바탕이 되는 '대목'이 있게 마련이다. 즉 전통이다. 그런데 실상 오늘날 진행되고 있는 접목작업은 대목이 되는 전통은 무시하고 외래적인 것에 대한 단편적이요 부분적인 자기의 편린들을 장식으로 붙이는 데 불과하다. 접목이란 용어 자체가 문화의 양상을 논의하는 데 부적합한 것이기도 하다.

외래의 것을 일단 자체 속에 받아 넣어 충분히 소화한 다음 소용되는 것만 섭취해야 하기 때문이다. 외과적인 수술이 아니라 '거름'으로 흡수하여 양분으로 효용되게 하는 방법이다.

접목이란 이른바 '근대화'란 명분으로 대두된 것인데 우리 근대화 과정의 반주체성으로 하여 이러한 숱한 오류들을 자초하게 되었다.

전통의 개념으로 다시 돌아오자. 그것은 '주어진 집단공동체 내에서 축적되어 온 사상, 관습, 행동, 기술의 양식, 즉 전래적인 사고와 행동의 제방식'이다.

이러한 개념 규정이 일단은 타당한 것으로 보고, 이야기를 진행해 가자. 그런데 오늘날 일고 있는 논리적 오류는 전통을 일단 이렇게 규정한 논자들이 그 다음 단계의 논의에서 본래의 규정에 철저하지 못한 데서 발생한다.

'전래적인 사고와 행동의 제방식'이라는 규정은 하나의 총괄적 개념을 말한다. 즉 전통에는 이어받을 만한 전통이 있고, 그렇지 못한 것도 있다.

권력자 앞에라면 무조건 맹종하는 무기력한 전통이 있는가 하면, 불의를 당했을 때 몸을 돌보지 않는 의로운 전통도 있다. 똑같은 이치로 전통에는 '현대적' 전통도 있고 '전근대적' 전통도 있다. 그런데 이것을 '전근대적 사고와 행동의 제방식'이란 해석으로 그칠 때 논리적 오류로 된다.

총칭적 개념을 어느 한쪽에서만 보는 결과이다.

이러한 논리적 오류는 '주체성'과 '근대화'를 잘못 이해함으로써 스스로 함정을 파는 결과에 이른다.

또한 주체성이란 '고유 전통문화의 수호'에 필수적인 것이라는 등의 의견으로 회고 취향적인 데로 몰고 간다.

전통의 문제는 문화적 유물을 찬미할 것인가 찬미하지 않을 것인가에 관한 것이 아니다. 문제는 우리의 과거를 어떻게 우리의 현재와 연결시킬 것인가에 관한 것이다. 여기에서 우리의 현재라 함은 우리가 현재 처해 있는 상황 및 그러한 상황내에서 귀중하다고 여겨지는 가치의 대상을 의미한다.

과거가 우리의 과거이고 현재가 우리의 현재일 때 과거로부터 현재적 변화에서 전통의 단절은 초래하지 않는다. 같은 이치로 현재가 우리의 현재가 아닐 때 아무리 우리의 과거가 있다 한들 전통은 없는 것이 된다.

의심할 바 없이 '전통'은 전래적인 사고와 행동의 제방식이고, 또 의심할 바 없이 문화적 유물을 의미한다. 그러나 우리에게 전래적인 사고와 행동의 제방식이 있고 문화적 유물이 있다고 해서 우리에게 전통이 자동적으로 주어지는 것은 아니다.

또 전통의 문제는 계승의 문제가 아니다. 우리가 없으면 우리의 전통도 없는 것이기 때문이다. 따라서 전통은 '우리'가 새로운 환경에 '우리'를 적용시키는 과정에서 '우리'가 창조해 낸 문화를 의미한다.

우리는 전통을 물려받는 동시에 창조한다. 과거의 문화적 유물이 우리를 전통적으로 만드는 것이 아니라 우리가 문화적 유물에 전통성을 부여하는 것이다.

영광스럽고 자랑스러운 과거를 가졌기 때문에 우리가 주체가 됨으로써 우리의 과거가 자랑스러운 것으로 된다.

새삼스럽게 이제 전통에 관심이 일고 있음은 우리가 아직 '나'의 위기에 처해 있다는 실증의 하나이다.

2. 세시풍속에 대하여

생활문화란 일단 풍속에서 생성되는 것이라 전제한다면 1년 열두 달의 세시풍속을 세심히 살펴봄은 우리 문화를 이해하는 데 지름길이 되겠다.

세시풍속이라 함은 일정한 시기가 오면 관습적으로 반복하여 거행하는 특수한 생활 행위, 즉 주기 전승을 가리킨다.

요즘은 흔히 '연중행사'로 부르기도 하지만 옛날에는 '세시' '월령' '시령' 등 계절성을 강조하면서 생산 과정의 일정표 구실도 하였다.

사계절의 변화가 확실한 우리나라의 '명절'은 대체로 계절에 따라 그 행사 내용이 짜여졌으며 다시 '월령'에 의하여 세분되었음을 알 수 있다. 월령이란 생산활동(농경·수렵·채집 등)과 관련을 갖는 것이다.

계절에 따라서 농사의 시작인 파종, 제초, 수확, 저장 등의 생산활동의 변화를 가늠케 하면서 그 사이 사이에 의식과 놀이 등이 삽입되어 생활의 흐름을 부드럽게 해주고 있다.

한해가 시작되는 정월과 이른 봄에는 그 해의 풍작을 기원하며 가을의 수확마당에서는 그 결과에 고마움을 표하는 의식이 있음은 당연한 순서로서 그 유래는 아주 오랜 것이다.

《삼국지 위지 동이전》에 전하는 부여의 '영고,' 예의 '무천,' 고구려의 '동맹,' 삼한의 봄, 가을에 가진 농경의례 등을 들 수 있다. 이러한 것들이 신앙의례적인 성격으로만 해석됨은 잘못이다. 생산 의례적 행사였음이 확인되면서 여기에 주술적 신앙적 의례가 함께하고 있음을 발견하게 된다.

인간의 지혜 즉 기술이 점차 발달하면서 계절에 따른 행사일정은 점차 인간의 자율에 의하여 더 많이 주도되어 가기에 이른다.

'자연력'의 의존도가 약화되면서 특히 '달력'이 등장하면서부터는 재래의 세시풍속은 밀려나기 시작했다. 여기에 일본 제국주의의 침입은 더욱 앞뒤를 가릴 수 없이 전래의 세시풍속을 금기시하기에까지 이른다.

우리는 이제 뒤늦게나마 전래의 세시풍속을 되살핌으로써 미래의 방향을 잡고자 하는 것이다. 우리는 주로 음력을 써 온 민족이어서 세시풍속 역시 음력을 기준하고 있음은 익히 알고 있는 일이다. 농사 짓는 일과 고기 잡는 일, 그리고 바닷물의 썰물과 밀물에 이르기까지 음력에 의하여 가려지고 있다.

일단 재래의 세시풍속 가운데 중요한 것들로 한해를 엮어 보자.

정월에서 3월까지의 3개월을 '춘절'이라 한다. 정월은 한해가 시작되는 달이다. 거의 모든 마을의 축제를 겸한 당굿, 즉 대동굿을 올림으로써 새로 맞는 한해를 설계하면서 풍요를 기원하게 된다.

대동굿의 깊은 뜻을 모르는 도회지 사람들은 미신에 치우친 행사라 바판하지만 실제 속을 알고 보면 한 공동체의 결속을 위한 '마을회의'의 성격이 두드러진다. 건설적이며 밝은 뜻이 담겨 있는 집단의식인 것이다.

이때에 역시 다양한 민속놀이를 놀고 있다. 줄다리기를 하고, 편싸움을 하고 횃불싸움을 하며 널도 뛰고 연도 날린다. 또한 마을의 공동기금을 마련하기 위한 지신밟기를 한다. 모두가 활달한 민속놀이를 통하여 건실하고 실속 있는 한해를 맞기 위한 '예행운동'을 벌린다. 온 나라 안이 떠들썩하게 잔치를 벌이는 것이 정월 보름까지의 풍속이다.

정월에 이어 2, 3월은 한해 농사를 짓기 위한 준비를 차분히 진행해야 한다.

'춘절'에 이어 여름철인 '하계'는 4, 5, 6월에 해당된다. 농사가 본격적인 철이다.

5월에 들어서야 잠시 일손을 놓고 '단오굿'을 벌리게 된다. 아녀자들은 창포에 머리감고 그네를 뛰며 남정네들은 씨름을 한다. 높고 실한 고목나무 가지에 그네를 매어 하늘 높이 치솟는 여인의 몸매는 한 폭의 그림이다. 고을의 장사를 뽑기 위하여 단련된 힘내기로 하루를 지새는 단오의 씨름판은 남정내들의 겨룸판이다.

그러나 이처럼 들뜨는 단오잔치도 바쁜 일손에 쫓겨 불현듯 지나가고 다시금 제각기 맡은 바 생업으로 돌아간다.

6월 '유두'를 보내면서 계절은 서서히 가을로 가까워진다.

7, 8, 9월을 '추계'라 하는데 수확기를 맡는 때다. 하루하루 하늘이 높아지며 결실의 계절로 들어서면서 7월 '칠석,' 다음에 7월 보름을 '백종'이라 한다.

8월 보름 '한가위'는 흔히 추석이라고도 하는데 정월 초하루에 못지 않은 경사스런 날이다. 햇곡식과 햇과일로 자연과 조상께 천신을 드리고 역시 하루를 즐긴다.

지금도 한가위가 되면 객지에 나와 있는 사람은 부모의 슬하를 찾기 위하여 모든 교통수단이 마비될 지경이다. 정월의 당굿이 한해의 풍요를 기원하는 행사라면 한가위 차례는 수확에 감사하는 서양 사람들의 추수감사절에 해당하는 것이다. 곳에 따라서는 9월 9일을 '중양절'이라 하여 조상의 무덤을 찾아 차례를 올리기도 한다.

10, 11, 12월을 '동계' 또는 '동절'이라 한다. 농경민족으로서는 가장 한가한 계절이다. 월동준비 가운데는 집집마다 빠짐 없는 김장 담그기가 있다.

농사의 마무리는 대개 10월로 들어서야 하는데 흔히 '고사'도 드리고 10월 보름을 전후하여 '시제'를 올린다.

11월을 '동짓달'이라고도 하는데 팥죽을 먹는 동짓날이 있다. 여름철의 '하지'가 낮이 가장 긴 날이고, 겨울의 동지는 밤이 가장 길어서 대조적이다.

이 날에 새알심을 넣은 팥죽을 끓여 먼저 조상께 올리고 방, 마루, 곡간 등에 한 그릇씩 떠놓는가 하면 이웃끼리 나누어 먹기를 잊지 않는다.

12월을 '섣달' 또는 '납월'이라고도 했는데 한해를 보내는 마음으로 설레는 때이다. 섣달 그믐밤, 잠을 자면 눈썹이 하얗게 센다고 하여 밤새워 윷놀이를 하던 기억이 새롭다. 그러나 이 날의 풍속으로 빼놓을 수 없는 것은 '묵은 세배'이다. 흔히 정월 초하루의 '세배'는 알아도 섣달 그믐의 묵은 세배가 잊혀져 가고 있다.

웃어른이나 스승, 선배께 지난 한해의 잘잘못을 낱낱이 아뢰는 그런 자리이다. 지난 일은 지난 일이니 그냥 덮어 두자는 식이 아니다. 이렇게 놓고 볼 때 세배보다 그 뜻이 깊은 것이 묵은 세배라 하겠다. 이 묵은 세배가 일상적으로 사회생활의 자발적인 규범으로 되었으면 한다. 삼천리 방방곡곡에 되살아나 각박한 세상풍조를 고쳐가는 계기로 되었으면 한다.

이제까지 살펴볼 때, 세시 풍속이란 주어진 자연환경 속에서 영위하는 생활의 슬기임을 알게 된다. 1년 열두 달을 어떻게 황금분할하여 효용되게 운영하느냐 하는 데서 세시풍속은 생겨나게 된 것이다. 일시적 제도나 유행으로 되는 것이 아님을 우리는 역사의 교훈으로 확인케 된다. 아무리 강력한 외세의 영향을 받더라도 서서히 그것을 극복 수용하고 있다.

한 예로써 관혼상제의 변천을 들 수 있다. 중국에서 들어온 《주자가례》가 절대적인 역할을 한 것은 틀림이 없지만 역시 맹목적으로 흉내내려 했던 지배계층과는 달리 비판 수용하고 있는 민중사회의 의지를 발견한다.

오늘날 문화의 주체성 내지는 자주성을 부르짖는 가운데 옛 풍속의 재현·보존이란 바람직하지 못한 움직임이 있음을 경계해야 한다. 세시풍속이란 바로 '전통'과 마찬가지여서 역사 발전과 함께 변화·발전하는 것이 당연하다.

회고 취향에 머무는 조상숭배나 미풍양속의 들추김이 오히려 오늘의 사회를 이질스럽게 할 위험이 있기 때문이다.

중복되지만 '세시풍속'이란 지난 과거의 풍속이 아니라 오늘날의 생활을 영위해 가는 데 타당하고 능률적인 것이어야 한다. 거기에는 역사적 안목으로 주체성이 담보 되어야 함은 물론이다.

3. 의식주에 대하여

우리는 생활의 기본으로 흔히 '위·식·주'를 말한다. 우리나라의 기후는 온대와 아열대에 걸쳐 있어 겨울은 섭씨 영하 20도 이상 내려 가며, 여름은 영상 30도라는 큰 폭을 보여준다. 그러면서도 봄·여름·가을·겨울이 뚜렷하다. 북으로는 유라시아 대륙에 접해 있고, 3면이 바다이며 대한해협을 사이에 두고 일본열도와 이웃하고 있는 동양문화권의 교두보이기도 하다. 지세는 서울을 중심으로 북쪽과 동쪽은 높고 산악지대가 많은 데 비하여 서쪽과 남쪽은 비교적 평야를 이루고 있다. 지세로 보아 유리한 남쪽 평야에서는 벼농사가 일찍부터 발달하였고 3면의 바다는 어로와 교통의 요충으로 되었다.

이러한 입지적 여건들은 외세의 끊임없는 침략을 받게 되었으며 그로하여 숱한 곤경을 겪으면서도 자주적 생활문화를 지켜오고 있다.

생활문화의 기둥인 의식주의 발자취와 현황을 차례로 살펴본다.

1) 의생활

의식주가 다 그러하지만 의생활은 기후에 크게 영향을 받는 것이며 주거생활과 기타 생활 양식에 의하여 만들어지고 변천하는 것이다.

사계절이 분명한 우리나라의 옷은 추위와 더위를 막기에 알맞은 저고리, 바지, 치마로 구성되는 '북방 호복계'로 일러 온다.

우리 옷의 특징을 요약한다면 먼저 흰색을 든다. 처음에는 경제적 여건, 예컨대 염색에 많은 비용이 들어 베나 무명을 그대로 입었다던가 하는 이유도 있겠지만 점차 습관화된 요인도 생각할 수 있다. 흰색을 숭상함을 상고시대 우리 민족의 태양숭배사상과 결부시키기도 하지만, 일상적 관습으로 되면서 한편으로는 세탁 등 뒷손질의 어려운 손실도 가져왔다.

여자의 옷인 경우 특히 그것이 봉건적 가부장제 생활 속에서 제도화되자 그의 발달에 제약을 받아 왔음이 사실이다. 일반 민중의 '일옷'은 발달의 여지도 없을 만큼 빈약한 데 반하여 사대부가의 것은 신체적 압박을 주면서 겉치레가 심했다. 여기에 중화사상에 의하여 벼슬아치의 복색은 물론이요 일반복에 이르기까지 중국 복식을 채용한 결과 한국 고유 옷의 자유로운 전개를 저해받았다. 조선왕조가 끝날 때까지도 중국식 복식과 고유 복식과의 대립이 있는가 하면 남복과 여복, 그리고 대처와 시골의 대립 등 의생활에 있어 이중구조적 양상을 띠고 있다.

다시 1990년대 초 이후 우리의 의복구조는 서양옷에 더 많이 기울어져 가고 있다. 한복을 기본으로 하고도 주머니 대신 호주머니가 달린 조끼를 양복에서 차용한 경우도 있다. 갓대신 중절모를 두루마기에 쓰고, 대님 매고 구두 신는 등 이것을 갓 쓰고 자전거 타는 격이라 하지만 어느덧 조화를 이루어 가고 있는 일면도 있다. 여자의 옷도 치마 저고리에 구두를 신고, 두루마기에 여우 목도리를 두르고 핸드백을 들고 있다.

옷의 문화는 이처럼 한복과 양복의 이중 구조 속에서 과도기적 변화를 겪고 있다. 역시 독창성을 지니면서 실용성과 조화를 어떻게 함께 이루느냐 하는 문제가 오늘의 과제이다.

2) 식생활

　식생활 역시 일단은 자연적 배경을 놓고 생각하게 된다. 상고시대 수렵·채집경제 단계에는 산과 들에서 먹을 만한 짐승을 잡고, 바다의 조개류, 해초, 생선 등과 나무 열매를 채집하여 식량으로 삼았다.

　기원전 6, 7세기경 '무문토기인'들이 북방으로부터 이 땅으로 들어오면서 농경시대가 열렸다는 학계의 의견이 있다. 자연의 호조건에 의하여 벼농사가 보급되고 일찍부터 여러 가지 식품류의 가공법이 발달한다. 여기에 중국문화의 유입이 식생활에 변화를 주게 되고 13세기에 이르러서는 몽골 등 북방족의 침입으로 북방식품이 들어온다. 16세기에는 임진왜란을 계기로 남방식품의 유입이 있고 19세기에 이르러 서구 음식물의 유입 등으로 우리의 식생활은 변천을 거듭하면서 오늘에 이르고 있다.

　여기에 특기할 것은 17세기에서 18세기에 걸쳐 고추, 호박, 토마토, 옥수수, 낙화생, 돔부, 완두, 감자, 고구마, 수박 등이 들어 오면서 그의 대부분이 오늘날에도 널리 재배되고 있다는 사실이다.

　위의 식품 중에서 고추와 호박이 임진왜란 무렵 일본 사람들에 의하여 들어온 식품이다. 그로부터 호박은 가난한 민중을 연명시키는 데 큰 공헌을 한 것도 사실이다. 고추는 지금으로서는 뺄 수 없는 조미료로서 김치와 고추장의 재료가 되며 한국요리에서 필수품이 되고 있다.

　한편 간장, 된장을 비롯하여 김치 등의 변천을 살피면서 댜양했던 양조법까지도 확인되어야 하겠고 마구잡이로 유입되고 있는 서양 음식들이 재래음식과 어떤 조화를 이루어야 하느냐 하는 문제도 이 방면 전문가들에 의하여 연구되어야 한다. 또한 세시풍속에 따라 주부의

솜씨를 뽐냈던 계절음식, 즉 '절식'을 오늘의 음식으로 개발하는 문제도 남아 있다.

겉치레의 음식이 아니라 실속 있고 깔끔한 우리의 음식들이 다시 개발되어야 할 단계이다.

3) 주생활

선사시대의 집은 대개가 반지하식의 '움집'이었거나 '동굴생활' 또는 드물지만 마루가 높은 '고상생활'을 했으리라 짐작된다. 이와 같은 선사시대의 주거지들이 남북한을 통하여 상당수 발굴·정리되고 있다. 이러한 주거 방식은 농경 초기에까지 효용되었으리라는 의견도 있다.

이 시기의 주거 공간을 복원해 보면 난방과 취사를 하는 화로가 있고, 출입구 가까운 곳을 남자가 거처했고, 안쪽에 여자가 기거한 것으로 나타난다. 그리고 석기출토 부분이 남자의 작업 거처 공간이고 토기가 출토되는 부분이 여성의 활동 공간이었으리라 한다.

종류별로 보면 '움집' '귀틀집,' 천막식 등을 들 수 있는데 이들 가옥 형식은 모두 북방대륙 계통에 속한다. 한편 원두막이나 창고에서 볼 수 있는 것 같은 '고상식 건물'도 있었던 것 같은데 이것은 남방계통으로 해석하고 있다.

봉건적 지배 체제가 갖추어지면서 주생활도 신분 계층에 따라서 제재하는 단계로 접어듦은 앞의 의생활에서 지적된 것과 일맥상통한다.

여기에서 특기할 일은 이미 7세기 초에 온돌이 사용되었음을 알리는 중국의 옛문헌 《구당서》와 《당서》이다. 또한 온돌의 원형으로 보이는 유적이 두만강 유역의 반지하식 거주지에서 발굴되고 있는 사실 등으로 미루어 고유한 온돌의 역사가 증명되고 있다. 13, 14세기 이후 온돌은 한반도 전체의 민가에서 보편화되면서 오늘에까지 이어지고 있다.

앞에서도 지적하였듯이 주생활 역시 외래적 영향이 계속되어 온다. 중국과의 관계는 물론이요, 불교의 유입은 건축문화에 큰 변화를 가져다 주었다.

또한 넓이·높이 등의 건축 규제도 봉건 사회가 지닌 모순들로서 자주적인 주생활 발전에 저해가 되면서 오늘에 이르고 있다. 여기에 다시 건축자재의 발달과 생활 양식의 급격한 변화를 맞게 된 오늘의 주생활은 큰 과도기를 맞고 있다.

겉모양은 한옥이면서도 의자식 거실과 침대 등이 온돌방 속에 공존한다. 부엌도 뒷간도 서양식으로 바뀌고 있다. 이와는 반대로 겉은 양옥인데 안은 온돌방인가 하면 마당 한쪽에 장독대도 엄존하고 있다.

우리의 농토와 생활 정서에 맞는 오늘의 '우리네 집'도 의생활에서 지적된 바와 마찬가지로 독창성과 실용성의 조화로서 이루어져 나가야 한다.

4. 전통예능에 대하여

전통예능이란 생활 속에서 태어난 생활문화의 노른자위임을 먼저 말하고자 한다. 그것은 세시풍속에 근거하여 구체적으로 창출, 발전한 삶의 예술이라 하겠다. 농사를 비롯한 모든 일의 장단이 되었던 풍물을 비롯하여 갖가지 악기들 예컨대 피리, 젓대, 가야금, 해금, 날라리 등도 이 겨레의 숨결로 이어오는 가락의 유산들이다.

판소리와 각 고장의 민요들, 무당의 어정(무가) 역시 훌륭한 전통음악이다. 여기에 못지않게 춤을 즐겨 온 민족이기에 두드리면 춤추고, 춤추면 두드렸다.

비교적 넓지 않은 땅덩이지만 각 고장의 특성을 나타내는 사투리(방언)가 뚜렷하듯이 노래와 춤을 곁들인 '탈놀이' 들이 특색 있게 전해지고 있다.

그러나 어린이들의 '놀음놀이' 는 거의 인멸되고 말았다. 길가의 풀포기를 모아 풀각시를 만들어 놀았던 소박한 풀각시놀이도, 수수깡으로 만들어 놀았던 어린이의 인형놀이도 명맥이 끊어졌다.

인형극으로 오직 남사당패의 '꼭두각시놀음' 과 포장굿패의 '발탈' 그리고 4월 초파일을 전후하여 큰 사찰 근처에서 놀았던 그림자극 '만석중놀이,' 마을 사람들에 의하여 놀아지는 '서산 박첨지놀이' 정도가 그나마 전해지고 있다.

이 항목에서 당연히 전통미술과 구비문학 분야까지를 고루 대상으로 해야 하겠지만 제목을 전통예능이라 좁혀 춤과 음악, 연극 분야만 살펴 보기로 한다.

1) 춤

인간이 자신의 신체를 움직여 감정과 의지를 표현한 최초의 예술로 춤을 든다.

춤은 음악이나 연극보다는 앞선 원초적인 예술 행위였음에 많은 사람들이 의견을 같이하고 있다. 다른 말로 표현한다면 춤이란 인간이 삶을 개척하고 누려오는 가운데 일찍부터 다양한 모습으로 발전, 조화되면서 그에 걸맞는 리듬을 육체를 통하여 표현하고 있는 예술이다.

그 시원을 집단적인 신앙의식에서 찾기도 하지만 그 신앙의식이라는 것도 보다 나은 풍요을 기리는 것일진대, 생산을 위한 표현이라 할 때 더 설득력을 갖게 된다.

우리 민족은 예로부터 춤을 즐겨왔음이 《삼국지 위지 동이전》 등 많은 옛 문헌에서 밝혀지고 있다.

그 종류도 다양해서 주로 생산의 현장에서 분화 발전한 민속무용과 '정재'란 이름으로 궁중에서 전승되었던 궁중무용이 있다. 여기에 중국을 비롯하여 외국의 것이 유입 습합된 경우도 적지 않다. 그러나 전통예능 분야의 기능을 이룬 춤으로는 가장 소박한 '보릿대춤'으로 시작하여 풍물(농악)춤 등 '일춤'과 무당의 '살풀이'를 든다. 살풀이도 오구굿(죽은 사람의 넋을 위로하는 굿)과 재수굿(집안의 행운을 비는 굿), 서낭굿(한 공동체의 행운을 위한 굿) 등에서 내용과 형식이 서로 다른 것이었으나 이제는 점차 그 분별이 없어져 가고 있다. 이밖에 승무, 한량춤 등의 '독무'와 강강술래, 쾌지나칭칭 등의 집단 군무가 공동체의 대동굿에서 큰 역할을 하고 있다.

궁중무용은 '향악정재'와 '당악정재'로 분류되고 그 종류도 민속무용보다 다양하며 조선왕조 말까지 춘 것이 50여 종에 이르고 있다. 의식무용으로는 오늘날까지 전하는 것으로 '보태평지무(문덕을 칭송하는 춤)'와 '정대업지무(무공을 찬양한 춤)'인 '일무'가 전한다.

이밖에 민간에서 변형 전승된 '진주 검무'나 '통영 승전무' 등이 있고, 불교 의식무용인 '작법'도 소중한 무용 유산들인데 역시 지난 시대의 형태로 박제화되어 가는 아픔을 지적하지 않을 수 없다.

여기에 '신무용'이라는 이름으로 '부채춤' '화관무' '장구춤' 등이 있는데 지나치게 겉치레만 하여 속이 빈 것으로 되어가고 있다.

누구나 지적하게 되듯이 전승무용의 거의가 오늘로 이어지는 단계에서 자기 발전력을 잃고 '판박이춤' '볼거리춤'으로 변질되고 있음은 새로운 '우리춤'의 창출·발전을 위하여 극복해야 할 일이다.

2) 음악

항시 거론되는 것이지만 우리의 전통예능을 말할 때 춤, 음악, 연극의 혼합을 지적한다. 그 혼합은 분화되어야 할 것이 아직 분화되지 못하고 있는 상태를 뜻하는 것이 아니라 서로가 한데 어울리면서 하나의 독창성을 이루고 있음에 우리는 주목해야 한다.

그러니 당연히 전통음악의 경우도 마찬가지다. 음악이란 그 나라 그 민족의 언어와 어법을 바탕으로 창출되는 것이기 때문이다.

옛 문헌인 《삼국사기(三國史記)》〈악지(樂志)〉 이미 그것을 설명하고 있다.

"…왕이 이르기를 여러 나라가 방언(方言)도 각기 다른데 성음(聲音)이 어지 한결 같으랴."

이는 가야국 가실왕(嘉實王)의 말씀이다.

그런데 오늘날 우리는 전통음악을 실제 생활 현장에서나 교육 과정에서 접하기조차 어렵게 되고 보니 자기 음악에 대하여 너 나 없이 남의 것보다도 더 생소한 것으로 되고 말았다. 어떠한 수를 써서라도 서둘러 해결해야 할 과제임이 틀림없다.

우리의 전통음악을 흔히 쉽게 정악(또는 궁중음악)과 민속음악으로 나누고 있다. 그러나 정악 가운데도 중국음악(唐樂 등)의 영향을 받은 것과 그를 주체적으로 극복·재창출한 것이 있다.

악기의 경우도 마찬가지여서 전통악기 가운데 외래의 것이 많지만 역시 우리의 것으로 수용·재창조 되고 있음을 본다.

민속음악의 경우도 자기 생성적인 민중 취향의 것과 직업적인 광대나 기방(妓房)의 것으로 분류한다.

　궁중음악으로는 '관현합주' '관악합주' '취타악' '제례악' 등을 들
게 되고 '가곡(歌曲)' '가사(歌辭)' '시조(時調)' '풍류(風流)' 등은 향
유 계층의 신분에 따라 정악에 속하는 것으로 분류한다.
　민속음악으로는 판소리와 단가를 비롯하여 각 지방의 민요와 풍물
을 빼놓을 수 없다. 민요 가운데는 중부 지방의 '잡가'나 호남의 '육
자배기,' 평안도의 '서도소리' 처럼 비교적 전문적 소리꾼에 의한 것이
있고, 순수한 일반 취향의 것이 있다.
　이밖에도 무당과 박수들의 무속음악이 전통음악의 줄기를 찾는 데
소중한 단서가 되는데 그것도 지역에 따라 다양한 형태로 전승되고 있
다. 불교의식에서 쓰이는 범패(梵唄)도 다분히 전통음악의 영향을 받
아 토착화되고 있다.
　이처럼 풍부한 음악유산들이 있지만 이를 바탕으로 하여 오늘을 살
아가는 음악으로 발전하지 못할 때 그의 생명은 단절될 수밖에 없는
위기를 맞는다.
　서둘러 민요를 찾아 부르고 단소, 피리, 꽹과리, 장고 등 쉬운 악기
부터 익히는 일이 시급하다.

3) 연극

　연극을 옛날에는 굿이라 했다. 지금도 시골에 가면 연로하신 분들은
아직도 쓰고 있다. 굿은 기원, 모임, 연희의 뜻을 함께 지니고 있다.
　'마당굿' 이란 것이 있는데 이것은 마을의 넓은 마당이나 들판 또는
산언덕에서 펼치는 연극 또는 연극판을 이르는 말이다.
　서구 연극의 형식처럼 무대와 관중석이 따로 있는 것이 아니라, 배

우와 관중이 하나가 되어 창출하는 극형식이다.

대표적인 것으로 탈놀이를 드는데 중요 무형문화재로 지정되어 있는 것만도 다음과 같다.

함경남도 지방 – 북청사자놀음
해서(황해도) 지방 – 봉산탈춤, 강령탈춤, 은율탈춤
강원도 지방 – 강릉 관노탈놀이
경기도 지방 – 양주 별산대놀이
서울 지방 – 송파 산대놀이
경상북도 지방 – 하회 별신굿탈놀이
경상남도 지방 – 고성오광대, 통영오광대, 가산오광대
부산직할시 – 수영 들놀음(野遊), 동래 들놀음
지역성이 없는 것 – 남사당 덧뵈기

위의 탈놀음들은 현재 정부로부터 위촉된 예능 보유자와 그에 따른 전수 장학생에 의하여 보존·보호되고 있다.

사용하는 탈은 나무, 종이, 바가지를 주로 쓰고 있는데 옛날에는 나무나 짚을 많이 썼던 것으로 전한다. 이 가운데 고려조 작품으로 추정되는 하회(河回), 병산(屛山) 탈은 국보 제121호로 지정되어 있다.

인형극으로는 '꼭두각시놀음' '발탈' '서산 박첨지놀이' '만석중놀이'가 전하는데 '만석중놀이'는 아직 무형문화재로 지정되지 않고 있다.

이 밖에 미지정된 전통연극으로는 무격(巫覡)들이 하는 '심청굿' '손님굿' '범굿' '소놀이굿(일반에서도 한다)'이 있는데 '소놀이굿'은 1980년 무형문화재로 지정되었다.

한편 '지신밟기'와 호남 지방의 다양한 '마당밟기' '잡색놀음' 등도 다양한 연극유산들이다. 쉽게 서구연극의 살롱·드라마에 비유되는 '판놀이'로는 '장대장네굿,' 솟대장이패 '변신굿' '배뱅이굿' 등을 꼽는데 '배뱅이굿'은 1985년 무형문화재로 지정되었다.

이와 같이 무형문화재로 지정 작업은 일단 인멸될 걱정에서 어쩔 수 없이 시행하는 과도적 조치로 우리가 하루속히 그 형식과 내용을 익힘으로써 자생적인 길로 발전할 수 있도록 서둘러야 할 일이다. 다른 항목에서 밝힌 바 있지만 우리의 전통예능이 갖는 공동체의식과 집단창출이란 성격을 염두에 두고 재창출되어 나가야 한다.

5. 민속놀이

1) '민속놀이' 란?

놀이도 민족, 국가, 문화권에 따라 헤아릴 수 없을 만큼 다양한 종류가 전승되고 있다. 신분 계층에 따라 같은 민족이라 하더라도 그 종류가 다르고 내용, 방식이 다르다. 남녀노소, 하는 일(직업)에 따라 구분되기도 한다.

그러면 민속놀이란 어떤 것인가? 서두 '전통의 의미'에서 민속이란 어휘에 대하여 설명되었기에 간단히 풀이하고자 한다.

세시풍속에 따라 같은 때, 같은 놀이가 반복되는 것을 '세시민속놀이'라고 부른다. 1년 열두 달, 계절에 걸맞게 일의 사이사이에 적당한 놀이를 섞음으로써 효율적인 생산을 바라던 슬기로 해석된다. 이러한 세시민속놀이 가운데는 집단놀이가 많음도 특징의 하나이다. 이와 달리 어린이들의 민속놀이를 보아도 발육·지능의 단계에 맞게 짜여진 놀이임을 알 수 있다.

쉽게 생각해서 '놀다' 라는 말은 '일하다' 와 대칭되는 말이다. 그렇다면 매일 빈둥빈둥 허송세월하는 사람에게도 별도의 놀이가 필요한 것일까?

민속놀이는 땀흘려 일한 끝에 잠시 쉬며 즐김으로써 효율적인 힘을 모우기 위한 것이다. 민속놀이 가운데는 세시(계절)에 따르지 않은 것도 있는데 장기, 바둑, 화투, 고누 등이 그 것이다. 민속놀이라 해서 전부가 명랑하고 생산적인 것만 있는 것은 아니다. 어느 것은 사행심을 자극하여 노름이 되어 정신적·물질적으로 큰 피해를 주는 것도 있는데 투전이나 화투 등이 그 예이다.

원론으로 되돌아가서, 민속놀이는 논두렁이나 밭두렁에서 잠시 쉴참을 이용하여 노는 간편한 놀이로부터 수십 명, 수백 명, 수천 명의 많은 인원이 한데 어울리는 규모가 큰 집단놀이에 이르기까지 종류는 무수하지만 그 뜻은 하나로 나타난다. 더욱 효율적이고 생산·발전을 위한 의식의 통일과 승화를 위한 예행(미리 행해 보는 것)의 요소가 뿌리깊이 작용하고 있다.

양지바른 마당 구석에서 노는 소박한 어린이의 놀이에서도 모름지기 체력과 기능의 발달을 꾀하고 있는가 하면 청소년과 젊은 아녀자들의 기개를 돋우는 놀이는 즐김을 통한 의지의 확산이며 공동체의식의 새로운 발로가 아닐 수 없다. 규모가 작고 크든 민속놀이는 민중의 오랜 생활 체험에서 만들어 낸 슬기라 하겠다

2) '민속놀이' 의 종류

민속놀이는 크게 대인(對人 또는 몇 사람)놀이와 집단놀이로 분류한다.

● 대인놀이 – 고누, 공기놀이, 그네뛰기, 그림자놀이, 널뛰기, 땅재
먹기, 비석(모말)차기, 술래잡기, 윷놀이, 자치기, 제기차기, 승경
도놀이, 풀각시놀이, 썰매타기, 돈치기, 씨름, 팔씨름, 발씨름,
튕겨먹기, 엿치기, 눈싸움, 실뜨기, 연날리기….
● 집단놀이 – 호미씻이, 두레싸움, 가마싸움, 강강술래, 고싸움, 관
등놀이, 기세배, 놋다리밟기, 다리밟기(답교놀이), 달맞이, 달집태
우기, 동채싸움(차전놀이), 소싸움, 쇠머리 대기, 편싸움, 횃불싸
움, 쥐불놀이, 장치기, 줄다리기, 거북놀이, 지신밟기, 성밟기….
● 기타 – 장기, 바둑, 투전, 쌍륙, 투호, 골패, 화투….

이외에도 많은 놀이가 있으며 지방에 따라서는 명칭이 같지 않은 것
도 많다. 이 가운데 대인놀이, 집단놀이 하나씩을 들어 본다.

● 연날리기 – 놀이 방법으로는 높이 띄우기, 재주부리기, 끊어먹기
가 있다. 광활한 하늘을 화폭 삼아 어린이들의 소망을 그릴 수 있
으니 작은 가슴이 하늘만큼 넓어지는 놀이이다. 끊어먹기의 경우,
요즘은 상대 연줄을 끊어 연을 날려 보내고 이긴 편이 기고만장
했으나 옛날에는 이긴 편이 진 편에게 한턱을 냈다. 이긴 편의 평
안함을 위하여 먼 하늘까지 날아갔다는 뜻에서이다. 놀이와 전쟁
은 다른 것이니 그 마무리가 깔끔해야 하지 않겠는가.
● 줄다리기 – 시냇물을 사이에 두고 두 마을이 힘을 겨룬다. 먼저
줄을 꼬기 위하여 집집에서 짚을 추렴하여 옛부터 내려오는 대로
암줄과 숫줄을 각기 장만한다. 두 줄은 비녀목으로 이어져 더 큰
줄이 되니 굵기가 한아름이요, 길이가 50미터가 넘는다. 두 마을
장정들은 징소리를 신호로 힘껏 줄을 당기는데 맥없이 끌려오게
되면 갑짜기 줄을 놓아 상대방이 엉덩방아를 찧게 한다. 실상 승

부를 가리자면 5분, 10분이면 충분한 것을 하루종일 아니 며칠씩 계속했다. 아랫마을 웃마을 두 편이 호흡을 맞춰 힘껏 줄을 당겼을 때, 어느 쪽으로도 쏠리지 않고 줄꾼들의 하체가 붕 뜨는 순간이 있다. 이는 두 개의 힘이 더 큰 하나의 힘으로 승화되는 순간이다. 바로 이 팽배의 아름다움을 만끽한 것이 우리의 줄다리기다. 요즘 흔히 하고 있는 왜식 줄다리기와는 승부의 개념부터 다르다. 오랜 동안의 줄다리기에도 결국 끝에는 승부를 가리는데, 이긴 마을은 논농사가 잘되고, 진 마을은 밭농사가 잘된다니 시냇물 하나 사이에서 다 잘 되자는 마음이다.

6. 맺는 말

지구촌이란 말이 흔히 오가고 있다. 실제 인류의 과학문명은 머지 않아 세계를 이웃으로 만들고 말 추세이다. 가깝게 우리나라 안에서도 같은 방송과 같은 신문을 거의 같은 시간대에 보게 되니 사투리나 민요의 토리(지역성)가 희박해지고 있다.

이러한 때에 우리가 전통적 생활문화에 대하여 새삼스럽게 관심을 갖는 데는 우리 나름의 까닭이 있다.

우리는 비통하게도 마지막 분단민족이요, 분단국가이다. 이 첨예한 분단을 마무리하는 데는 어떤 이데올로기보다 공동체의식을 바탕으로 한 전통문화를 통한 일체감의 되살림이 바람직하다는 생각에서이다.

또한 '국제성'이니 '지구가족'이니 하지만 따지고 보면 확고한 '독창성'이 모여 국제적일 수 있는 것이니 먼저 찾아 이룩해야 할 일은 독창성의 확보라는 깨달음이다.

모든 가치 기준은 문화 경험에서 비롯되는 것이다. 그런데 우리는 자신의 문화 경험이 빈약하다. 일단 바른 가치관을 획득하기 위하여 그리고 바른 가치관에 따른 우리문화의 독창성을 키워 나가기 위하여 전통적 생활문화에 관한 철저한 고구(考究)와 새로운 수용은 더없이 긴요한 오늘의 과제라 하겠다.

당장은 헤어져 살고 있는 남과 북이 하나의 핏줄임을 확인하는 지름길도 결국 '한줄기'로 흐르고 있는 전통문화에서 찾아야 하는 것이기에 더욱 그러하다.

(1999. 문화재청, 전국 중요 무형문화재

기예능보유자 대상 강의 원고)

33

논저(論著)를 통해 본
민속학연구 30년

오늘을 보는 지난 발자취

지난 30년을 살펴보기 위해서는 그에 앞선 전대(前代)를 떼어놓고 생각할 수 없다.

또한 학문의 내용과 실제 사회의 현상이 별반 관련되는 것이 아니라는, 이제까지의 자칫 잘못 인식된 현학적(衒學的) 풍조 때문이기도 하지만, 학문의 내용이나 그 성과를 논함에 있어서 그 시대 배경을 소홀히 함은 온당치 못한 일이다. 민속학이 초창기로부터 과학의 한 분과로서 필연적인 타당성을 갖는 것이었는지에 대한 논의 또한 없었던 것을 상기시켜야 하겠다.

여기에서 한 가지 덧붙여야 할 것은 민속학 역시 이른바 근대사조의 물결을 타고 외래(外來)한 것이라는 점이다.

근대(近代)의 개념을 한마디로 정의하기는 어려운 일이지만 우리의 주체사관(主體史觀)에 의한 근대는 어느 때로 잡아야 할 것이냐 하는 문제와, 우리 근대사가 갖는 일반적인 성격의 규명이 앞서야 하겠다.

바꾸어 말하자면 '논저를 통한 민속학, 지난 30년의 성과'를 가늠하는 자리에서 구태여 그 이전(1945년 이전)의 상황을 논급치 않을 수 없는 것도 같은 상황의 이유에서이다.

초창기로부터 그 당시 논저들의 내용이 되는 해당 학자들의 학문적 입장(역사 의식을 포함해서)과 또 그에서 비롯된 영향, 즉 민속학이 그 동안 어떻게 고구(考究)되어 왔고, 우리 사회에 어떻게 값하였는가를 보는 데 있어 갑작스레 1945년부터 얘기를 시작할 수는 없기 때문이다.

우리에게 있어 근대의 역사가 짧은 탓도 있어 비교적 초창기에 이 방면에 투신한 학자가 아직 그 활동을 멈추고 있지 않은 예도 있거니와, 그보다도 학문적 입장, 방법 등에서도 쉽사리 구획될 수 있을만큼 세대적 차이나 이념상의 차이를 발견할 수 없다는 사실도 큰 문제 중의 하나이다.

조지훈(趙芝薰, 1920-1968)은 《한국민속학소사》(〈解放前〉 條, 민속문화연구, 제1호 고대민족문화연구소 1964)에서 다음과 같이 적고 있다.

"…한국 민속에 대하여 단편적으로나마 학적 관심이 싹튼 것은 이조 중엽 이후 대두한 실학파 학자들에 의해서였다. 그러나 그러한 관심이 체계 있는 학문적 논구(論究)로 시도된 것은 갑오경장(1898)에서 3·1 운동(1919)을 전후한 신문화운동(新文化運動)의 초창기에 이르러서였다. 이 시기의 민속학 방면의 선구자는 최남선(崔南善, 1890-1957)과 이능화(李能和. 1868-1945)이다. 그러나 이 두 분은 사학자(史學者)로서 이 방면에 관심과 업적을 나타내었을 뿐, 아직 엄밀한 의미의 민속학은 이때에도 성립되지 않았던 것이다…."

여기서 말하고 있는 이른바 신문화운동이라는 것이 다분히 당시의 외세와의 싸움에서 직접 대결은 회피하면서 자신만의 온존(溫存)을 꾀한 나머지 스스로를 무력화(無力化) 내지 포기한 결과로 떨어뜨리고 만 잘못된 대목임이 이미 사학(史學) 또는 사회과학 분야에서 지적되고 있음에 비추어 이와 때를 같이하는 신학문으로서의 민속학 역시 우리 근대사가 갖는 일반적 성격과 다르지 않음을 알게 된다.

그러나 최소한 그러한 작업이 애족(愛族) · 애국의 테두리에서 진행되었던 것만은 사실이다. 그러기에 근대적 의미로서의 신학문 · 민속학뿐만 아니라 당시의 모든 학문적 성과를 한마디로 단정하기란 어려운 형편이라 하겠다.

일단 우회하는 것이긴 하지만 여기서 지난 30년의 발자취는 물론, 한국 민속학이 선 오늘의 자리를 확인하기 위하여 1945년 이전의 자료를 소개한다.

1920년대 이 방면의 선구자 이능화는 일찍이 외국어에 눈을 떠서 관립법어학교(官立法語學校)와 한성외국어학교(漢城外國語學校)에서 프랑스어와 영어를 가르쳤으며 많은 외서에 접하고 있었다. 한일합방(1910) 후에는 '조선사편수위원회'에 가담하게 되어 조선총독부의 녹을 먹고 말았으나 한편, 학문에 몰두하여 사료(史料) 수집은 물론 종교 방면 연구에 공헌을 하였다.

저서로는 《조선불교통사(朝鮮佛敎通史)》《조선기독교 급 외교사(朝鮮基督敎 及 外交史)》《조선도교사(朝鮮道敎史)》등 종교사의 처녀지를 개척했으며, 《조선여속고(朝鮮女俗考)》《조선해어화사(朝鮮解語花史)》등 그때까지만 해도 등한시되었던 여속(女俗)에 관한 민속자료를 정리하였다. 이밖에도 〈조선무속고(朝鮮巫俗考)〉〈조선신교원류고(朝鮮神敎源流考)〉〈조선신사지(朝鮮神事誌)〉〈풍수사상의 연구(風水思想의 研究)〉〈조선상제례속고(朝鮮喪祭禮俗考)〉등의 논문을 발표하였다.

최남선은 사학과 신문학 그리고 민속학의 선구자로 통한다. 그도 역시 '조선사편수위원회'의 편수위원으로 또는 중추원 참의(中樞院 參議)로 일제와 관련을 맺게 된다. 그의 학문적 업적으로는 단군신화를 비롯한 주로 상고사(上古史) 연구와 〈살만교차기(薩滿敎箚記)〉라는 장편 논문과 세시풍속 등을 정리 · 주해하여 선구자로서의 역할을 했다.

1927년 최남선의 〈살만교차기〉와 이능화의 〈조선무속고〉가 《계명(啓明)》 19호에 게재된 때를 우리 민속학의 근대적 여명으로 잡는 의견이 지배적이다.

한편 일제는 식민통치의 기초 자료로서 한국의 민속을 철저히 조사·분석하는 데 손을 뻗치게 된다. 그들은 행정력을 동원하여 대대적인 사업을 벌렸으며 여기에 촉탁으로 참여한 이마무라(今村鞆), 다까하시(高橋亨), 무라야마(忖山智順), 요시오(善生永助) 등이 있다. 경성제국대학 사회학 교수로서 종교 전공이었던 아까마쓰(赤松智城)와 아끼바(秋葉隆)의 만주, 몽고, 한국의 무속을 비교연구한 각종 저서와 방대한 양에 달하는 '조선무속'에 관한 논고는 한국 민속학에 자극을 준 바 있다.

민속학연구에 기여한 학자들

이와 거의 같은 때에 우리나라 학자들, 특히 사학자, 종교학자, 어문학자들 간에 초창기 민속학의 형성에 이바지한 사람들이 많다. 앞서 지적한 이능화, 최남선 외에도 당시의 공통된 경향이었던 '민속의식의 고양(高揚)'이란 명분으로 인문·사회과학의 각 분야 학자들에 의해서 민속학 방면의 연구가 활발하였다.

이러한 경향은 학적 분화가 차츰 뚜렷해지면서 민간신앙·설화·민요·속담·세시풍속·주택·인구·산업기술·복식·관혼상제·음악·무용·연극 등의 부문별 전문학적 연구가 시작되었다. 여기에 참여한 학자들을 보면, 이능화·최남선·權相老·安廓·李重華·李主鳳·車相瓚·문일평·咸和鎭·鄭魯湜·金允經·李殷相 등이 신앙·연희·무예·풍속·음악·세시 등에 대한 저서와 논고를 남겼다.

이와 거의 같거나 바로 다음 시기에 각자 전공하는 분야에서 민속학과 관련된 분야를 다룬 학자는 다음과 같다.

李丙燾(史學-信仰), 金映遂(佛敎學-信仰), 白○雲(社會經濟史-神話), 金○俊(文學-神話), 柳弘烈(史學-信仰), 劉昌宣(史學-俗談), 金斗憲(倫理學-家族制度), 李相佰(社會學-家族制度), 梁柱東(文學-地名), 高裕燮(美術史-民藝, 說話) 등이다.

그러나 이능화 이후 민속학을 궤도에 올려 놓는 데 공헌한 사람으로는 孫晋泰(1900-?)와 宋錫夏(1904-1948)라 하겠다.

손진태는 〈조선의 설화〉(1927), 〈온돌문화 전파고〉(1928), 〈광명신앙과 태양숭배〉(1929), 〈맹격고(盲覡考)〉 등의 논고를 발표한 이래, 《조선민담집(日文)》《조선신가유편(朝鮮神歌遺篇-日文)》 등의 저서를 내는 등 1930년대 초 민속학계의 쌍벽을 이룬 사람 중의 한 사람이다.

송석하가 민속학 일반을 섭렵했다면 손진태는 문화사적 입장에서 민속을 다루려 했다. 그의 많은 논문은 《조선민족문화연구》(1948), 《조선민족설화의 연구》(1947), 《조선민족사개론》(1948) 등의 이름으로 훨씬 뒤에 출간되었다. 1950년 6·25로 행방불명이 된 후 아직 그의 논고들은 전부 수집·출간되지 못하고 있다.

송석하는 1920년대부터 민속학에 뜻을 두고 현지답사를 통해 주로 민속예술 방면에 많은 논고를 남겼다.

1920년에 〈조선의 인형극〉을 비롯해 놀이·세시풍속·민요·신앙 등 민속 일반에 손을 뻗쳤다. 또한 서지학 방면에도 손을 댔으며 《조선민속관계구문(歐文) 문헌목록》(1929)을 작성 발표한 것은 큰 업적이었다.

그의 유고(遺稿)도 역시 훨씬 뒤인 1960년 《한국민속고》란 이름으로 간행되어 이 방면의 귀중한 문헌구실을 하고 있다.

위의 송석하, 손진태와 함께 정인섭(鄭寅燮) 등이 발기하여 1933년에 발족한 '조선민속학회'는 송석하 주동으로 이루어진 최초의 이 방면 학회로서 기록된다.

조선민속학회의 기관지 《조선민속》은 제1호(1933년 1월), 제2호(1934년 5월), 제3호(1940년 10월)을 내고 중단되었다.

이밖에도 이 시기를 전후하여 민속학 연구에 기여한 학자로는 송석하, 손진태 외에도 정인섭(演劇·說話), 金在喆(演劇), 金孝敬(信仰·巫俗), 張承斗(神話·婚姻), 金素雲(民謠·童話), 方鐘鉉(俗談·民謠), 李惠求(音樂·演劇), 李○星(暇飾), 任晳宰(民譚) 등이며 민요의 채집 연구에 崔榮翰, 嚴弼鎭, 李在郁, 林○, 金思燁, 崔常壽, 高○玉 등이 업적을 보였다.

1945년 8·15 해방 이전까지 민속학 분야의 연구에 참여한 학자들을 부문별로 보면 다음과 같다(조지훈 〈한국민속학소사〉 참조).

신앙·무속·신화 − 최남선·이능화·손진태·김효경·장승두·권상노·김영수·이병도·유홍렬·이홍직·민영규·조동탁

음악·무용·연극 − 함화진·정노식·안곽·정인섭·송석하·김재철·이혜구·이종태

가족·여속·의례 −이능화·차상찬·김두헌·이상백·장승두·백○운·김○준·김문경·박문옥

복식·주택·풍속 − 이중화·이규봉·이○성·손진태·장기인·방신영·송석하·차상찬·김윤경

민요·무가·설화 − 김소운·엄필진·최영한·이은상·이재욱·임○·방종현·김사엽·최상수·고○옥·손진태·정인섭·임석재·박

헌봉

방언 · 지명 · 속담 - 최현배 · 석주명 · 양주동 · 전몽수 · 지헌영 · 조동탁 · 김용국 · 방종현 · 김사엽 · 최상수

식민시대의 잔재

또한 민속학의 인접 분야로 고고학, 역사학, 인류학, 국문학, 미술, 서지학 등에서 오세창 · 유자후 · 고유섭 · 정인보 · 이병기 · 이광수 · 이윤재 · 최현배 · 이희승 · 조윤제 · 이병도 · 송석하 · 홍이섭 · 김형규 등이 기여하였다.

일제하에 있어 우리 민속학 분야의 발자취를 대충 훑어 보았다.

실제 우리나라에 있어서 서구의 근대적 민속학에 대한 관심은 일본이나 그밖의 동양의 어느 나라보다 시기적으로 몹시 뒤진 것은 아니었다. 다만 우리가 주권을 빼앗긴 상황에서 학문적 발전을 꾀하려 할 때, 안팎의 제약을 받아온 점을 인정치 않을 수 없다. 초창기 이 방면의 선각자들이 당시 지식 계층에 일관했던 타협 · 도피 풍조를 극복하지 못한 채, 일제 식민입안자(植民立案者)들과 타협하거나 그들의 조직적 행위를 방관함으로써 줄기있는 민중사(民衆史)의 맥을 잡는 데 적극적이었다고 할 수는 없다.

앞서도 지적되었듯이 부딪힌 현실을 외면하는 데 구실이 되기도 했던, 소박하기 그지없는 전통애호를 내세운 취향적 골동 취미가 이 시기의 많은 학자들에게 작용하였음을 솔직히 인정치 않을 수 없다.

이러한 가운데 1940년 이후 일제의 범죄적인 제2차 세계대전의 시작으로 학문 분야뿐만 아니라 모든 사회정세가 급박하게 됨으로써 더

욱 고된 수난기에 접어들게 되었다.

그러나 그후 1945년 일제 식민통치의 사슬에서 풀리게 되기까지 그 이전의 학문적 성과가 그 다음 시대로 이어지는 데 큰 역할을 한 것만 은 틀림없는 사실이다.

오히려 식민지시대에서 주권을 찾은 자유·평등의 시대로 발전했음 에도 불구하고 그간의 업적에 대한 아무런 평가도 없이 지난 시대의 내 용과 방법이 그대로 이어졌다는 데 문제가 있는 것이다. 이러한 문제 를 안은 채 우리 민속학계도 갑자기 다음 세대를 맞이하게 된다.

혼돈과 발전의 시기

1945년 8·15 해방을 맞이하여 민속학계 역시 새로운 기운을 띠게 되었다.

1946년 송석하에 의한 '민속박물관'의 설립과 송석하·손진태의 활약이 주목되던 때이다.

1946년 송석하·손진태·최상수 등의 발기로 조선전설학회(朝鮮傳 說學會)가 생겨나고, 같은 해 홍이섭이 주간한 역사·언어·민속연구 지 《향토(鄕土)》가 정음사(正音社)에서 창간되어 통권 9호를 내고 1948년에 중단되었다.

또한 일제 때부터 존속되었던 진단학회가 회지의 발간 등 활발한 움 직임을 보인다.

이 무렵 최상수의 논저가 다음과 같이 연이어 출간되었다.

《경주의 고적과 전설》(대양출판사, 1946), 《조선지명전설집》(연학사, 1947), 《조선민간전설집》(을유문화사, 1947), 《조선구비전설집》(조선 과학사, 1949), 《조선의 수수께기사전》(조선과학사, 1949), 이밖에도

《조선민요집성》(崔常壽·金思燁·方鐘鉉 공저, 정음사, 1948) 등을 들 수 있다.

그러나 당시 사회정세는 두 외세의 등에 엎힌 양극화한 이념 충돌로 급기야 민족의지의 통일적 추진력을 분열 약화시킴으로써 갈피를 잡을 수 없는 혼란기로 빠져들고 만다.

급기야 1950년 동족상잔의 6·25를 당하여 손진태는 행방불명이 되었고, 그 이전에 송석하도 고인이 되었다. 그 후로는 계속 최상수와 임석재가 계속 이 방면에 관련된 움직임을 보여 왔다.

앞서 이루어진 '조선전설학회'가 1955년 '한국민속학회'로 개칭 발족되어 최상수의 주관으로 1956년에 회지 《민속학보》제1집, 1957년에 제2집의 출간을 보았으나 그 후 회지 발간은 중단되고 〈연구발표회〉와 최상수의 민속극·세시풍속 등에 관한 저서를 간행했다.

1957년 이후 '국어국문학회'에서도 고전연구와 민속연구의 긴밀성과 필요성에서 '민속분과위원회'를 두고 회지 '국어국문학'에 민속학에 관계되는 많은 논문을 게재하며 연구발표회도 가진 바 있다.

1950년대 초 이후 계속된 최상수의 저서는 주로 민속극 방면에 집중되었음을 볼 수 있다.

일차, 《민속학보》제1집과 제2집에서 〈한국 서부의 가면극〉〈꼭두각시 인형극의 연구〉 등을 발표하고 후에 그를 보충하여 단행본으로 간행하였다.

《한국인형극의 연구》《해서가면극 연구》《하회가면극 연구》《한국지연(紙鳶) 연구》《한국의 세시풍속》《한국부채의 연구》《한국의 씨름과 그네의 연구》 등 다방면에 걸쳐 업적을 남겼다.

8·15 해방 이후 가장 정력적으로 실제 민속자료의 광범위한 답사, 채록을 통하여 민속학의 보급과 발전에 공헌한 학자의 한 분으로 지금

도 작업을 멈추지 않고 있다.

송석하, 손진태, 최상수가 8·15 해방 이전부터 그 이후에 이르기까지 가장 활발한 성과를 보였고 또 그로 인하여 그 다음 대를 잇는 후진을 배출하게 되었음에 주목하게 된다.

6·25의 공백기를 막 넘기며 다시 시작되는 이 시기를 김태곤(金泰坤)은 다음과 같이 적고 있다(대한일보, 한국의 學譜, 민속학편, 1972. 11. 20-12. 8).

"…任東權은 1949년에 〈한국민요시론(韓國民謠試論)〉(國學學報 1949)을 발표한 것을 비롯하여 부요(婦謠)에 나타난 생활상(淑大學報, 1955), 민요에 반영된 생활의식(현대문학 22호, 1955) 등 수십 편의 연구논문을 내놓고 후에 이것을 한데 모아 〈한국민요연구〉(文昌社, 1964)를 출간하여 한국의 민요를 학문으로 집대성하기에 이르렀다. 뿐만 아니라 임동권은 1957년에 숙명여대에 민속강좌를 설치하는 것을 비롯하여 국학대, 경희대, 고려대 등에서 민속학의 강의를 통해 신예 민속학도를 배출시키는 공적을 쌓았다…."

위에서 보는 바와 같이 1950년 이후에 본격적으로 활약을 시작한 임동권과 함께 이두현(李杜鉉)을 꼽지 않을 수 없다.

"…한편 李杜鉉은 1957년에 〈산대도감극(山臺都監劇)의 성립에 대하여〉(국어국문학 제18호), 1958년에 〈한국의 가면〉(思潮 10월호)을 발표한 것을 비롯하여 일간신문에 가면극 관계의 논고를 집필하여 자료를 수집해서 후에 〈한국신극사연구(韓國新劇史研究)〉(서울대 출판부 1968), 〈한국가면극〉(문화재관리국 1969)을 출판하여 한국의 민속극을 집대성하기에 이르렀다. 그러면서 이두현은 서울사범대학과 서울대 문리대 등지에서 민속학 강의를 통해 역시 많은 신예 민속학도를 배출시켰다.

해방 후 민속학의 중흥에 이바지한 선구자는 손진태, 송석하를 위시하여 이 시기에 새로 나타난 최상수, 임동권, 이두현을 꼽게 된다. 그러나 이들이 후에 한국민속학의 방향을 잡아가는 데에 많은 문제점을 남겨 놓고 있다.

任晳宰는 1939년 8월에 〈조선의 설화〉(라디오 강연강좌)를 발표한 이래 1957년에 〈봉산탈춤 대사〉(국어국문학 제18호), 〈강령탈춤 대사〉(현대문학 1957년 5월호)를 발표하여 자료 수집에 정열을 바쳐 현재까지 활약하는 한편, 서울사대에서 재직하고 있는 동안 후진양성에 노력하였다. 그러나 그의 오랜 학계의 연륜에 비해 후학들의 아쉬움도 많다.

1957년에 張籌根은 〈제주도 민요선〉(제주문화), 〈제주도 무가〉(국어국문학 19 · 20호 1958, 1960), 〈삼성혈신화〉(三性穴神話), 〈해석의 한시도〉(국어국문학 22호, 1960)을 발표해서 설화분야(說話分野)에 주력하여 후에 〈한국의 신화〉(成文閣, 1961)를 출판하였다. 1958년에는 金宅圭가 〈巫敎文學硏究〉(경북대 석사논문)와 〈迎鼓考〉(청구대학 국어국문학 제2집) 그 이듬해에 〈영고와 오구에 대하여〉(국어국문학 20호)를 발표하였고, 1958년에 秦聖麒는 〈제주도 민요집〉(1 · 2 · 3권)을 프린트편으로 내놓았다…."

위의 인용문은 그 당시의 상황을 소상히 알리고 있는 대목이다. 민요와 민속극, 설화, 신화, 무가, 무속 분야의 연구가 집중적으로 돋보이는 시기라 하겠다.

활발한 연구활동

이런 가운데 이미 1955년에 최상수가 주도하여 개칭 발족하였던 '한국민속학회'에 이어, 1958년에 '한국문화인류학회'의 발족을 보게 된다. 임석재·김동욱·김정학·이두현·임동권·장주근·강윤호·김기수 등이 발기하여 결성되었는데 실제적으로 활동을 중지하고 있던 '한국민속학회'의 뒤를 이어 세워진 격이 되었다.

발족 당시 명칭에서 드러내는 것은 인류학적 방법에 의한 새로운 학회로 보였으나 기존의 민속학회 시절과 눈에 띠는 방법론상의 차이는 보여주지 못했다.

창립발기인 중의 한 사람인 임동권(제1회 국제민속학 학술회의 〈종합토의에서의 발언, 원광대학 1971.10.24)은 다음과 같이 말하고 있다.

"…처음에는 학회의 명칭을 한국민속학회라고 할 예정이었습니다만 그때 최상수 씨가 한국민속학회라는 학회를 가지고 있었어요. 그래서 대한민속학회라고 이름을 고치는 것도 이상하고 마치 무슨 대립된 단체 같으니까 그럼 우리 민속학회라는 말을 빼고 미래를 내다보는 의미에서 또 요새 민속학이 작업이 끝나면 그때 비약을 할 것이 아니겠느냐, 그런 의미에서 이 회의 명칭을 한국문화인류학회라고 정하자고 해서 한국문화인류학회가 발족한 것입니다. 그런데 실제에 있어서는 그때 문화인류학회의 이론 기초를 가진 분들이 문화인류학회를 구성한 것이 아니라 민속학을 하는 사람들이 모여서 민속학회라고 하는 다른 단체가 있으니까 편의상 문화인류학회라는 이름을 가진 것입니다…"

우리나라에서 민속학의 발단이 그러했듯이, 문화인류학 역시 그 발단의 계기나 개념의 규정이 명료치 않은 상태에서 시작되었던 것이다.

문화인류학 방면의 논저로는 1958년에 이해영·안정모(共編)의 《인류학개론》이 있었고, 이광규 《문화인류학》(一潮閣, 1971), 최신덕 《인류학》(梨大 出版部, 1972), 이광규 《문화인류학 입문》(乙酉文化社, 乙酉文庫 103, 1973) 등이 간행된 바 있다.

한편 한국문화인류학회는 회지 《문화인류학》을 5집까지 내고 있으며 〈월례 연구 발표회〉와 〈연차 학술대회〉를 계속하고 있다. 또한 문화공보부, 문화재관리국의 뒷받침으로 〈전국민속종합보고서〉를 연차 사업으로 실시하고 있음은 특기할 만한 일이다.

1969년 임동권, 김태곤, 홍윤식, 최길성, 김선풍 등의 발기로 '민속학연구회'가 결성되어 회지 《한국민속학》을 5집까지 내고 있다.

한국민속학연구회는 1970년 다시 그 명칭을 '한국민속학회'로 바꾸고 〈월례 연구 발표회〉와 '민속학 전국대회'도 가진 바 있다.

1933년부터 '조선민속학회'가 3호까지 펴냈던 《조선민속》의 영인본(影印本) 등을 출간하였으며 활발한 연구활동을 펴고 있다.

여기서 한 가지 아쉬운 점은 이상 3개 학술단체, 즉 한국민속학회(최상수), 한국문화인류학회(장주근), 민속학회(임동권)의 3학회는 서로 명칭만 다를 뿐 실제 그 내용·성격상의 차이를 발견할 수 없다는 것이다.

1955년에 발족한 한국민속학회(최상수)가 아직도 존속하고 있음을 주장하는 가운데 새로운 민속학회(임동권)가 양립함으로써 개운치 않은 뒷맛을 남기고 있으며, 앞에서 '문화인류학회'가 시작될 당시의 상황을 설명하는 자리에서 논급된 바 있듯이 서로 학회간의 다른 성격을 가늠하기가 어려운 형편이다.

실제로 문화인류학회의 회원과 민속학회의 회원 구성을 보면 동일인이 거의 두 학회에 이름을 걸고 있는 실정이다.

이 점 하루속히 불식되어 분리될 것은 분리되고 통합될 것은 통합되어 정리의 단계로 이끌어야 할 줄로 안다.

이밖에도 전문 분야의 연구를 내세운 한국가면극연구회(이두현)가 주로 해서(海西) 지방의 '봉산탈춤' '강령탈춤' '은율탈춤' 등의 채록·연구와 그의 전수사업에 힘쓰고 있으며, 대학생을 비롯한 젊은 관심자에게 실기지도를 감당하는 한편, 《한국가면극》(李杜鉉著, 文化財官理局 1969년 刊의 再版)이란 방대한 가면극 연구서를 다시 펴낸 바 있다.

이와는 달리 1971년 '한국민속극연구소'가 趙東一·李輔亨·許鈺·심우성 등의 발기로 결성되어 회지 《서낭당》을 4집까지 발간하고 있다. 주로 전통연극 분야의 답사를 통한 연구발표회와 《동래탈 만드는 법》(辛生根 씀), 《굿거리책》(영인본) 등의 희귀 자료본을 출간하였다. 현재 작업 중인 《전통연극사전(傳統演劇事典)》의 편찬사업에 기대를 걸어본다.

대학의 부설 연구소로는 원광대학교에 '민속학연구소'가 설립되어 1971년 《민간신앙자료총서》 전5권을 영인 복간하였으며, 한국·중국·일본·프랑스·스위스 등 5개국의 학자들이 모여 '국제민속학 학술회의'를 개최하기로 하였다.

혼돈기에서 시작하여 차츰 분야별 전공자가 속출함으로써 다음과 같은 논저들이 선보이게 되었다.

▶ 김동욱 《이조 전기 복식의 연구》(韓國研究院, 1963) ▶ 예용해 《인간문화재》(語文閣, 1963) ▶ 조지훈 《한국문화사서설》(探求堂, 1964) ▶ 김택규 《동족부락의 생활구조 연구》(靑丘大 出版部, 1964) ▶ 김태곤 《황천무가 연구》(創又社, 1965) ▶ 최재석 《한국가족 연구》(民衆書館, 1965) ▶ 양재연 《한국고대연희 연구》(中大大學院, 1966) ▶ 조원경 《무용예술》(海文社, 1967) ▶ 이훈종 《국학도감》(一

潮閣, 1968) ▶ 양재연 외《한국의 세시풍속 上》(文化財官理局, 1969) ▶ 이두현《한국세시풍속의 연구》(문교부 연구보고서 인문과학계 1집, 1970) ▶ 백홍기·최철《영동(강릉) 지방 민속조사보고서》(문교부 연구보고서 인문과학계 1집, 1970) ▶ 장덕순《한국설화문학연구》(서울대 出版部, 1970) ▶ 김광언《한국의 농기구》(文化財官理局, 1970) ▶ 조동일《서사민요 연구》(啓明大學 出版部, 1970) ▶ 김열규《한국민속과 문학연구》(一潮閣, 1971) ▶ 김태곤《한국무가집》(圓光大 民俗學研究所, 1971) ▶ 석주선《한국복식사》(寶晋齊, 1971) ▶ 장덕순·조동일·서대석·조희진《구미문학개설》(一潮閣, 1971) ▶ 한국민속학회《한국속담집》(瑞文文庫, 1972) ▶ 김세중《한국 민속극 춤사위 연구》(東亞民俗藝術院, 1972) ▶ 이두현·김열규《처용설화의 종합적 고찰》(成大 大東文化研究 별집 1권, 1972) ▶ 이두현《한국연극사》(民衆書館, 1973) ▶ 이두현·이광규《한국생활사》(서울대 부설 한국방송통신대학, 1973) ▶ 심우성《남사당패연구》(同和出版公社, 1974) ▶ 김희진《매즙과 다회》(光明出版社, 1974) ▶ 박황《판소리 소사》(新丘文庫, 1974) ▶ 강용권《판소리 창본의 연구》(亞成出版社, 1975) ▶ 심우성《한국의 민속극》(創作과 批評社, 1975) ▶ 심우성《한국의 민속놀이》(三一閣, 1975) ▶ 조동일《한국 가면극의 미학》(한국일보사 春秋文庫, 1975) ▶ 유희경《한국 복식사 연구》(梨大 出版部, 1975)

이상은 주로 단행본 중에서 꼽아본 것이다. 이밖에도 각 분야에서 괄목할 저서와 논문을 발표한 다음과 같은 분들이 있다.

민요 - 정익섭·임헌도·김선풍·김영돈·김일근·홍정표·정광·진성기

설화 – 임석재 · 인권환 · 최래옥 · 유증선 · 김성배 · 이부영

복식 – 박경자

음식 – 황혜성 · 윤서석

민간신앙 – 박계홍 · 허영순 · 김승찬 · 현용준 · 신동익 · 최길
성 · 유동식

연희 – 지춘상 · 성병화 · 정상박 · 서국영 · 장한기 · 이상일 · 허술

음악 – 이혜구 · 박헌봉 · 유기룡 · 성경린 · 장사훈 · 이보형 · 이
창배 · 김기수 · 한영강

무용 – 김천홍 · 이애주 · 김정연 · 김백봉 · 최 현 등이

〈학회지〉와 〈대학논문집〉 및 〈월간지〉, 문화재관리국의 〈무형문화
재 보고서〉를 통하여 계속 발표하고 있다.

1960년대로부터 급격히 늘고 있는 민속학 분야의 전공자들은 앞으
로도 당분간 그 숫자가 늘어갈 것 같다. 현재 각 대학의 국어국문학과
및 사학과, 가정과, 연극학과, 음악과, 무용과 등의 석사 과정에서 이
방면의 논고가 계속 나오고 있기 때문이다.

아직은 확고한 기초 위에 새로운 방법론상의 발전을 기하고 있지는
못하지만 일단 이러한 연구대상, 연구 분야의 확대를 통하여 실속은
아직 차 있지 못하면서 가장 활발한 움직임을 보이는 분야로 등장하고
있다. 한 가지 두려운 것은 이 많은 인사중에 얼마만한 숫자가 끝내 남
게될 것인가 하는 문제이다.

독립과학으로서의 발돋움

앞에서도 잠시 지적되었듯이 우선 민속학이란 것이 과연 과학의 한

독립된 분과로서 필연적인 타당성을 갖는 것이며, 나아가 오늘날 우리 민속학이 참으로 민중을 위한 학문으로 값하고 있느냐 하는 점을 말하지 않을 수 없다. 여기에는 본질적으로 두 가지 문제가 내포되어 있다고 보여진다.

첫째 민속학의 개념 그 자체가 문제로서, 서구에서도 학문으로 출발하던 당시부터 현재까지도 가 나라 각 민족의 구체적 사정에 따라서 그 내용을 달리하고 있다.

만일 영국 민속학의 주조(主潮)인, 근대화 이전의 원시잔존문화(原始殘存文化)의 인류학적 비교연구로 본다면 우리의 입장으로서 과연 어떠한 학문적 당위(當爲)를 갖느냐 하는 의문이 생긴다.

또 독일계 민속학처럼 민족의 기반문화(基盤文化)의 총체적 연구로 본다면 사회과학의 다른 분과와의 관계가 문제된다.

재래 학문의 각 분과가 지배 계층의 문화를 그 주된 대상으로 했기 때문에 그 지배 계층의 문화에 굴복, 동화되지 않은 상민(常民)들의 문화까지는 일괄할 수 없는 데서, 나라에 따라서 조금씩 차이가 있긴 하지만 민속학이란 이름의 학문적 가능성이 생겨났다고 보여진다. 따라서 기존 학문 체계를 그대로 고집하면서 민속학이란 이름으로 상민문화(常民文化) 전체를 포괄하려는 데서 독립 과학으로서의 타당성에 무리가 온듯하다.

따라서 기존 학문 체계 중 다른 분과와의 중복과 혼란이 일어나는 것이 아닌가. 예컨대 구비문학 분야가 국문학의, 민속음악·연희 분야가 우리 민속연극·음악·무용의 학문적 대상이 되지 말아야 할 여하한 민중적 근거도 찾을 수 없다. 이 점 어쩌면 기존 학문 체계를 과감히 재검토·재정립함으로써만 해결될 문제가 아닐까 생각해 본다.

그럼에도 불구하고 민속학이란 이름 아래 채집·연구·강의 편역을 계속하고 있음은 아직 이를 대신할 만한 체계가 확립되지 않은 데다가, 우리의 전통문화가 조급하고 무비판적인 근대화의 독촉에 밀려 소멸해 버리지 않을까 하는 초조감에서이다.

둘째로 민속학이라는 것의 학문적 배경에도 문제가 있다고 보여진다. 20세기에 들어와 서구 과학조사에 따라 우리나라에도 민속학에 대한 관심이 있어 왔으나, 극소수 우리나라 학자들의 연구를 제외하고는 주로 조선총독부 조사사업을 중심으로 하여 일인(日人)학자들에 의한, 통치정책의 참고 자료를 얻기 위한 민속 연구가 활발했다는 것은 이 학문의 성격의 일단을 드러내 보이는 것이라 하겠다.

이렇게 놓고 볼 때, 이제까지의 우리 민속학이 보조학의 하나로 값하여 왔음은 우연한 일이 아니라 하겠다.

또한 이러한 현상은 주로 어문학(語文學)·역사학·지리학·고고학·무용·음악·연극학 쪽에서 연구 소재와 연구대상의 확대라는 면에서 활발히 원용되었다.

그러기에 우리나라의 민속학계를 말할 때 아직은 보조과학의 하나로 인식되는 단계라 하겠다,

이 문제에 대하여 김태곤은 다음과 같이 피력한 바 있다(大韓日報, 앞의 같은 인용문에서).

"…이렇게 침체 상태에 놓이게 된 원인은 민속학이 변화하는 사회에 대처할 만한 방법상의 여건을 갖추지 못했기 때문이었다. 따라서 민속학의 방향을 이렇게 보조과학의 위치로 끌고 온 그 학문적 책임은 주로 해방후 민속학에 종사해 온 중진학자들의 방향 설정에 달렸던 것이라 보아도 좋을 것이다. 사라져 가는 민속을 조사·수집하여 자기대로의 안목에 의해 연구하고 학회를 결성하여 활동하면서 민속학을 학문으로 계몽 보급시킨다는 일은 우선 중요한 기본적인 작업이었다. 그러나 민속학의 전체적 학문의 방향을 체계화시켜 나가야 할 원론의 연구는 사

실상 등한시해 왔다. 학문의 원론이 수립되지 않는 한 그 학문은 헌법이 없는 국가일 수도 있다. 원론이 수립되어 있지 않기 때문에 민속이 민속학의 방법에 의해 연구된다는 방법상의 원칙적인 보장이 없었다. 민속학이 독립과학의 위치를 지켜오지 못한 중요 원인도 바로 이 민속학 원론에 입각한 민속학 방법이 없었기 때문이었고, 필생동안 생명을 걸어 민속학을 연구하겠다는 민속학자들이 1958년에 문화인류학회에 의존하여 민속을 연구하겠다고 나선 원인도 바로 이 원론적인 문제에 해당된다.

민속이 민속학적 방법에 의해 연구되지 않고 다른 학문에 의존하여 연구된다면 그것이 어떻게 민속학이 될 수 있겠으며 그 다른 학문의 성격적 한계는 또 어떻게 될 것인가. 여기서 혼혈아의 기형적인 비극이 빚어지게 된다.

분석적인 입장에서 본다면 결국 종래 한국민속학은 19세기를 거쳐 20세기 초에 전세계를 휩쓸던 식민지시대 민속학 방법의 한계를 크게 벗어나지 못했다는 결론에 도달하게 된다. 그것은 한국의 민속학이 아직도 벽촌의 원시적 잔존문화만을 민속으로 규정하며 연구의 대상으로 삼고 있으면서 그 민속 속에서 살고 있는 인간(민간인)의 실제생활 자체에는 추호도 관심을 가져오지 않았다는 점이다…."

절실한 연구분야의 세분화

이런 면에서 볼 때 한국민속학은 다시금 그 원론적 모색의 단계에 있다고 할 수 있겠다.

임동권 · 이두현에 의하여 민속학강좌를 비롯한 단편적인 이 방면이 개론상의 문제, 방법론상의 문제가 논의되던 끝에 다음과 같은 논저의 출간을 보았다.

▶ 임동권 《한국민속학논고》(宣明文化社, 1973) ▶ 이두현 · 장주근 · 이광규 공저 《한국민속학개설》(民衆書館, 1974) ▶ 김태곤 편저 《한국민속학》(圓光大, 出版局 1973) ▶ 심우성 《한국 민속학의 정향》(紀元, 1973 가을호)

이러한 기초적 논저들은 앞으로도 계속 고구 · 출간되어야 할 것이며 그러한 개론적인 원론을 통하여 광범위한 분야를 총괄하고 있는 민속학이 각기 전공 분야를 선택, 개척함으로써 이제까지 답습하여 온 보조학의 한 방편이란 한계를 극복하지 않는 한 독자적인 존립이나 발전은 기대하기 어렵다 하겠다.

다만 1970년 이후 계속 출간되고 있는 많은 논저들에서 우리는 앞으로의 전망에 다소 긍정적인 면을 발견하게 된다.

더 욕심을 부리자면 앞에서도 지적하였듯이 각자의 전공분야를 더욱 세분화하여 그 연구의 심도가 깊어지기를 바라는 것이다.

해방 30주년을 보내며, 이제부터 우리 민속학계도 학문의 한 독립분과로 발전하면서 그 내용도 갖추어져 갈 단계에 이른 것이 아닌가 한다.

물론 이러한 오늘이 있기까지에는 그 연구방법이나 내용에 있어서는 많은 비판이 뒤따르는 것이긴 하지만 지난 시대의 힘들인 논저들이 발판이 되는 것임에는 틀림이 없다.

※ 白○雲, 金○俊, 李○星, 林○, 高○玉 등은 北으로 간 著者들이어서 한자를 ○표 했다.

(독서생활. 1976. 2.)

_{附錄・}韓國民俗劇研究所
所藏品 目錄選

사 진 張 聖 夏
정 리 宋 寅 七
　　　金 美 鈴
엮음 그래픽 視線

석물(石物)

소장품 분류 번호 1-78(78점)

1. 사자석탑
158×158×390cm

2. 5층석탑
80×80×275cm

3. 3층석탑
58×58×194cm

5. 5층석탑
88×88×285cm

6. 천하대장군
50×185cm

7. 지하여장군
52×175cm

8. 문인석
43×165cm

4. 5층석탑
58×58×194cm

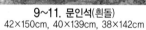

9~11. 문인석(흰돌)
42×150cm, 40×139cm, 38×142cm

12. 문인석
43×150cm

13. 문인석
45×116cm

14. 문인석
49×110cm

15. 문인석
55×185cm

16. 문인석
55×190cm

17. 문인석
34×143cm

18. 장명등
110×345cm

19. 장명등
50×183cm

20. 장명등
45×183cm

21. 석등
100×225cm

22. 석등
40×100cm

23. 석등
45×114cm

24. 석등
40×110cm

25. 해태
116××40×108cm

26. 해태
105×40×108cm

27. 정낭
47×104cm

28. 정낭
47×104cm

29. 호석
95×117×32cm

30. 호석
95×120×35cm

31. 석마(石馬)
210×55×175cm

32. 석마(石馬)
210×55×175cm

33. 연자방아
140×155cm

34. 돌사자
40×20cm

35. 돌사자
40×20cm

36. 돌원숭이
12.5×40cm

37. 돌원숭이
21×47cm

38. 돌 사자상
40×20cm

45. 부처님
30×83cm

39. 부처님
36×67cm

40. 부처님
26×40cm

41~44. 사천왕
27×49cm

46,47. 동자석
20×57cm

48, 49. 동자석
47×20cm, 20×51cm

50. 신랑(제주)
34×90cm

51. 신부(제주)
34×90cm

52. 맷돌
30×40cm

53. 맷돌
33×40cm

54. 맷돌
35×65cm

55. 돌확
18×26cm

56. 돌확
53×37cm

57. 돌확
90×35cm

58. 돌확
30×40cm

59. 돌확
42×44cm

60. 돌확
37×53cm

61. 돌확
40×56cm

62. 돌확
50×53cm

63. 돌확
33×40cm

64. 돌확
43×56cm

65. 돌확
46×63cm

66. 돌확
42×50cm

67. 돌확
45×50cm

68. 돌확
43×56cm

69. 돌확
50×53cm

70. 돌확
56×38cm

71. 돌확
83×40cm

72. 돌두꺼비
40×33cm

73. 기초석
65×35cm

74. 물확
55×16cm

75. 물확
230×42cm

76. 우물
87×54cm

77. 맷돌(다수)
33×15cm 외

78. 다듬잇돌(다수)
45×20cm 외

악기(樂器)

소장품 분류 번호 79-134(56점)

79. 쐐기북, 줄북
42×25m

80. 소리북
40×20cm

81. 소리북
40×20cm

82. 꽹과리
21×4.5cm

83. 징
38×7cm

84. 소고
24×4cm

86. 장구
45×40cm

87~93. 종
12×20cm 외

94~99. 바라(제금)
지름 35cm 외

100. 손종

101. 손종

102. 손종

103. 나무 북틀
37×23cm

85. 생황 15×51cm

104,105. 옹기장구, 옹기북 틀

106,107. 종이장구, 종이북 틀

108. 꽹과리 모음

109. 여러가지 북
45×20cm 외

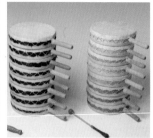

110. 여러가지 소고
24×4cm 외

111. 해금
13×68cm

112. 가야금
28×165cm

113. 가야금
21×145cm

114. 거문고
21×155cm

115. 거문고
21×145cm

116. 거문고
25×155cm

117. 신라금
25×155cm

118. 퉁소(洞簫)
83×5cm

119. 대금
71×4cm

120. 대금
72×4cm

121. 대금
83×5cm

125. 청동반자(青銅盤子)
90×100cm

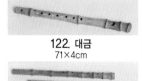

122. 대금
71×4cm

123. 단소
41×3cm

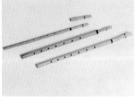

124. 세(細)피리와 향(鄕)피리
41×2cm

126. 태평소
12×33cm

127. 논나발
3×93cm

128. 나발
12×108cm

129. 삭고(朔鼓)
93×180cm

130. 응고(應鼓)
93×180cm

131. 좌고(座鼓)
100×132cm

132. 승무북
75×60cm

133.교방고(敎坊鼓)
32×54cm

134. 무고(舞鼓)
45×30cm

인형(人形)

소장품 분류 번호 135-303(169점)

135~138. 상여 인형
27, 21, 24, 23cm

139~142. 상여 인형
27, 23, 25, 21cm

143,144. 상여 인형
31cm

145,146. 상여 인형
27, 31cm

147,148. 상여 인형
22, 20cm

149,150. 상여 인형
18, 18cm

151,152. 상여 인형
9×21cm

153~155. 상여 장식
30, 32, 29cm

156,157. 장식 인형
31cm

158~160. 절 인형
32, 32, 30cm

161. 당집부부
41, 44cm

162~166. 절 인형
26cm

167. 당주님
65cm

168. 당주님
43cm

170,171. 나무 인형
18cm

172,173. 나무 인형
20cm

174. 안마님
50cm

175. 나무 인형(평양)
27, 29cm

176. 나무 인형(평양)
10cm

169. 당주님
63cm

177, 178. 나무 인형(평양)
12cm,19cm

179,180. 나무 인형(평양)
18cm,12cm,

181. 당 초
25cm

182. 사기 인형
13cm

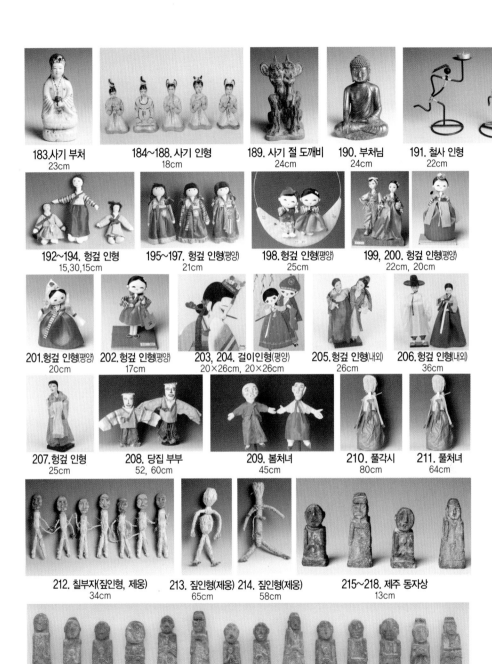

183. 사기 부처
23cm

184~188. 사기 인형
18cm

189. 사기 절 도깨비
24cm

190. 부처님
24cm

191. 철사 인형
22cm

192~194. 헝겊 인형
15,30,15cm

195~197. 헝겊 인형(평양)
21cm

198. 헝겊 인형(평양)
25cm

199, 200. 헝겊 인형(평양)
22cm, 20cm

201. 헝겊 인형(평양)
20cm

202. 헝겊 인형(평양)
17cm

203, 204. 걸이인형(평양)
20×26cm, 20×26cm

205. 헝겊 인형(내외)
26cm

206. 헝겊 인형(내외)
36cm

207. 헝겊 인형
25cm

208. 당집 부부
52, 60cm

209. 봄처녀
45cm

210. 풀각시
80cm

211. 풀처녀
64cm

212. 칠부자(짚인형, 제웅)
34cm

213. 짚인형(제웅)
65cm

214. 짚인형(제웅)
58cm

215~218. 제주 동자상
13cm

219. 제주 동자상(기증 김미열)
170×34cm(액자)

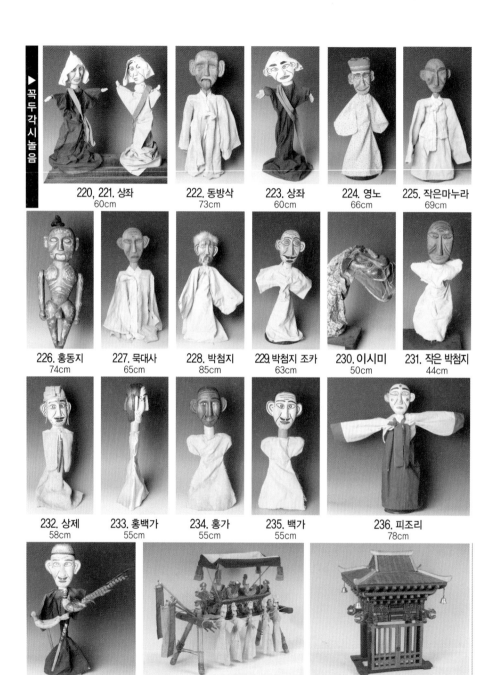

220, 221. 상좌
60cm

222. 동방삭
73cm

223. 상좌
60cm

224. 영노
66cm

225. 작은마누라
69cm

226. 홍동지
74cm

227. 묵대사
65cm

228. 박첨지
85cm

229. 박첨지 조카
63cm

230. 이시미
50cm

231. 작은 박첨지
44cm

232. 상제
58cm

233. 홍백가
55cm

234. 홍가
55cm

235. 백가
55cm

236. 피조리
78cm

237. 평안감사
65cm

238. 상여
77×70cm

239. 절집
55×65cm

240. 청개구리(어미)
20×34cm

241. 청개구리(아들)
14×25cm

242. 취발이
43×62cm

243. 취발이
45×73cm

244. 문(門, 종사람)
77cm

245, 246. 쌍두아, 인형
53cm, 69cm

247. 쌍두아 부부
63, 69cm

248. 통일의 노래, 소도구
20cm

249. 목인형
30×150cm

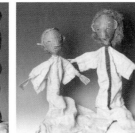

250. 죽마
63cm

251. 남도 들노래, 인형
21cm

252. 넋이야 넋이로구나, 인형
53×63cm

253. 일월교합도, 바가지 인형
7cm

254. 새야 새야
58cm

255. 새야 새야, 나무 인형
31cm

256. 줄광대
28×62cm

257. 통일의 길로(사회자)
40×115cm

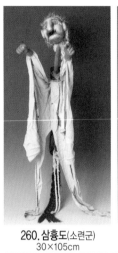

258. 만석중
34×110cm

259. 삼흉도(미군)
35×95cm

260. 삼흉도(소련군)
30×105cm

261. 삼흉도(일본군)
40×100cm

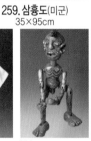

262. 소릿꾼
30, 54cm

263. 판문점 별신굿
18×55cm

264. 판문점 별신굿
12×58cm

265. 결혼굿 주례
20×100cm

266. 바가지 춤
28×85cm

269. 심우성 1인극
28×78cm

270. 심우성 1인극
28×78cm

267. 심이석(기증 김미령)
32×40cm

268. 김선호(기증 김미령)
33×40cm

271. 심우성 1인극
28×78cm

272. 심우성1인극(넋전놀이)
64×52cm

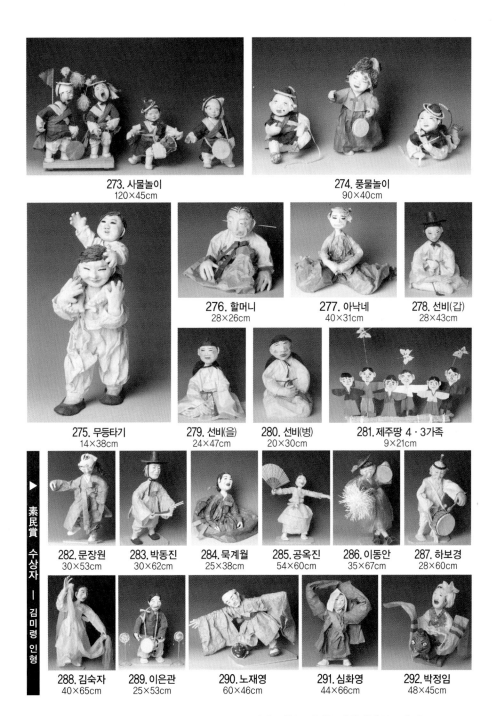

273. 사물놀이
120×45cm

274. 풍물놀이
90×40cm

276. 할머니
28×26cm

277. 아낙네
40×31cm

278. 선비(갑)
28×43cm

275. 무등타기
14×38cm

279. 선비(을)
24×47cm

280. 선비(병)
20×30cm

281. 제주땅 4·3가족
9×21cm

素民賞 수상자 — 김미령 인형

282. 문장원
30×53cm

283. 박동진
30×62cm

284. 묵계월
25×38cm

285. 공옥진
54×60cm

286. 이동안
35×67cm

287. 하보경
28×60cm

288. 김숙자
40×65cm

289. 이은관
25×53cm

290. 노재영
60×46cm

291. 심화영
44×66cm

292. 박정임
48×45cm

293. 이승만
36×58cm

294. 윤보선
25×54cm

295. 박정희
40×59cm

296. 최규하
28×54cm

297. 전두환
30×53cm

298. 노태우
35×55cm

299. 김영삼
32×57cm

300. 김대중
32×55cm

301. 노무현
28×56cm

302. 부시
30×76cm

303. 고이즈미
32×53cm

탈

소장품 분류 번호 304-444(141점)

▶ 병산탈

304. 병산 I
15×17cm

305. 병산 II
18×23cm

306. 병산 II
15×21cm

▶ 하회별신굿탈

307. 양반
18×23cm

308. 각시
20×28cm

309. 부네
18×24cm

| 310. 선비
15×20cm | 311. 백정
15×21cm | 312. 할미
13×18cm | 313. 초랭이
16×20cm | 314. 중
15×22cm | 315. 이매
16×16cm |

| 317. 양반
23×30cm | 318. 봉사
22×27cm | 319. 청제양반(동방)
25×35cm | 320. 황제
20×50cm |

316. 흑제양반(북방)
23×30cm

| 321. 비비
23×25cm | 322. 비비
21×28cm | 323. 비비새
18×28cm | 324. 비비양반
21×45cm |

| 325. 비비새(종이)
20×27cm | 326. 중
23×28cm | 327. 청제양반(차반)
21×25cm | 328.적제양반(남방)
21×27cm | 329. 홍백가
20×24cm | 330. 종가집 도련님
20×28cm |

| 331. 영감
24×28cm | 332. 본처
20×26cm | 333. 첩
21×27cm | 334. 중
19×29cm | 335. 도련
21×26cm | 336. 차양반(종이)
19×25cm |

| 337. 선녀
20×26cm | 338. 문둥이
23×32cm | 339. 말뚝이
25×31cm | 340. 상주
17×26cm | 애벌(초벌) | 애벌(초벌) |

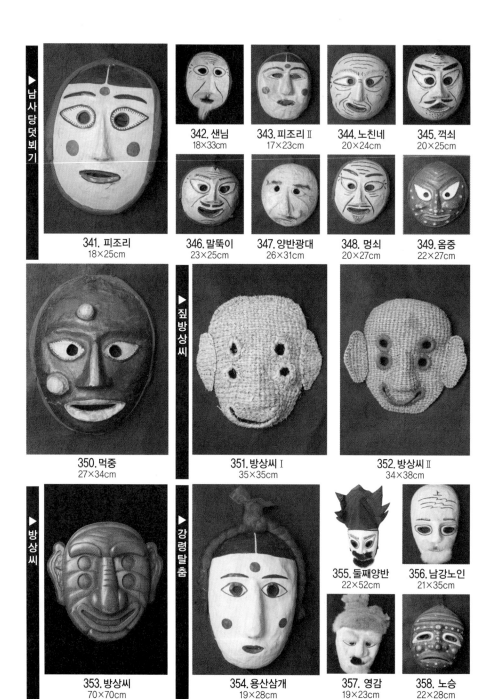

341. 피조리
18×25cm

342. 샌님
18×33cm

343. 피조리 II
17×23cm

344. 노친네
20×24cm

345. 꺽쇠
20×25cm

346. 말뚝이
23×25cm

347. 양반광대
26×31cm

348. 멍쇠
20×27cm

349. 옴중
22×27cm

350. 먹중
27×34cm

351. 방상씨 I
35×35cm

352. 방상씨 II
34×38cm

353. 방상씨
70×70cm

354. 용산삼개
19×28cm

355. 둘째양반
22×52cm

356. 남강노인
21×35cm

357. 영감
19×23cm

358. 노승
22×28cm

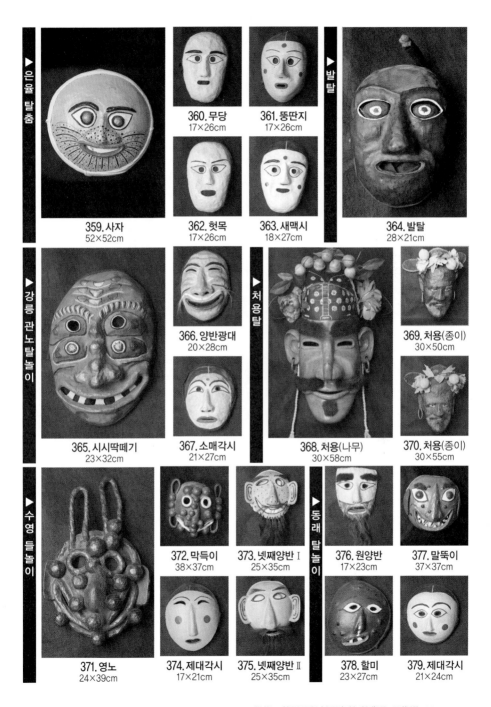

은율 탈춤

360. 무당
17×26cm

361. 똥딴지
17×26cm

발탈

359. 사자
52×52cm

362. 헛목
17×26cm

363. 새맥시
18×27cm

364. 발탈
28×21cm

강릉 관노 탈놀이

처용탈

366. 양반광대
20×28cm

369. 처용(종이)
30×50cm

365. 시시딱떼기
23×32cm

367. 소매각시
21×27cm

368. 처용(나무)
30×58cm

370. 처용(종이)
30×55cm

수영 들놀이

동래 탈놀이

372. 막득이
38×37cm

373. 넷째양반 I
25×35cm

376. 원양반
17×23cm

377. 말뚝이
37×37cm

371. 영노
24×39cm

374. 제대각시
17×21cm

375. 넷째양반 II
25×35cm

378. 할미
23×27cm

379. 제대각시
21×24cm

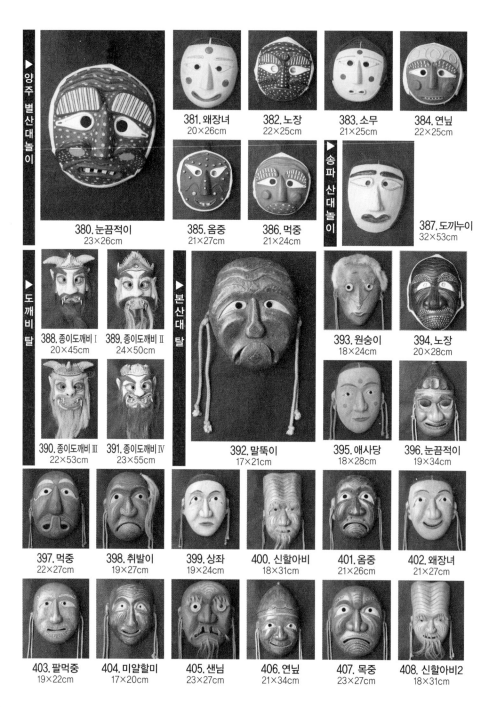

381. 왜장녀
20×26cm

382. 노장
22×25cm

383. 소무
21×25cm

384. 연닢
22×25cm

380. 눈끔적이
23×26cm

385. 옴중
21×27cm

386. 먹중
21×24cm

387. 도끼누이
32×53cm

388. 종이도깨비 Ⅰ
20×45cm

389. 종이도깨비 Ⅱ
24×50cm

390. 종이도깨비 Ⅲ
22×53cm

391. 종이도깨비 Ⅳ
23×55cm

392. 말뚝이
17×21cm

393. 원숭이
18×24cm

394. 노장
20×28cm

395. 애사당
18×28cm

396. 눈끔적이
19×34cm

397. 먹중
22×27cm

398. 취발이
19×27cm

399. 상좌
19×24cm

400. 신할아비
18×31cm

401. 옴중
21×26cm

402. 왜장녀
21×27cm

403. 팔먹중
19×22cm

404. 미얄할미
17×20cm

405. 샌님
23×27cm

406. 연닢
21×34cm

407. 목중
23×27cm

408. 신할아비2
18×31cm

409. 먹중2
22×24

410. 상좌2
19×24cm

▶ 통영 오광대

414. 조리중
16×20cm

415. 몽돌이
19×23cm

411. 샌님2
21×26cm

412. 옴중2
21×26cm

413. 백제양반
20×30cm

416. 팔선녀
20×22cm

417. 소무
17×19cm

418. 상주
16×22cm

419. 큰상제
22×26cm

▶ 봉산 탈춤

420. 포수
23×27cm

421. 봉사
19×25cm

422. 할미
21×26cm

423. 사자
23×26cm

424. 신장수
21×30cm

425. 돌머리집네
20×31cm

426. 소무
16×22cm

427. 상좌
17×28cm

428. 셋째양반
20×28cm

429. 영감
18×26cm

430. 사자아
24×39cm

431. 취호종
23×31cm

432. 금강 I
21×30cm

433. 금강 II
23×35cm

434. 태고부 I
20×32cm

435. 태고부 II
23×31cm

436. 가루라
23×27cm

437. 태고아
20×27cm

438. 오공
23×31cm

439. 바라문
23×29cm

440. 곤륜
25×31cm

441. 역사
24×37cm

442. 취호왕
22×35cm

443. 치도
21×31cm

444. 오녀
20×35cm

목수 연장

기증 김현규

소장품 분류 번호 445-507(63점)

445. 곱장대패
24×8cm

446 평대패
40×8cm

447. 평대패
25×8cm

448. 평대패
40×8cm

449. 평대패
40×8cm

450. 변탕
24×6.5cm

451. 변탕
25×7cm

452. 변탕
21×6cm

453. 변탕
20×6cm

454. 변탕
23×6cm

455. 변탕
24×6cm

456. 변탕
24×6cm

457. 변탕
24×6cm

458. 변탕
24×6cm

459. 외날톱
58×6cm

460. 양날톱
56×8cm

461. 양날톱
63×8cm

462. 평낫
50×4cm

463. 껍질깍개(조선시대)
37×7cm

464. 내릴톱
58×5cm

466. 미루대패
18.5×4cm

467. 톱물리개
47×18cm

468. 변탕
20×5.5cm

469. 변탕
20×6cm

465. 우비칼
26×3.5cm

470. 변탕
19×6cm

471. 변탕
21×6cm

472. 변탕
20×6cm

473. 변탕
20×6cm

474. 등밀이
36×6cm

475. 등밀이
40×7cm

476. 등밀이
37×7cm

477. 등밀이
34×5cm

478. 등밀이
36×6cm

479. 등밀이
32×5cm

480. 등밀이
35×4cm

481. 변탕
20×5.5cm

482. 변탕
21×5.5cm

483. 변탕
21×3.5cm

484. 변탕
27×6cm

485. 변탕(조선시대)
45×5cm

486. 변탕
24×5cm

487. 변탕
25×5cm

488. 변탕
24×5.5cm

489. 변탕
40×8cm

490. 변탕
34×6cm

491. 변탕
27×5cm

492 변탕
40×6cm

493. 변탕
37×6cm

494. 삼지송곳
29cm

495. 송곳
18cm

496. 삼지송곳
29cm

497. 삼지송곳
37cm

498. 자귀
27×4cm

499. 까뀌
20×4cm

500. 까뀌
33×5cm

501. 끌(2푼)
12cm

502. 대팻날
8×7cm

503. 까뀌
25×5cm

504. 끌
22×2.5cm

505. 거부기
20×13cm

506. 끌(7푼)
12cm

507. 단조망치
36×4cm

놀이 도구

소장품 분류 번호 508-525(18점)

508. 윷
8×1.5cm

509. 윷
7×2.5cm

511. 자치기
33×2.5cm

512. 제기, 엽전
19×3cm

510. 윷
23×3cm

513. 딱지
8cm

514. 놀이칼
69×10cm

515. 바둑판(대나무)
50×20cm

516. 바둑판(돌)
34×10cm

517. 팽이와 채
46×2cm

518. 버나
34×1.5cm

519. 바둑판(나무)
38×36cm

520. 화투(2벌)
5×3.2cm

521. 투호(2벌)
26×57cm

522. 깃대머리
80×10cm

523. 쌍륙판
85×60cm

524. 물고기북(충남 태안)
25×11cm

525. 승경도
45×65cm

무구(巫具)
무신도(巫神圖)

소장품 분류 번호 526-572(47점)

526. 무령(巫鈴)
13×29cm

527. 무령(巫鈴)
9×21cm

528. 제주굿쇠
25×8cm

529. 당파창머리
17×26cm

530. 열두 신령부채
40cm

531. 신령부채
40cm

532. 팔선녀부채
40cm

533. 작두
60×9cm

534. 굿칼1
83×10cm

535. 신령부채
40cm

536. 굿칼2
87×12cm

537. 굿칼3
75×11cm

538. 굿칼4
87×10cm

539. 굿칼5
105×9cm

540. 신칼
27×3cm

541. 신칼
120×2cm

542. 삼지창1
75×15cm

543. 삼지창2
65×20cm

◀ **544. 벙거지**
35×25cm

545. 무신도 삼장군1(영해 바닷가)
180×150cm

546. 무신도 삼장군2(영해 바닷가)
188×172cm

547. 큰 무당 무화
74×43cm

548. 굿상 덮개(제주)
56×75cm

549, 550. 이지산 무화
35×28cm, 35×28cm

551. 굿상 촛대
18×2cm

552. 굿상 촛대
25×9cm

553. 지신님1(기증 김태연)
41×68cm

554. 지신님2(기증 김태연)
41×68cm

555. 지신님3(기증 김태연)
41×68cm

556. 지신님4(기증 김태연)
41×68cm

557. 오방신장(서울, 경기)
48×81cm
558. 대신할머니(서울, 경기)
41×69cm
559. 창부씨(서울, 경기)
44×69cm
560. 동자애기씨(서울, 경기)
43×69cm

561. 주장군(황해도 만구대탁굿)
75×106cm

562. 용왕님(황해도 만구대탁굿)
77×105cm

563. 산신님(황해도 만구대탁굿)
75×95cm

564. 산신도사(황해도 만구대탁굿)
73×93cm

565. 용왕님(황해도 만구대탁굿)
70×96cm

566. 산신님(서울, 경기, 충청)
70×88cm

567. 최영장군화(서울, 경기, 충청)50×88cm ▶

568. 살곶이당 용그림(서울)
101×184cm

569.

570.

571.

572. 삼신화(삼불제석)
47×88cm

569. 중전마마(서울, 경기, 충청) 46×74cm
570. 글문도사(서울, 경기, 충청) 45×73cm
571. 도사할아버지(서울, 경기, 충청) 45×73cm

생활 도구

소장품 분류 번호 573-719(147점)

576. 토기(선사시대)
12×13cm

575. 토기(선사시대)
17.5×37cm

577. 토기(선사시대)
26×15cm

573. 고려자기(대접)
17×6.5cm

574. 이조자기(병)
14×24cm

578. 이조항아리1
12×10cm

579. 이조항아리2
16×12cm

580. 이조항아리3
20×16cm

583. 토기 술병 2
42×19cm

581. 이조자기(항아리)
11.5×16cm

582. 토기 술병 1
20×19cm

584. 이조 연적
12×10cm

585. 이조 옥색 연적
6×2cm

586. 이조 백색 연적
7.5×2.5cm

587. 밥그릇, 대접
9×11cm

588. 쇠 두꺼비
12×5cm

589. 나무 용 두꺼비
17×8cm

590. 돌 두꺼비
6×7cm

591. 부시 쇠
5.5×2cm

592. 만년력
17×17cm

593. 하모니카
18×3cm

594. 성헌선생 목판
20×40cm

596. 술독
33×53cm

597. 술독
26×75cm

598. 운보 항아리
15×22cm

599. 꽃항아리
10×17cm

600. 종이항아리
32×35cm

595. 소줏고리
42×56cm

601. 맷손
25×8cm

602. 평양방망이
11×26cm

603. 제주빨래방망이
25×8cm

604. 제주그릇
30×15cm

605. 서산
21×5.5cm

606. 필가
49×47cm

607. 나무벼루
9×3cm

608. 벼룻집1
13×35cm

609. 벼룻집2
22×30cm

610. 벼룻집3
25×18cm

611. 필묵함
32×24cm

612. 필압
7×3cm

614. 나무필통
11×15cm

615. 나무필통
10.5×16cm

616. 나무필통
10×12cm

613. 나무필통
13×18cm

617. 대나무필통
11×17cm

618. 대나무필통
12×14cm

619. 나무꽃병
12×15cm

620. 첨자(籤子), 첨자 통
첨자 21cm, 첨자통 3×13cm

621. 윤도1
15×2cm

622. 윤도2
12×3.5cm

623. 윤도3
10×4cm

624. 윤도4
10.5×1.5cm

625. 윤도5
11×5.5cm

626. 윤도6
7.5×3.5cm

627. 윤도7
17×5.5cm

628. 도깨비 문양
22×25cm

629. 주판
20×8cm외

630. 주판
25×8cm

631. 인주통
10×3.5cm

632. 나무 기러기
8×6cm

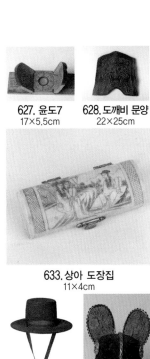

634. 안경집
16×8cm

633. 상아 도장집
11×4cm

635. 안경
15×7cm

636. 사주집
10×30cm

637. 유건
14×25cm

638. 갓
27×12cm

639. 사모
17×24cm

640. 전립
25×8cm

641. 소굴레
15×7cm

642. 짚신1
26×6cm

643. 짚신2
25×6cm

644. 짚신3
22×6cm

645. 짚신4
25×4cm

646. 짚신5
17×3.5cm

647. 나막신1
27×12cm

648. 나막신2
16×6cm

649. 나막신3
16×6cm

650. 고무신1
13×3cm

651. 고무신2
275×6.5cm

652. 구두집
27×8cm

653. 목화
29×21cm

654. 물레
70×63cm

655. 절구와 절구대
36×72cm, 38×8cm

657. 말
25×26cm

658. 되
14×8cm

659. 나무접시
4.5×1.8cm

656. 용두레
225×28×175cm

660. 목침
12×14cm

661. 목침
11×13cm

662. 호롱(4개)
7×9cm(중) 외

663. 등잔
22×50cm

664. 등잔
21×59cm

665. 촛대
21×54cm

666. 촛대
11×43cm

667. 촛대
6×31cm

668. 촛대
6.5×25cm

670. 호족반
34×23cm

671. 나주반
9×21cm

672. 호족반
28×21cm

673. 나무접시
18×4.5cm

674. 향로, 향합
12×20cm, 8×3.5cm

669. 통영반
39×29cm

675. 주독
15×33cm

676. 신위함
3×29cm

677. 제주 병
30×15cm

678. 제기 그릇
9×18cm

679. 제물 모판
54×42cm

680. 담뱃대
18×5cm

681. 손풀무(기증 오영순)
25×8cm

682. 다듬이와 다듬잇돌
25×8cm

683. 무늬 목각 59×20cm
684. 전사 (기증 정진웅)

685. 제주 물허벅(기증 김주산)
25×23cm

686. 제주 물구덕(기증 김주산)
42×26cm

688. 물안경, 조새 외
5.5×2cm

687. 다식판
42×26cm

691. 乾像
32×73cm

692. 입춘굿놀이 사진
25×8cm

689. 공주 옛지도
57×49cm

690. 서당 사진
76×60cm

693. 대나무 담뱃대
68cm

695. 의자
30×30×50cm

698. 격자문2
57×114cm

694. 책상
64×36×74cm

696. 앉은걸이
30×12×22cm

697. 격자문1
55×138cm

699. 교창
35×16cm

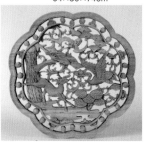

700. 원창
30×30cm

701.대한제국 땅문서
70×95cm

706. 축음기
36×71cm

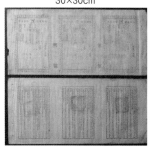

702. 대한제국 땅문서
110×95cm

703. 대한제국 땅문서
70×75cm

707. 축음기
33×44cm

704,705. 소작료관계 문헌
68×54cm, 29×37cm

708. 윤동주(그림)
32×44cm

709. 보자기(북녘)
67×66cm

710. 보자기(북녘)
80×74cm

711. 보자기(북녘)
70×70cm

712, 713. 보자기(김미령)
76×74cm, 62×62cm

714. 보자기(이순동)
75×75cm

716. 보자기(심효석)
72×75cm

717. 보자기(심효석)
69×68cm

718. 보자기(이순동)
71×70cm

719. 대왕피(승복)
25×8cm

715. 보자기(이순동)
59×60cm

옷본(衣本)

기증 김선호, 김미령
소장품 분류 번호 720-803(84점)

720. 옷본 상자와 연장 90×50cm

어린이 옷본(남녀)

721. 복건
6×11cm

722. 풍채바지(돌)
6×11cm,16×9cm

723.풍채바지(백일)
5×9cm,13×7cm

724. 풍채바지(세살)
8.5×18cm,21×10cm

725.
풍채바지(돌), 풍채바지(백일), 풍채바지(세살)

726. 바지
16×36.5cm

729. 저고리와 전복
저고리 41×21cm, 전복11×31.5cm

727. 저고리
57×31cm

728. 저고리, 바지
57×31cm, 16×36.5cm

730. 색동 저고리
53×7cm

731. 홍치마
36×38.5cm

732. 색동 저고리와 홍치마
53×7cm, 36×38.5cm

733. 색동 두루마기
58×40cm

734. 귀주머니 ·염랑
7×9.5cm, 4.5×13cm

735. 버선
9×20.5cm

736. 저고리와 바지

737. 바지
6×44cm

738. 저고리
54×31cm

739. 두루마기
42.5×34cm

740. 심의
79×55cm

741. 도포
61×47.5cm

742. 바지, 저고리, 행전, 허리띠, 단임
18×19cm, 9×13cm, 80×3.5cm, 34×3cm

743. 남자 마고자
56.5×28.5cm

744. 신랑 관복, 토시
119×70cm, 7×18cm

745. 회장 저고리와 홍치마
59×19cm, 36.5×39cm

746. 단속곳
15×30.5cm

747. 무지개 속치마
5×27cm

748. 너른 속옷
5×27cm

749. 고쟁이
12.5×33cm

750. 흰치마
38×39cm

751. 쓰개치마
31×35.5cm

752. 속적삼
57×15cm

753. 행주치마
26×36cm

754. 저고리
59×20.5cm

755. 반회장 저고리
26×36cm

756. 회장 저고리
59×20cm

757. 회장 저고리
58×18cm

759. 당의
84×49.5cm

758. 반회장 저고리, 청치마
35×40cm(청치마)

760. 여자 마고자
59×16.5cm

761. 신부 외복 일체

남자 종이 수의 (紙壽衣)

762. 옷본 상자와 연장 (1995년 옷본전시 기념)
95×50cm

763. 심의, 띠
75×46cm

764. 창의
66.5×48cm

765. 속적삼
62.5×32cm

766. 겹옷
51.5×36cm

767. 속적삼, 속고의
62.5×32cm, 18×27.5cm

768. 저고리
52×31cm

772. 복건
6×11cm

773. 오낭
6.5×7cm

769. 속고의
18×27.5cm

770. 바지
7.5×37cm

771. 겹옷, 바지
51.5×36cm, 7.5×37cm

774. 과두, 명목
10×12cm, 10×12cm

775. 악수
16.5×10cm

776. 버선
12×25cm

777. 습신
6×12.5cm

778. 대렴금
18.5×30cm

779 소렴금
30×29.5cm

780. 천금
16×24.5cm

781. 베개, 지요
13×7.5cm,16×25cm

782.허리띠, 대님
93×2cm,33×42cm

783. 도포, 치마
59×38.5cm,32×38cm

여자 종이수의〈紙壽衣〉

784. 원삼
107×44.5cm

786.삼회장 저고리. 치마
54×18cm,31.5×36cm

787.삼회장 저고리. 치마
54×18cm,32×38cm

785. 속저고리
54.5×19.5cm

790. 도포
59×38.5cm

791. 치마
32×38cm

792. 단속곳
13×30.5cm

788.삼회장 저고리
54×18cm

793. 속곳
9.5×22.5cm

794.여모
12×16cm

789. 속적삼
55×14.5cm

796. 악수
16.5×10cm

797. 버선
12×25cm

798. 습신
6×12.5cm

799. 대렴금
18.5×30cm

795.오낭
6.5×7cm

800. 소렴금
30×29.5cm

801.천금
16×24.5cm

802. 과두, 명목
10×12cm,10×12cm

803. 베개, 지요
13×7.5cm,16×25cm

318 민속문화 길잡이

그림 · 글씨

소장품 분류 번호 804-878(75점)

804. 구희도(심이석 그림)
185×53cm

805. 오정두 그림
155×47cm

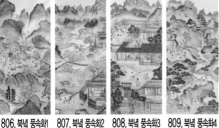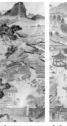

806. 북녘 풍속화1
68×155cm

807. 북녘 풍속화2
68×155cm

808. 북녘 풍속화3
68×155cm

809. 북녘 풍속화4
68×155cm

810. 북녘 풍속화5
68×155cm

811. 북녘 풍속화6
68×155cm

812. 북녘 풍속화7
68×155cm

813. 북녘 풍속화8
68×155cm

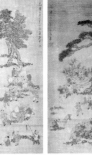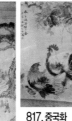

817. 중국화
56×175cm

818. 중국화
56×174cm

819. 조선말 명화
35×122cm

820. 龍(김종욱)
155×90cm

821. 맹호도
50×130cm

814~816. 중국명화
41×135cm

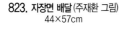

822. 게
45×24cm

823. 자장면 배달(주재환 그림)
44×57cm

824. 맹호도
60×150cm

825. 금강화곡 (홍선웅 그림)
28×36cm

826. 藝友相奉
86×157cm

827. 山河大地
81×112cm

828. 8폭 병풍(풍속화)
61×183cm

833. 龍(조선말) 41×67cm

832. 竹畵 24×124cm

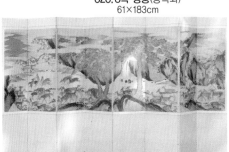

829. 8폭 병풍
154×35cm9×21cm

830. 북녘 6폭 자수 병풍
47×132cm

834. 물고기(조선말)
27×32cm

831. 북녘 8폭 자수 병풍
46×163cm

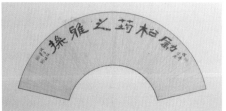

835. 오세창 글씨
71×35cm

836. 김용진 그림
52×25cm

837. 만석중놀이(김부길 그림)
48×33cm

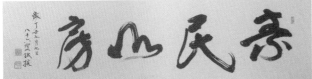

838. 素民山房(심이석 글씨)
25×8cm

839. 精名上河圖
31×490cm

840. 德不…
44×118cm

841. 遊天海
43×110cm

842. 以藝會友
42×150cm

843. 靜山齋 (一中 글씨)
25×62cm

844. 居安思危(창낭 글씨)
30×65cm

845. 조종림 글
39×152cm

846. 素民 글씨
29×93cm

847. 게와 아이(이중섭)
31×75cm

848 ~ 851. 불화
58×100cm, 73×110cm,
53×90cm, 88×60cm

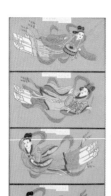

852. 단청모음
60×140cm

853. 도깨비 단청 123×82cm

855. 단청모음
100×130cm

856. 단청모음
100×130cm

854. 도깨비 35×15cm

859. 단청
57×139cm

857. 유창환 글씨, 素民 刻
140×36cm

858. 고균 김옥균 글씨, 素民 刻
99×35cm

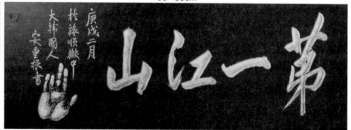

860. 第一江山(안중근 글씨, 素民 刻)
112×38cm

861. 龍鱗…. (松嶺 刻)
120×47cm

862. 博文…. (우당 글씨, 정진웅 刻)
120×30cm

865. 心靜….
30×77cm

866. 山客…. (여운형)
35×70cm

863. 正觀…. (여운형 글씨, 정진웅 刻)
70×35cm

867. 김승열 글씨
25×136cm

868. 竹刻
10×80cm

864. 正觀…. (여운형 글씨, 素民 刻)
63×39cm

869. 丈夫….
38×138cm

870. 獨立…
19×70cm

871. 唯知丹心 (한용운 글씨, 정진웅 刻)
117×27cm

872. 實事求是 (추사 김정희 글씨, 정진웅 刻)
138×28cm

873. 魚登龍門 (오세창 글씨, 素民 刻)
105×26cm

874. 紅葉山居 (추사 글씨)
105×26cm

875. 반와 (유창환 글씨, 素民 刻)
90×40cm

876. 福海軒
93×30cm

877. 素民 글씨, 刻
109×13cm

878. 素民 書刻
70×16cm

저자 약력

남천(南泉) 심우성(沈雨晟)
　　　　1934년생, 민속학자, 1인극배우

1954년　서울중앙방송국 아나운서
1960년　민속극회 남사당 설립 대표
1963년　대한뉴스 아나운서
1966년　한국민속극연구소 소장(현재)
1970년　서라별예대, 서울예전, 덕성예대, 한양대 등
　　　　민속학, 연극사, 인형극 강의
1980년　문화재관리국 문화재전문위원
1985년　아시아1인극협회 창립 대표(현재)
1994년　민학회 회장
1996년　공주민속극박물관장
1999년　한국예술종합학교 전통예술원 객원교수
2002년　문화재청 무형문화재분과 위원장
2003년　중국 연변대학 객좌교수

현　재　한국민속극연구소 소장

저　서　《무형문화재총람》(민학사), 《남사당패연구》(동문선)
　　　　《한국의 민속극》(창작과비평사), 《마당극연희본》(깊은샘)
　　　　《민속문화와 민중의식》(대화출판사), 《민속문화론서설》(동문선)
　　　　《우리나라 탈》(개마서원), 《우리나라 인형》(개마서원)
　　　　《우리나라 민속놀이》(동문선), 《옷본》(동문선)
　　　　《전통문화를 찾아서》(동문선)

문예신서
360

민속문화 길잡이

초판발행 : 2008년 11월 5일

東文選

제10-64호, 78. 12. 16 등록
110-300 서울 종로구 관훈동 74번지
전화 : 737-2795

편집설계 : 李姃昊

ISBN 978-89-8038-643-7 04380

東文選 文藝新書 29

조선해어화사
(朝鮮解語花史)

李能和 지음 / 李在崑 옮김

일제 식민통치 중엽인 소위 그들의 문화정치 시대에 출간된 이
《朝鮮解語花史》는 여러 종류의 典籍에서 자료를 수집·발췌하
여, 고대에서 근대에 이르기까지 주관적인 입장에서 서술한 우리
나라 文獻史上 최초의 妓生史로서 풍속·제도사적인 위치에서
그 가치관을 찾을 수 있다.

본서의 특징은 방대한 자료수집이다. 위로는 實錄에서부터 개
인의 私撰인 稗官文學에 이르기까지 많은 자료를 발굴하여 紀傳
體 형식으로 편찬하였다는 데 있다. 한 가지 아쉬운 점은 논술이
좀 산만하다는 즉, 자료로서의 가치를 더 느낀다는 점이다. 이것
은 개화기와 현대화의 중간인 과도기적 학문이기 때문이라는 것
으로서 이해가 된다.

본서를 내용면으로 보면 고려와 조선시대의 기생은 賤人 계급
에 속하였다. 그러나 이들은 위로는 王候將相에서부터 아래로는
無名의 閑良에 이르기까지 귀천의 차별을 두지 않았다. 국제적
외교 要席이나 국내 政界 要人의 要席에까지 중요한 역할을 하였
음을 볼 수 있으며, 특히 詩歌를 비롯해서 전통무용 등은 그 일부
가 그들에 의해 계승 발전되었음을 느끼게 한다. 관계 분야에 관
심 있는 분들에게는 적잖은 도움이 되리라고 믿는다.

우리나라 민속학의 선구자인 李能和 선생은 漢語學校를 졸업하
고 官立 法語學校를 修學하였으며, 여러 학교 교관으로 전전하다
가 1912년에 能仁普通學校 校長으로 있으면서 《百教會通》의 출
간을 시작으로 1921년에는 朝鮮史編修委員이 되면서 많은 자료
를 접할 수 있는 계기가 마련되었을 것으로 추측된다.

東文選 文藝新書 35

道敎와 中國文化

葛兆光 지음/沈揆昊 옮김

중국문화를 받치고 있는 세 가지 커다란 기둥인 유학·불교·도교를 각기 구분한다는 것은 불가능할 뿐만 아니라 아무짝에도 쓸모없는 일일 것이다.

그러나 보다 정밀하게 살펴본다면, 이 세 가지가 중국문화에 끼친 영향 가운데에는 각기 나름의 고유한 영역이 있으며, 그 흔적이 남아 있음을 알 수 있다.

만약 유가의 학설이 사람들의 사회 생활 속에서 자아가치를 실현하는 측면에 치중하고 있다면, 불교는 사람들의 내재적인 정신생활의 심리적 만족의 측면에 치중해 있고, 도교는 사람들의 생명의 영원함과 즐거움에 치중해 있다고 말할 수 있다. 또한 유가의 학설이 인간의 의식 심층에 잠재되어 있는 욕망의 역량을 매우 다양하게 사회 이상의 방향으로 승화시키고, 전환시키는 방향으로 노력하고 있다고 말한다면, 불교의 경우는 내심으로 억압하고 소멸시키는 방향으로 나아가고, 도교의 경우는 오히려 이러한 것에 영합하는 쪽으로 나아가 허황된 것일망정 만족과 배설의 기쁨을 만끽하도록 만든다고 말할 수 있을 것이다.

"중국의 뿌리는 도교이다"라고 일찍이 노신이 말한 것처럼 이 도교를 모르고서 중국문화, 더 나아가 동양문학을 이해한다는 것은 불가능하리라. 중국에서의 도교는 단지 종교적인 의미보다는 중국문화 전반에 걸친 역사이자 중국인 삶의 흔적이다.

북경의 靑華大學의 젊은 학자인 저자는 이 책의 상편에서 중국문화의 토양 속에서 도교의 철리와 신의 계보, 의례와 방술 등의 형성과 정형화되는 과정을, 중편에서는 도교의 발전 과정을, 하편에서는 도교와 사대부, 도교와 문학, 도교와 세속문화와의 관계에 대해 논술하고 있다.

東文選 文藝新書 40

중국고대사회

―文字와 人類學의 透視

許進雄 지음
洪　熹 옮김

　중국과 그밖의 고대 문명의 문자는 모두 그림에서 기원하고 있다. 상형문자는 고대인의 생활환경, 사용하였던 도구, 생활방식, 심지어는 사물을 처리하는 방법과 사상 관념까지도 반영하고 있다. 이들은 고대인들의 생활상을 이해하는 데 아주 크나큰 도움을 주고 있다. 만일 일상생활과 관련된 古文字의 창제시의 의미를 설명하고, 다시 문헌과 지하에서 발굴된 고고재료를 보충하여 될 수 있는 한 쉽고 간결한 설명과 흥미있는 내용으로 이와 관련된 시대배경을 토론한다면, 아마도 고고나 역사를 전공하지 않은 학생들에게 중국 문화를 배우고자 하는 흥미를 불러일으킬 수 있을 것이다. 더욱이 중국의 고대 문자는 表意를 위주로 창제되었으므로 이 방면의 재료가 훨씬 더 풍부하다.

　본서는 상형문자를 중심으로 고고학·인류학·민속학·역사학 등의 학문과 결부하여 고대인의 생활과 사상의 허다한 실상을 탐색하고 있으며, 인류 문명의 발전과정을 20장으로 나누어 음식·의복·주거·행위·교육·오락·생사·공예·기후·농업·의약·상업·종교·전쟁·법제 및 고대인의 생활과 밀접하게 관련된 갖가지 사항들을 토론하고 있다.

　이 책은 깊이 있는 내용들을 알기 쉽게 표현하기 위해 많은 도판들을 제공하고 있으며, 상고시대부터 한대 혹은 현대까지 문자의 연속된 발전과정을 계통적으로 소개하였다.

東文選 文藝新書 55

역과 점의 과학

永田 久 지음

沈雨晟 옮김

달력이란 무엇인가?

자연의 법칙을 추구하는 마음을 가지고 '때'를 이해하기 위한 노력은 인류의 역사와 함께 오늘에 이르고 있다. 그리하여 천문(天文)·신화·민속·종교 등이 혼재되어 있는 인류의 지혜의 결정체로서 역(曆)이 만들어졌음을 알 수 있다.

역은 수(數)로서 연결되어 있다. 수와 수가 결합된 것을 논리라 하고, 이 논리를 천문이나 민속 쪽에서 정리한 것이 역이다.

이 수와 논리가 과학의 세계로부터 인간의 마음의 세계로 이어지면서 때의 흐름에 생명을 부여할 때. 역은 점(占)으로의 가교역이 되는 것이라 생각된다. 그러니까 역의 수리(數理)에 접착시킨 꿈과 상념이 우리들 앞에 나타나는 것이다.

역이 존재하고 있는 곳에 반드시 점이 있다. 과학으로서의 역으로부터 비과학으로서의 점이 생겨난다. 바로 이것이 인류가 살아온 실제의 모습이 아니었을까.

이 책은 고대의 역으로부터 현재의 그레고리오역에 이르기까지를 더듬어, 시간을 나누는 달〔月〕과 주(週)의 주변을 탐색하면서, 팔괘(八卦)·간지(干支)·구성술(九星術)·점성술(占星術) 등의 구조를 수(數)에 의해 밝혀 보고자 하였다.

【주요 목차】

東文選 文藝新書 32

生育神과 性巫術

宋兆麟
洪　熹 옮김

　인류 사회의 발전은 기본적으로 두 갈래의 큰 줄기가 있다. 하나는 물질적 생산으로 산식문화(産食文化)라 하고, 다른 하나는 사람의 생산으로 생육문화(生育文化)라 한다. 본서는 중국의 생육문화, 즉 연애·결혼·가정·임신과 생육·교육은 물론 더 나아가 생육에 대한 각종 신앙, 이를테면 생육신화·생육신·성기신앙·예속·자식기원 무속 등 생육신앙을 탐색한 연구서이다.

　한국과 중국은 고대로부터 오늘날까지 유구한 역사적 관계를 가지고 있다. 특히 민속문화에 있어서는 많은 공통점과 차이점이 있다. 그럼에도 불구하고 그동안 이 방면의 학문적 교류가 거의 단절되어 왔다.

　본서의 저자인 송조린 교수는 오랫동안 고대사·고고학·민족학에 종사한 중요한 학자로서 직접 현장에 나가 1차 자료를 수집한 연후에 그것을 역사문헌·고고학 발견과 결합시키고, 많은 학문 분야와 비교 연구하여 중국의 생육문화의 발전 맥락 및 그 역사적 위상을 탐색하고 있다.

　본서는 중국의 생육문화를 살피는 것은 물론 우리의 생육문화 탐구에 많은 공헌을 할 것임에 틀림없다. 또한 우리의 민속학·민족학의 연구 방향과 시야의 폭을 넓혀 줄 것이다.

東洋武術의 集大成

原本 武藝圖譜通志

正祖 命撰

영인본 정가 : 60,000원

　한국 무술의 족보라 할 《무예도보통지武藝圖譜通志》는 조선왕조 제22대 정조正祖의 어명에 따라 편찬된 무예서武藝書이다.

　그 편찬 배경을 보면 조선왕조 후기를 얼룩지게 한 임진왜란과 병자호란과 불가분의 관계가 있다. 두 외침은 국왕은 물론 일반 백성까지 무예武藝를 새롭게 부흥시켜야겠다는 경각심을 갖기에 이른 것이다.

　이러할 즈음, 정조 13년(1789) 왕은 당대의 문장가 이덕무李德懋와 실학자로서 규장각奎章閣 검서관檢書官이었던 박제가朴齊家에게 완벽한 무예서의 편찬을 당부하니 이들은 다시 장용영壯勇營 초관哨官 백동수白東脩에게 군실무軍實務를 묻고, 이미 전부터 전하고 있던 선조 31년(1598) 한교韓嶠에 의하여 이루어진 《무예제보武藝諸譜》와 영조 35년(1759) 사도세자에 의해 간행된 《무예신보武藝新譜》를 바탕으로 하면서 중국과 일본의 무술까지를 수용하여 이른바 동양 무술을 집대성하는 작업을 하여, 정조 14년(1790)에 편찬·출간되었다. 특히 임진왜란 이후 각종 무기武技의 필요성을 절감하게 되고 명나라 척계광戚繼光이 지은 《기효신서紀效新書》에서 〈등패藤牌〉·〈장창長槍〉·〈당파鏜鈀〉·〈낭선狼筅〉·〈권법拳法〉·〈곤봉棍棒〉 등 6기技를 수용하며, 일본으로부터는 〈쌍수도雙手刀〉·〈왜검倭劍〉·〈왜검교전倭劍交戰〉 등 3기를 더한다.

　본디 이어져 내려온 한국 무예武藝로는 〈본국검本國劍〉·〈예도銳刀〉·〈제독검提督劍〉·〈쌍검雙劍〉·〈월도月刀〉·〈협도挾刀〉·〈죽장창竹長槍〉·〈편곤鞭棍〉이 있고, 여기에 정조 때 정립 추가한 마상6기馬上六技가 있으니, 〈마상쌍검馬上雙劍〉·〈마상월도馬上月刀〉·〈기창騎槍〉·〈마상편곤馬上鞭棍〉·〈격구擊毬〉·〈마상재馬上才〉 등의 무술을 소상한 투로套路(總圖) 그림을 곁들여 설명하고 있으니 동양에서 가장 훌륭한 무예서라 하겠다.

東文選 文藝新書 208

조선창봉교정
(朝鮮槍棒敎程)

海帆 金光錫

우리나라 전통무예이자 조선의 국기(國技)인 '십팔기(十八技)'의 유일한 전승자로서, 1987년 문화재위원장인 민속학자 심우성(沈雨晟) 선생과 함께 우리무예의 족보라 할 수 있는 《무예도보통지(武藝圖譜通志)》실기해제 작업에서 그 실기를 담당하였던 김광석 선생의 장병기에 관한 해설 및 심도깊은 무예이론서.

《권법요결(拳法要訣)》《본국검(本國劍)》에 이어 나온 이 책은 '무예도보통지 부문별 실기해제작업'의 마무리이다. 고대 개인 병기 중 장병기에 해당하는 〈장창(長槍)〉〈죽장창(竹長槍)〉〈기창(旗槍)〉〈낭선(狼筅)〉〈당파(鎲鈀)〉〈곤봉(棍棒)〉〈편곤(鞭棍)〉등에 관한 기본원리에서부터 실제운용하는 투로도해에 이르기까지 소상히 공개하고 있다.

이로써 조선의 멸망과 함께 그 이름조차 빼앗겨버리고 일제시대에는 일본무술에게, 70년대 와서는 중국무술에게 그 자리를 내어주어야했던 우리의 무예 '십팔기'를 제자리에 정립시킴으로서 나라의 체통을 지킬 수 있는 기반을 마련하였다고 할 수 있겠다. 아울러 우후죽순처럼 생겨나서 자칭 전통무예임을 내세우는 출처불명의 온갖 오합지졸들이 정리되는 계기도 될 수 있을 것이며, 무예계는 물론 체육·무용·연극계의 발전에도 크게 기여할 것이다. 특히 진취적이며 역동적인 민족의 기상을 대내외에 자랑하는 데에 첨병역할을 할 것임도 기대된다.

東文選 文藝新書 44

朝鮮巫俗考

李能和 지음 / 李在崑 옮김

우리나라 근세 민속학의 여명을 불러온 이능화 선생의 장편논문.

　우리나라 민속학의 효시로는 1927년에 발표된 이능화의 《조선무속고》를 들지 않을 수 없다. 그는 무속 가운데서 우리의 민중문화를 찾아볼 수 있다고 확신하고 무속에 관한 사료를 모아 정리하였을 뿐만 아니라 학문적인 연구를 깊이 하였던 것이다. 고대 무속의 유래에서부터 시작하여 고구려·백제·신라의 무속과, 고려·조선조의 무속에 이르기까지의 무속의 역사·제도·神格·儀式 등을 분석했고, 또 민중사회의 무속과 각 지방의 무속 등을 사적 문헌들을 통하여 세밀히 정리하였으며, 나아가 중국과 일본의 〈巫〉에 대한 연구까지를 곁들여 비교연구하기에 이르렀다. 따라서 그의 무속에 관한 이와 같은 연구는 우리나라에서 최초의 토착신앙에 대한 典籍의 위치를 점하게 되었다. 아울러 그의 이러한 연구는 후학들에게 무속의 신앙성과 신화성·문학성·음악성·무용성을 비롯해서 민중의 집단회의로서의 역할, 맹인무당의 유래와 지방별의 차이, 맹인무당과 광대와의 관계 등 무속이 갖는 사회 기능적 측면에 이르기까지 구체적 항목들을 과제로 남겨 놓은 셈이 된다.

　무속과 불교·도교·현대 기독교와의 관계, 중국·일본·만주 및 시베리아 무속과의 비교연구, 서구의 기독교적 관점에서 본 〈샤머니즘〉과 무속과의 차이, 무속이 우리 문화에서 차지하는 성격과 기능에 관한 연구도 우리에게 남겨 준 과제이다. 이러한 점에서 《조선무속고》는 원문이 한문이어서 불편한 점은 있었으나, 이번에 번역 출간됨으로써 이 방면의 유일한 안내 또는 입문서가 되는 것이다.